JN052059

建築学構造シリーズ

建築鉄骨構造

改訂4版

松井千秋◎編著

Ohmsha

初版　はしがき

　大学・高専の建築系の学生および初等・中等の建築技術者を対象として，建築構造学の基礎を学ぶことに重点を置いた教科書シリーズが企画された．大学における建築構造学の教科は，構造力学が中心になっており，さらに各種構造の中から，わが国の主要な構造方法である鉄骨構造，鉄筋コンクリート構造を採り入れているのが普通である．本シリーズでは，すでに多くの優れた書物が出版されている構造力学は除き，これからもわが国の主要な構造として使われるであろう鉄骨構造と鉄筋コンクリート構造，そして近年技術の発展が著しく，現在利用が増加している木質構造，鋼とコンクリートの合成構造，大空間構造を加えて，「建築鉄骨構造」，「建築木質構造」，「建築鉄筋コンクリート構造」，「建築合成構造」，「建築空間構造」が順次出版される予定である．

　本シリーズの特徴は，実務における設計のすべての領域を詳述するのではなく，設計の基礎となる原理および理論，建物の構造性能を支配する各種の破壊現象，外力の作用の下での建物の変形挙動と破壊性状，設計の考え方などその構造の本質が理解できるように，できるだけ内容を限定して平易に説明していることである．したがって，学部学生が主たる読者対象となるが，大学院修士課程の学生の講義にも使え，また建築技術者にとっても役立つ内容となっている．なお，設計法における荷重・外力，材料強度，許容応力度などは，平成12年6月に施行された改正建築基準法に従っている．

　本シリーズのもう一つの特徴は，大学の学期（前期・後期）に合わせて，半期（6か月）の一教科目15回（90分程度/回）の講義に対応するように，各書とも10〜12章（1章当り1回）で構成していることである．しかし，各章は内容の難易度および量が必ずしも均等ではないので，各章の基本となるところを中心に，時間的に教えられる範囲で講義し，残った分については自習にまかせることも考えられる．通年の教科書の場合には，章当り2回の講義ができるので，時間的に余裕ができ，本書の範囲を超える講義内容の追加や演習などに使うこともできる．本シリーズはもちろん，学生や技術者の参考書としても用いられる．

　本書の「建築鉄骨構造」は以上のような編集方針で書かれている．鉄骨構造は，わが国で毎年着工される建物の床面積の35〜40%を占めている主要な構造であり，建築系学生が将来どのような建築の専門分野で仕事をする場合でも，この構造の特性を理解しておくことが望まれる．鉄骨構造は使用材料である鋼材の特徴から，構造力学で学んだ解析法によって，骨組の応力や変形が精度よく予測できるので，構造力学と構造設計の結びつきが理解しやすい構造である．しかし，設計においては，部材の抵抗力を低下させる座屈現象や柱材と梁材の接合部など各種の接合部の性能を支配する構成法や接合法など鉄骨構造の特徴を理解する上で

学ぶべきことは多い.

　本書は建築鉄骨構造の概要, 構造計画, 鋼材, ボルト接合法, 溶接接合法, 座屈理論, 塑性解析法, 軸力材, 梁材, 柱材, 接合部, 骨組に関する12章で構成されており, それぞれ専門分野の研究者に執筆を担当していただいた. 本書が建築を学ぶ学生・技術者諸氏にとって鉄骨構造の本質を理解する上で役立てば幸いである.

　最後に, 本書を出版するに当たりお世話をおかけしたオーム社出版部の方々に厚くお礼を申し上げる.

2001年9月

編著者　松井　千秋

改訂2版にあたって

　本改訂においても, 初版と同様の執筆・編集方針として, 建築鉄骨構造の設計に関する基礎原理や基本的な設計法に重点が置かれている. 日本建築学会の「鋼構造設計規準」は1970年に出版され, 以降永年にわたって一般の構造設計に使用され, 本書でもその主要な部分の内容を取り入れている. この規準が初版以来, 2005年9月に初めて改訂されたので, その改訂内容を反映させて本書の改訂を行った. それとともに, 本書は出版から6年が経過し, 教える立場からの種々のご指摘をいただいたので, 誤りや不備なところを修正・追加し, 内容の理解を深めるために側注を充実させた. また, 各章にそれぞれ演習問題(解答付き)を追加した.

　本書によって, 建築鉄骨構造の基本と本質を理解されることを期待する.

2007年8月

編著者　松井　千秋

改訂3版にあたって

　初版発行から13年，改訂2版発行から7年が過ぎて，この間の新しい技術の発展や建築基準法の改正，本書を教科書として使う側からの指摘や要望に応じて，本書の内容をさらに充実するように努めた．

　今回の主な改訂点は以下のとおりである．

・第1章：1·1に歴史的な二つの鉄骨構造物と2014年に竣工した新技術による超高層建築の写真を加えた．

・第2章：現行の法規に対応するように図2·5の構造計算のフロー図を入れ替えた．

・第5章：5·3の溶接記号の説明と図5·20の溶接記号の表示法を詳しくした．

・第8章：8·4に最近一般化してきた座屈拘束ブレースの記述を加えた．

・第9章：9·1に最近一般化してきた端部フランジ拡幅型H形鋼梁の記述を加えた．梁の横座屈に対する9·4補剛材の設計を，第6章に記述されていた内容と合わせて詳しくした．

・第11章：11·4引張ブレース接合部の設計と11·6保有耐力接合の設計を加えた．

・第12章：12·5骨組の必要保有水平耐力を加えた．

　さらに今回，新たに以下の三つの付録を加えた．

・付録1：鉄骨構造の地震と強風と積雪の被害

・付録2：建築鉄骨の製作技術と品質管理

・付録3：形鋼と鋼管の形状寸法と断面特性

　今回の改訂によって，建築鉄骨構造の基本と本質への読者の理解がさらに深まることを期待する．

2014年8月

編著者　松井　千秋

改訂 4 版にあたって

　日本建築学会の「鋼構造設計規準（2005）」が版を改めて，「鋼構造許容応力度設計規準（2019）」として刊行された．内容に大きな変更はないが，本書の各章にある引用はこの規準に合わせるようにした．同学会の「鋼構造塑性設計指針（2017）」の改訂に合わせて，9 章の梁の終局曲げ耐力式，10 章の柱の終局耐力式を新しい式に入れ替えた．

　この改訂では，新たに 13 章「ラーメンの設計」を加えた．2 層 1 スパンの純ラーメンの簡単な骨組であるが，1 章から 12 章までの内容，それに設計の流れを具体的な計算で学べるよう，「許容応力度設計」と「保有水平耐力の検討」の手順を示した．上部構造は鉄骨でも，基礎および基礎梁は一般に鉄筋コンクリート構造になる．ここでは本書の範囲外であるが，建築学会の「鉄筋コンクリート構造計算規準・同解説（2018）」による計算手順も示した．

　その他，1 章の 1·3「構造特性と特徴」で各章の対象内容とそれらの繋がりが分かるようにしたほか，1·4「新構法と展望」の内容を再整理し，制振（震）・免震構造と鋼コンクリート合成構造の概要，環境問題の最近の状況も加えた．1 章，3 章，4 章，9 章，10 章の側注も充実させている．

　本書が建築を学ぶ学生・技術者にとって，建築鉄骨構造の基本と本質への理解を深めることに役立てば幸いである．

2023 年 12 月

編著者　松井　千秋

目　　　次

第7章　塑性解析法 ▶━━━━━━━━━━━━━━━━◀

第8章　軸方向力を受ける部材 ▶━━━━━━━━━━━━━━◀

第9章　曲げモーメントとせん断力を受ける梁材 ▶━━━━━◀

第12章　骨　　　　組 ▶━━━━━━━━━━━◀

第13章　ラーメンの設計 ▶━━━━━━━━━━━◀

付　　録▶　　　　　　　　　　　　　　　　　　　　　　　◀

第1章
建築鉄骨構造

▼格子形柱・トラス梁・吊り材で構成された建築構造骨組（香港上海銀行）

[学習目標]

　鉄骨構造による建物が，わが国で最初に建てられてからすでに100年が過ぎている．鉄骨構造は第二次大戦後の50年間で，新しい鋼材，接合法，構造システムの開発および構造解析技術の進歩によって著しく普及発展した．現在，わが国の最も主要な構造となり，住宅から超高層ビルまで，用途，規模を問わずあらゆる種類の建物に使われている．

　本章では，次のことを学習する．

1. 鉄骨構造の発展の歴史と現状
2. 部材，接合法，構造システム
3. 鉄骨構造の構造性能と特徴
4. 新しい鋼材と構法
5. 鋼とコンクリートの合成構造の概要

1・1 歴史と現状

　鉄骨構造は，住宅，工場，オフィス，体育館，超高層ビルなど，規模および用途において多種・多様な建築に用いられており，わが国の主要な建築構法として確立している．建築の歴史において，材料には石材や木材など，各地域に多産し，容易に入手できる自然物が用いられて，その地域における独自の建築構造形式が発達した．鉄骨構造に用いられる材料は，酸化物である鉄鉱石から分離した鉄であり，さらに建築に用いるためには柱や梁などの部材に加工する必要があるため，その発展の歴史は製鉄法および工業の発展の歴史と重なっている．

　人類が鉄鉱石を木炭で溶解して鉄を生産する技術を発見したのは BC 4000〜3000 年頃といわれ，古代ヨーロッパおよび中国においては BC800〜500 年頃には，すでに組織的に鉄を生産し，武器や農機具に使われていたことが知られている[1,2]．**鋳鉄**は，従来用いられていた木炭に代わって，コークスで鉄鉱石を溶解して鉄を分離するコークス高炉が 18 世紀にヨーロッパで開発され，これによって構造に用いられる材料として，効率的に生産できるようになった．世界最初の鉄骨構造は，イギリスの中部イングランドのセバーン川に，1779 年に架けられたアイアンブリッジといわれる鋳鉄を用いたスパン約 30 m のアーチ構造で，現在も歩道として使用されている（**写真 1・1**）．

写真 1・1
アイアンブリッジ（1779）

　鋳鉄は炭素の含有量が多いため，固くてもろく，圧縮力には抵抗できるが，引張力に抵抗できない欠点を持っていたが，溶解した鋳鉄（**銑鉄**という）から炭素を効率的に酸化除去するパドル法が 18 世紀後半に開発され，引張力や曲げモーメントに抵抗できる**錬鉄**が生産されるようになった．1851 年のロンドン万国博会場のクリスタルパレスは，幅 140 m，長さ 550 m，3 階建の巨大な建物で，部材には主に錬鉄が使われており，建物の一部のアーチ部分には鋳鉄も使われていた．パドル法による錬鉄の生産は，構造用に使用できる鋼材が生産可能となった点で革新的であったが，生産効率の点で問題があった．構造材料としての**鋼鉄**の大量生産は，1855 年の銑鉄に直接酸素を吹き込んで炭素をガスとして除去する**ベッセマー転炉法**（**図 1・1** 参照），1868 年の銑鉄に炭素の少ない錬鉄を入れて炭素の含有量を低減する**シーメンス・マルチン平炉法**の開発によって可能となり，この技術革新によって近代的な建築鉄骨構造が発展していくことになる．1889 年のパリ万国博会場に建てられた高さ 300 m のエッフェル塔は，錬鉄から鋼鉄への時代の転換期にあったが，錬鉄による部材を**リベット**で接合したトラス構造で，鉄骨構造の歴史における記念碑的な存在である．

⇨ ベッセマー転炉

図 1・1　ベッセマー
転炉

　鉄骨構造の部材に用いられる H 形鋼の**圧延**は，1921 年にアメリカで開始されている．高層建築の建設は，優れた鋼材の開発と新しい建築技術の確立によるが，著名な鉄骨高層建築としてはニューヨークの高さ 381 m，102 階のエンパイヤステートビル（1931），同じくニューヨークの高さ 417 m，110 階のワールドトレードセンター（1972〜2001），シカゴの高さ 443 m，110 階のシアーズタワー

(1974), 香港の高さ 179 m, 47 階の香港上海銀行(1985)などがあげられる.

　日本の最初の鉄骨構造は 1895 年（明治 28 年）に東京に建てられた 3 階建の秀英社印刷工場（**写真1・2**）で，フランスから輸入された錬鉄による円柱と鋼製の梁が用いられていた．日本における鋼材の本格的な生産は，1901 年の官営八幡製鉄所の第一溶鉱炉の火入れに始まり，10 年間をかけて同製鉄所における製銑，製鋼，圧延の過程を含む近代的な鉄鋼一貫生産体制が整えられていった．

　第二次世界大戦後の日本における鉄鋼生産の技術革新は著しく，戦前の銑鉄の年間の最大生産量が 450 万トンであったものが，1970 年代には粗鋼生産量で 1 億トンの水準に達している．構造用鋼材の品質においても，高強度，高靱性で優れた各種の特性を有する鋼材が開発され，軽量形鋼から極厚の H 形鋼など各種の断面材が生産されるとともにリベットに代わる高力ボルトや溶接による接合技術が発展した．研究面でも，各種の荷重・外力に対する部材および骨組の抵抗機構と崩壊に至る弾塑性変形挙動の解明，設計法の開発，コンピュータによる構造解析技術の発展によってあらゆる種類の建築構造物の建設が可能になってきた．

　戦後の特徴ある鉄骨構造物として，高さ 333 m の東京タワー(1958)，高さ 147 m，36 階建の日本最初の超高層建築である霞ケ関ビル(1968)，高さ 296 m で 70 階建のランドマークタワー(1993)，直径 220 m の福岡ドーム(1993)などがあげられる．最近，横浜のランドマークタワーに代わって日本一高い建物になった高さ 300 m，60 階建の大阪のあべのハルカス(2014)（**写真1・3**），東京タワーに代わって日本一かつ世界一となった高さ 634 m の東京スカイツリー(2012)が建てられた．日本で毎年着工される建築物の床面積の 30〜40% は鉄骨構造によっており，この割合は過去 20 年間変わっていない．

1・2　各種構造システム

　鉄骨構造に用いられる部材断面，部材，接合法，接合部，構造システムの概要について説明する．

1　部 材 断 面
　部材に用いられる鋼材には，製法によって圧延鋼材によるものと鋳鋼品がある．
（ a ）軽 量 形 鋼
　熱間圧延によって製造された鋼板を冷間で塑性加工して生産される．板厚は断面形状によって異なるが 6.0 mm 以下で，主に住宅や工場など小型の建物に用いられる（**図1・2**参照）．
（ b ）形　　　鋼
　熱間圧延によって製造される形鋼(a)，熱間圧延鋼板を切断して溶接によって製作した形鋼(b)，熱間圧延鋼板を塑性曲げ加工し溶接によって製作した形鋼(c)，鋳鋼品(d)に分類できる．(a)は，平鋼，T 形鋼，山形鋼，みぞ形鋼，I 形鋼，H 形鋼，継目無鋼管がある（**図1・3**参照）．

⇨ リベット
　鋼板や形鋼などの接合に使われる円形断面の鋼棒で，一端に頭部がある．約 1 000℃ ぐらいに熱して鋼板あるいは形鋼を重ねたリベット孔に差し込み，頭部を支えて他端からリベットハンマなどで打撃して成形し接合する．

⇨ 圧　延
　回転する 2 本の円筒状のロールの間に鋼材を入れて所定の形状の鋼板や形鋼などの製品を製造する．

写真 1・2
秀英社印刷工場（1895）

写真 1・3
あべのハルカス（2014）

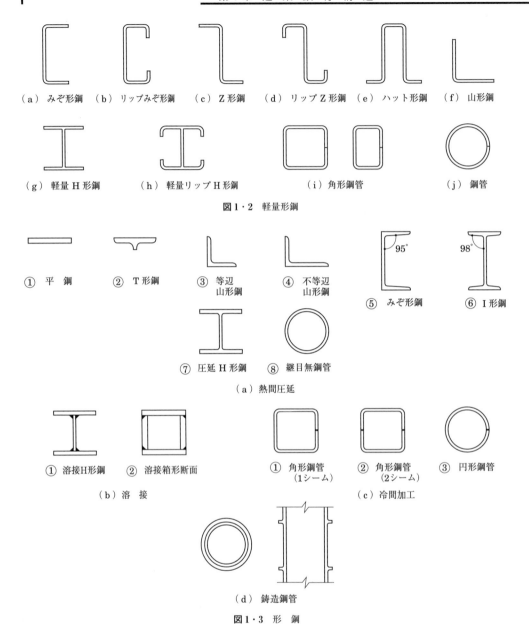

（a）みぞ形鋼　（b）リップみぞ形鋼　（c）Z形鋼　（d）リップZ形鋼　（e）ハット形鋼　（f）山形鋼

（g）軽量H形鋼　（h）軽量リップH形鋼　（i）角形鋼管　（j）鋼管

図1・2　軽量形鋼

① 平 鋼　② T形鋼　③ 等辺山形鋼　④ 不等辺山形鋼　⑤ みぞ形鋼　⑥ I形鋼

⑦ 圧延H形鋼　⑧ 継目無鋼管

（a）熱間圧延

① 溶接H形鋼　② 溶接箱形断面　① 角形鋼管（1シーム）　② 角形鋼管（2シーム）　③ 円形鋼管

（b）溶 接　（c）冷間加工

（d）鋳造鋼管

図1・3　形 鋼

（b）は，溶接H形鋼，溶接箱形断面がある．（c）は，冷間成形による角形鋼管および円形鋼管がある．（d）は，**遠心力鋳造法**による鋼管がある．H形鋼，角形鋼管，円形鋼管は柱材に用いられる．梁材にはH形鋼が用いられる．平鋼，T形鋼，山形鋼，みぞ形鋼は組立材や筋かいなどに用いられる．

⇨ **遠心力鋳造法**
　鋳型を回転させながら溶鋼を注ぎ込んで円形鋼管などを鋳造する方法．

2 部 材

建物に作用する荷重・外力に対して抵抗する方式によって構造部材は以下のように分類できる（図1・4参照）．

（a）圧 縮 材　圧縮力で外力に抵抗する．

（b）引 張 材　　引張力で外力に抵抗する.

（c）柱　　　材　　圧縮力，曲げモーメント，せん断力で外力に抵抗する.
　　　　　　　　　　地震時，強風時に引張力で抵抗する場合もある.

（d）梁　　　材　　曲げモーメントとせん断力で外力に抵抗する.

（e）筋かい（ブレース）　　圧縮力あるいは引張力で外力に抵抗する.

（f）間　　　柱　　圧縮力と曲げモーメントで外力に抵抗する.

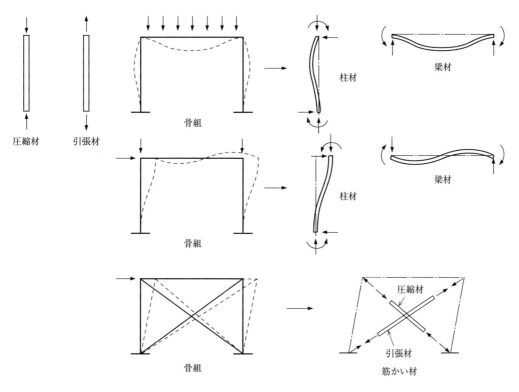

（a）部材の抵抗方式

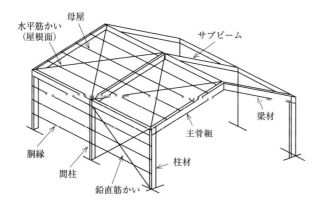

（b）骨組を構成する部材

図1・4　部　材

（g）母　　屋　　曲げモーメントとせん断力で外力に抵抗する．

（h）胴　　縁　　曲げモーメントとせん断力で外力に抵抗する．

③ 接 合 法

　部材断面および部材相互の主な接合法としては，高力ボルトと溶接による方法がある．高力ボルトの抵抗方式としては摩擦接合と引張接合がある（**図1・5**参照）．溶接には完全溶込み溶接，部分溶込み溶接，すみ肉溶接がある（**図1・6**参照）．軽微な建物には，普通ボルトが使用されることもある．1960年代まで接合法の主流であったリベットは現在ほとんど使われなくなり，高力ボルトに代わった．

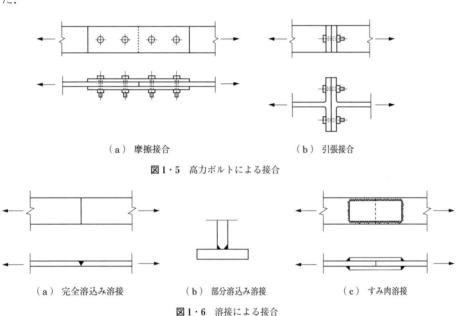

（a）摩擦接合　　　　　　　　　　（b）引張接合

図1・5　高力ボルトによる接合

（a）完全溶込み溶接　　　　（b）部分溶込み溶接　　　　（c）すみ肉溶接

図1・6　溶接による接合

④ 接 合 部

骨組は部材と接合部で構成される．接合部としては，柱と梁の接合部，大梁と

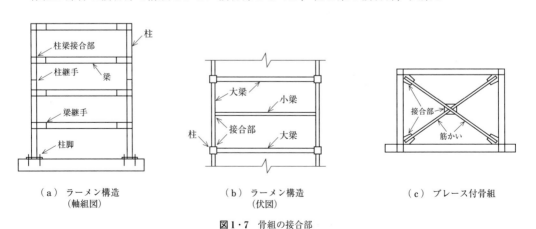

（a）ラーメン構造　　　　　　　（b）ラーメン構造　　　　　　（c）ブレース付骨組
　　（軸組図）　　　　　　　　　　（伏図）

図1・7　骨組の接合部

小梁の接合部，ブレースと骨組の接合部，柱および梁の継手，柱と基礎の接合部（柱脚）などがある（**図1·7**参照）．

5 構造システム

荷重・外力に抵抗する鉄骨構造の主な構造システム（構造形式）は以下のとおりである（**図1·8**参照）．

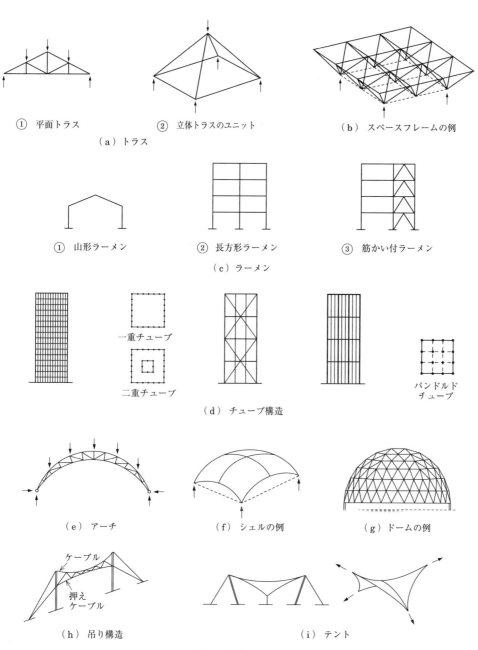

① 平面トラス　　　② 立体トラスのユニット　　　（ｂ）スペースフレームの例

（ａ）トラス

① 山形ラーメン　　② 長方形ラーメン　　③ 筋かい付ラーメン

（ｃ）ラーメン

一重チューブ

二重チューブ

バンドルドチューブ

（ｄ）チューブ構造

（ｅ）アーチ　　　（ｆ）シェルの例　　　（ｇ）ドームの例

ケーブル

押えケーブル

（ｈ）吊り構造　　　（ｉ）テント

図1·8 構造システム

（a）ト ラ ス

三角形を形成するように細長い直線部材をピン接合した骨組．実際の骨組の接合部は，高力ボルトあるいは溶接で接合されるため回転自由なピンではなく曲げモーメントに抵抗するが，解析上は一般にピンとして取り扱われる．部材は軸方向力で外力に抵抗する．平面トラスと立体トラスがある．

（b）スペースフレーム

直線部材を立体的に接合した骨組．主にトラスが用いられる．

（c）ラ ー メ ン

柱と梁を剛に接合した骨組．骨組は外力に抵抗して変形した後も，柱梁接合部の角度は変化しないとして解析上取り扱う．外力に対して主に曲げモーメントとせん断力で抵抗する．純ラーメンと筋かい（あるいは耐力壁）付ラーメンがある．

（d）チューブ構造

建物の外周囲に柱を密に入れ，梁と接合してラーメンにした筒状の骨組．建物の内側にもチューブを配置した二重チューブ構造，チューブを構成する面に斜材を入れたトラス型のチューブ構造，チューブを平面的に複数配置して束ねた形状のバンドルドチューブ構造などがある．高層建築の構法として発達してきた．

（e）ア ー チ

曲線部材で構成した骨組．鉄骨構造では部材はトラス状に組み立てられる．圧縮力と曲げモーメントで外力に抵抗する．

（f）シ ェ ル

薄い曲面板で構成された構造．面内力（膜応力：圧縮力，引張力，せん断力）で外力に抵抗する．曲面板は立体トラスとして組み立てられる．

（g）ド ー ム

半球体の構造．立体トラスによるシェルの一種．

（h）吊 り 構 造

吊り材に高強度の鋼線（ケーブル）を用い，その引張力で外力に抵抗する．

（i）テント（膜構造）

柔らかく薄い膜の膜応力（引張力，せん断力）とケーブル材の引張力で外力に抵抗する．

1・3 構造性能と特徴

鉄骨構造の構造性能は，使用される鋼材の性質に大きく依存する（**図1・9**，第3章参照）．鋼材はほかの材料に比べて強度が大きく，引張強さは $400\sim490$ N/mm^2 が一般的であるが $550\sim780$ N/mm^2 の高強度のものも使用される．鋼材は**靭性**に富んでおり，特に引張力に対して，破断するまでに $20\sim30\%$ の伸び能力を有している．靭性のある鋼材でも部材の変形能力は鋼材の**降伏比**（＝ 降伏応力度 σy/引張強さ σu）に依存し，降伏比が小さいほど変形能力は大きくなる．一般に，鋼材が高強度になるほど降伏比は大きくなる．

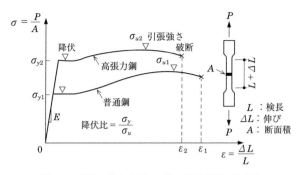

図1・9 鋼材の応力度(σ)-ひずみ度(ε)関係の模式図

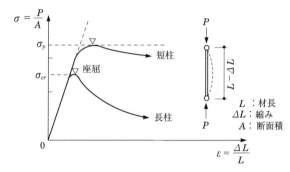

図1・10 圧縮材の座屈

　鋼材の応力度—ひずみ度の関係は，圧縮力の場合も引張力の場合と同じであるが，細長い部材が圧縮力を受けると，鋼材の降伏応力度以下の低い値で破壊する座屈という現象がある（**図1・10** 参照）．この現象は各種の荷重の下で，種々の構造要素に起こる可能性がある．

　鋼材の比重は7.85でコンクリートの2.3より大きいが，鋼材は強度が大きいため，**比強度**（強度/比重）が大きくなり，コンクリート系の建物に比べて，鉄骨の建物は軽量になる．

　鉄骨構造の強度，剛性，変形能力は，骨組を構成する部材の力学的性能に依存するが，部材がその性能を発揮できるかは，部材間で応力を伝達する接合部の性能に依存する．

　鉄骨構造の主な特徴および設計上の要点をまとめれば以下のとおりである．

① **軽量にできる**

　鋼材は比強度が大きいため，骨組を軽量に設計することができる．このため，高層建築やスパンの大きい空間構造に適している．骨組が軽量であることは，耐震性の向上につながるが，反面，耐風性，耐雪性に関しては，重量のある建物に比べて不利であり，被害を受けやすい．また，部材断面が小さいことで剛性が不足して床振動障害，強風時に建物の居住性を損なうことがあるので注意が必要である．「付録1」に，地震・風・雪による建物の被害を示している．

② **耐震性に優れる**

　靭性のある鋼材が用いられるため，一般に骨組は大きな**塑性変形能力とエネルギー吸収能力**を有しており耐震性に優れている（**図1・11**，第7章参照）．骨

⇨ **比強度**

　鉄骨柱とコンクリート柱の重量を比較する．鋼材の基準強度Fを 235 N/mm^2（400N級）とすると，長期許容応力度はF /1.5 の156，比重7.85として比強度は19.8となる．コンクリートの設計基準強度Fcを24 N/mm^{2}とすると，長期許容応力度はF /3で8，比重2.3として比強度は3.4となる．一定の常時荷重Wを支える場合，鉄骨柱の重量はコンクリート柱の 3.4/19.8で，約1/6となる（基準強度・許容応力度，第2章2・3節参照）．木材の比強度は，鋼材より大きく優れた構造材料であるが，引張力を受ける接合部の設計が難しい．通常，木と鉄を組合せて設計で工夫されている．

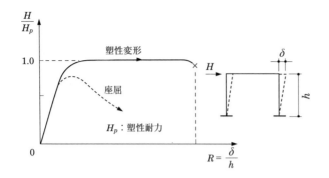

図1・11 骨組の変形性状

組の耐震性は鋼材の強度だけでなく，降伏比に大きく依存するため，主要な鋼材にはその上限が定められている（第3章表3・1（b）参照）．

③　各種座屈に注意する

　鋼材は強度が大きいため，柱，梁などの部材断面は小さくなり，また，断面性能をよくするために断面を構成する板要素は薄くなる傾向にある．細長い材や薄い板要素は，圧縮力や曲げモーメント，せん断力を受けると材料の降伏点に達する前に面外変形が起こり座屈することがある．座屈現象には，板要素の局部座屈，圧縮材の曲げ座屈，梁の横座屈，柱の曲げ捩れ座屈などがある．座屈で破壊するときの強度を知ることが設計上重要である（第6，8，9，11章参照）．

④　接合部が重要である

　骨組の構造性能は，接合部の性能に依存する．そのため，部材および骨組の性能を発揮させる接合部の設計が重要である（第4，5章，第8章8・4節参照）．各種接合形式の特徴を理解して設計する必要がある（第11章参照）．

⑤　繰返し荷重による疲労がある

　骨組を構成する構造要素が多数回の繰返し応力を受けると，金属疲労によって部材断面に亀裂が発生し，降伏応力度以下の低い応力レベルで破壊することがある．繰返し応力を受ける箇所では，切欠きなど応力集中が起こらないような細部の設計が必要である．走行クレーンを支持する梁など，疲労設計が必要である．事務所や住宅など通常の建物では必要ない（第3章3・3節参照）．

⑥　耐火被覆が必要である

　鋼材は熱に弱く，例えば350℃になると，降伏応力度は60%，弾性係数は80%に低下する．そのため，火災時に建物の強度は低下し，変形は増大する．したがって，一般に主要部材には耐火被覆が必要である．耐火鋼材として，600℃の温度で常温の時の降伏点の2/3を保証できる建築構造用のFR鋼も活用されている（第3章3・4節参照）．

⑦　腐食に注意する

　鋼材の表面の状態および周囲の水分を含む空気の条件によっては腐食が進行

⊃　塑性変形能力
　骨組を構成する柱・梁部材が，座屈しないような断面形状，あるいは座屈しないように補剛材で補剛されている場合，水平力を受ける骨組の部材に生じる曲げモーメントは，全塑性モーメントに達し，塑性ヒンジが順次形成されて，骨組は塑性崩壊機構を形成して不安定になる（第7章参照）．図1・11はこのような塑性耐力と塑性変形を表している．

し，部材断面が減少し，強度が低下する．防錆に対する設計上の対策が必要である．外気に面する部材には，溶融亜鉛めっき工法が用いられている．その場合，接合には溶融亜鉛めっき高力ボルトが使われる．表面にさびが発生して，以後深化しない溶接構造用耐候性熱間圧延鋼材（SMA400，490）も利用できる（第3章3・4節参照）．

⑧　**工場製作と品質管理**

工業製品としての品質の確かな鋼材が使われ，部材や接合部は設備の整った工場で加工・製作されるため，品質の信頼性の高い鉄骨が生産できる．工場で製作された構造要素は，建設現場に運搬され，現場で高力ボルトや溶接によって骨組に組み上げられる．骨組の構造性能は，工場での製作，現場の建方・施工の水準にも依存する．適切な品質管理体制が重要である．「付録2」に製作技術と品質管理について記している．

1・4　新構法と展望

鉄骨構造は，わが国では約120年の歴史を持っているが，今後もさらに発展することが期待される．ここではその発展にかかわってくる技術，構法，環境問題について述べる．

1　鋼材・構法の開発

日本の建築用鋼材としては，JIS規格の一般構造用圧延鋼材（SS材 ＝ steel structural），溶接構造用圧延鋼材（SM材 ＝ steel marine）が長い間使われてきているが，1994年に**建築構造用圧延鋼材**（SN材 ＝ steel new）が制定された．この鋼材の特徴は，日本の建築構造物は耐震安全性が重要であり，また溶接構造が多いことから塑性変形能力および溶接性の確保に重点が置かれている．現在，SS材に代わって，SN材の普及が進んでいる．建築には，一般に引張強度が400 N/mm^{2}級の普通鋼，それに490 N/mm^{2}級の高張力鋼が使われているが，さらに高強度化する方向にあり，550，590，780 N/mm^{2}級の鋼材も使用されるようになってきた．鋼材が高強度化すると，柱や梁の部材断面は小さくなり，地震力や風圧力に対して，純ラーメンでは水平剛性が不足して，変形が過大になる傾向にある．この問題に対しては，普通鋼の場合も含めて，骨組にブレース（筋かい）や耐力壁を組込んで地震力に抵抗させる．純ラーメンは，変形が小さい領域では強度で抵抗し，大変形域では部材や接合部などの構造要素の塑性変形によって地震エネルギーを吸収する．ブレース付きラーメンでは，主に強度で地震力に抵抗させる．これらは**耐震構造**といわれる．中低層の建物は，一般に耐震構造である．12章「骨組」に各種骨組の変形特性と設計の考え方を記し，13章には2章「構造計画と設計法」に従い，普通鋼を用いた純ラーメンの設計例を示している．

制振（震）構造は，骨組に各種の制振要素（ダンパー）を組み込み，地震エネルギーを吸収させて揺れを減衰させ，水平変位を制御する構造である．ダンパー

⇨ 建築構造用鋼材
　建築構造用鋼材には，SN材のほか，建築構造用炭素鋼鋼管 STKN，建築構造用冷間成形ロール角形鋼管 BCR，建築構造用冷間プレス成形角形鋼管 BCP，建築構造用 TMCP 鋼材，建築構造用圧延棒鋼 SNR がある（第3章参照）．これらには降伏比などの規定があり，塑性変形能力が期待できる．

には，**鋼材ダンパー**，**オイルダンパー**，粘性ダンパー，摩擦ダンパーなどがある．**図 1·12** は，100〜200 N/mm^2 の低降伏点鋼材を用いたダンパーで，骨組の小さい変形領域から，これらの制振要素を降伏させて地震エネルギーを吸収させる[3]．高層・超高層では主に制振（震）構造が用いられている．写真 1·3 の建物は，主にオイルダンパーを用いた制振（震）構造である．

▷ **鋼材ダンパー**

図 1·12 の（a）は，引張力と圧縮力の交番荷重を受けるブレースタイプで，圧縮の場合でも引張の場合と同等の強度が得られるように，鋼材を外側から座屈拘束している（第 8 章 8·4 節参照）．（b），（c），（d）は，鋼板パネルをリブで仕切って補剛し，せん断座屈を防止して抵抗するようにしている．いずれも鋼材の履歴特性で地震エネルギー吸収機能を持たせている。

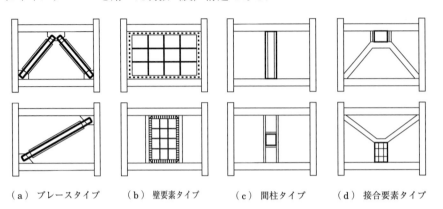

（a）ブレースタイプ　　（b）壁要素タイプ　　（c）間柱タイプ　　（d）接合要素タイプ

図 1·12　超低降伏点鋼材を用いた制振(震)要素

免震構造は，骨組の固有周期を長くして地震エネルギーの骨組への入力を減少させる免震部材（アイソレータ，ダンパー）を配置する構造で，阪神・淡路大震災（1995.1）で被害が少なかったことから，以後わが国で普及が進んでいる．免震部材を配置する免震層は，一般に建物の最下層の鉄筋コンクリート基礎の位置に配置されるが，中間層に配置されるものもある．免震部材のアイソレータは主に柱断面の重心位置に配置され，柱に作用する圧縮力に対して鉛直剛性が大きく，水平力に対して水平剛性の小さい，鋼板と薄いゴムを交互に重ねた円形の**積層ゴム支承**をはじめとして，転がり支承，すべり支承などが用いられる．免震部材のダンパーは地震エネルギーを吸収する部材で，建物を支える役割はない．鋼材ダンパー，オイルダンパーなどが用いられる．免震構造は，主に庁舎や病院など重要度の高いコンクリート系の建物に用いられるが，鉄骨構造でも耐震構造では設計が難しい大スパン構造などで使われる．さらに，耐震構造，制振構造で設計可能であるが，建物の耐震グレードを向上させたい場合に適用される事例が増えてきている．東京駅（1914 年竣工，鉄骨レンガ造）は，2014 年に基礎免震構造として耐震補強された．**図 1·13** に耐震・制振（震）・免震構造の地震に対する抵抗の仕方を模式的に示す[4]．

▷ **オイルダンパー**

シリンダーの中に挿入されているオイルを，ピストンで流動させることにより，流体粘性減衰を発揮させる．減衰力は速度に比例するので，速度依存型ダンパーといわれる．

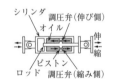

▷ **積層ゴム支承**

水平剛性の小さい天然ゴム支承のほか，特殊配合したゴムにより地震エネルギー吸収機能を併せ持つ高減衰ゴムのもの，鉛や錫を積層ゴム支承の中心に配置したものなど，減衰効果をもつ積層ゴム支承も使われる。

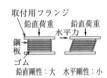

2　構造のハイブリッド化

鉄骨構造は，上部骨組は鉄骨でも基礎や基礎梁は一般に鉄筋コンクリートが使われているので，鉄とコンクリートの**合成構造（混合構造）**といえる．一般構造として確立している各種構造の部材あるいは骨組を，建物の用途・機能に合わせて適材適所に組合せ，単一の構造では得られない優れた性能を期待できる，新しい合成構造を生み出すことができる．鉄骨とコンクリートの部材を組合せた合成

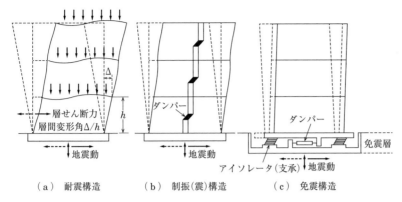

（a） 耐震構造　　　　（b） 制振（震）構造　　　　（c） 免震構造

図1・13 耐震・制振（震）・免震構造の抵抗原理

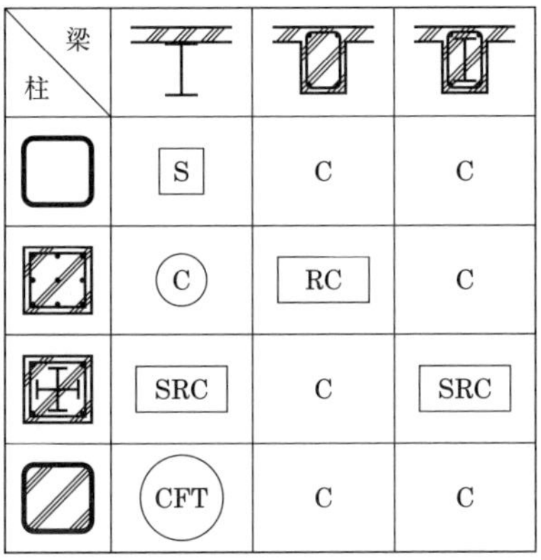

柱＼梁	（I形梁）	（H形梁）	（充填梁）
□	S	C	C
斜格子	C	RC	C
H形	SRC	C	SRC
斜線	CFT	C	C

S：鉄骨構造
RC：鉄筋コンクリート構造
SRC：鉄骨鉄筋コンクリート構造
CFT：コンクリート充填鋼管構造
C：合成構造
□：一般化した構法
○：一般化しつつある構法

図1・14 各種部材の組合せによる合成構造

構造の例を**図1・14**に示す[5]．この図では，鉄骨を代表して角形鋼管柱を示している．

鉄骨鉄筋コンクリート（steel reinforced concrete＝**SRC**）**構造**は，鉄骨の周囲に主鉄筋と横補強筋を配置してコンクリートを打設した，柱および梁部材で構成された構造である（**図1・15**（a））．座屈しやすい鉄骨と脆いコンクリートの弱点を相互に補って，大きな耐力と変形能力が期待できる．耐火性にも優れている．1923 年 9 月の関東大震災で，この構造による建物がほとんど被害を受けなかったことから，その後日本で独自に普及発展して，わが国の主要な構法として確立した．第 2 次大戦後の荒廃した日本の復旧に活用されてきた．最近は，梁をコンクリート床版と鉄骨梁を頭付きスタッドで一体化して軽量化した**合成梁**（図1・15（b））が多く使われている．各種の形状の突起が付いた鋼製のデッキプレートにコンクリートを打設した**合成床**（図1・15（d））も用いられる．SRC 構造の

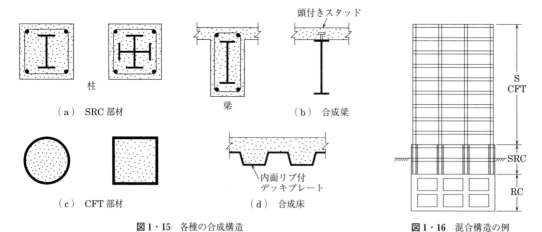

図 1・15　各種の合成構造　　　　　**図 1・16**　混合構造の例

設計では，鉄骨断面と鉄筋コンクリート断面のそれぞれの耐力を累加する，日本独自の**累加強度式**が使われる．

　　コンクリート充填鋼管（concrete filled steel tube=**CFT**）**構造**は，鋼管の中にコンクリートを充填した柱と鉄骨梁（合成梁）で構成された構造である（図1・15（c））．鋼管の局部座屈による変形を充填コンクリートが拘束し，コンクリートの破壊による剥離を鋼管が防止するだけでなく，コンクリートは鋼管によって拘束されて3軸応力状態になるため圧縮強度が増加する．この鋼管の充填コンクリートに対する**拘束効果**は円形鋼管の場合に著しい．鋼とコンクリートの材料特性が有効に生かされて，CFT 柱は耐力，変形能力に優れているだけでなく，型枠工事，配筋工事が不要になるなど，施工面でも合理的である[6]．わが国では，1955 年に完成した枚方（大阪）―向日町（京都）間の送電鉄塔に用いられたのが最初である．建物への適用は 1970 年代に始まり，1990 年代から増加している．現在，高層・超高層建築に多用されている．写真 1・3 の建物の柱（溶接箱形断面 110×110×9 cm，590 N/mm² 鋼，コンクリート強度 150 N/mm²）にも使われている．

　　図1・14 の RC 柱と S 梁の骨組は，圧縮力に有利な RC 柱と軽量な S 梁でスパンを広げることができ，また柱をプレキャスト化することで工期も短縮できる．大型倉庫の建設などに使われている．**図 1・16** は，建物の機能・用途に応じて各種構造を適切に配置した混合構造の例である．上部の鉄骨系の階と下部の RC 階との力の流れを円滑にするため，その中間に SRC が用いられている．今後も各種部材の組合せによる新しい合成・混合構造の開発が期待される．

　　鋼とコンクリートだけでなく，鋼と木のハイブリッド化も進んで，従来考えられないような大規模な木と鋼のドームなどが建設されるようになってきた．例えば，1992 年に竣工した「出雲ドーム」は，直径 140 m・有効高さ 45 m，屋根はテフロン幕，圧縮材には米松の大断面集成材，引張材にケーブルを用いた張弦アーチが主要な構造で，各種の接合部には鋼材が活用されている．

　　鋼材は単独でも優れた建築物ができるが，他の材料と組合せても，その性能を

▷ **コンクリート充填鋼管**

　世界で最初にコンクリートが充填された鋼管が使われたのは，1879 年に建設されたイギリスの Severn 鉄道橋の橋脚．日本の最初の CFT の研究は，坂静雄・中島泰一による「コンクリート填充（原文ママ）鋼管柱の座屈荷重」（建築学会近畿支部発表，昭和 31（1956）年 2 月）で，直径 60.5 mm・厚さ 2.3 mm，長さ 95〜197 cm のコンクリート充填鋼管柱の座屈実験を行い，実験耐力が鋼管柱とコンクリート柱，それぞれの理論座屈荷重の累加で予測できることを示した．

生かし，全体としてさらに優れた建築物にすることができる．

3 環 境 問 題

　地球規模での気候変動（地球温暖化）への対策が国際的な緊急課題となり，二酸化炭素（CO_2）放出の削減計画が各国で進められている．わが国の CO_2 の総排出量のうち，約 1/3 は建築分野から発生しているといわれており，建築にかかわる者の環境に対する責任は大きい．

　鉄は酸化物の鉄鉱石から溶鉱炉で取出す過程で，コークス（炭素）を使うため大量の CO_2 を放出するが，鋼材は何回でもリサイクルが可能であり，また，解体時に産業廃棄物にならない利点がある．工業製品としての鋼材を骨組にするためには，工場での切断，孔あけ，溶接などの加工が必要であるが，加工・製作工程の合理化や接合部ディテールの改良などで，省エネルギー化を進めるとともに，耐久性を向上させて長期間の使用に耐える建物に改良していくことが，今後の重要な課題である．

　21 世紀に入っても地球温暖化は進み，産業革命前からの気温上昇を 1.5℃以内に収めるための「パリ協定（2015 年）」により，各国はそれぞれ目標を定めて，CO_2 を主とする温室効果ガス放出の削減に努めている．しかし，世界各地では熱波が発生し，干ばつ，森林火災，洪水，氷河・氷床の消失，海水面の上昇，わが国でも猛暑，台風，豪雨，洪水，土砂崩れ，などによる被害が深刻化している．わが国は，「2050 年までに温室効果ガスの排出を全体としてゼロにする，カーボンニュートラルを目指す」と 2020 年に宣言した．同じ年，建築学会など建築関連 5 団体は，持続可能な循環型社会の実現に向けて，建築に関わる①長寿命，②自然共生，③省エネルギー，④省資源・循環，⑤継承，に取り組むための「地球環境・建築憲章」を宣言した．さらに 2021 年，建築学会は「気候非常事態宣言」で，脱炭素社会の実現のための活動をさらに加速させることを宣言した．

　鉄鋼業界では，CO_2 の排出量が溶鉱炉の約 1/4 である電気炉の大型化を進めると共に，溶鉱炉で炭素の代わりに水素を使う革新的な鉄の製造法の開発に取り組んでいる．

第1章　演習問題

問1・1　建築物に歴史的に用いられてきた鉄鋼材料を3種類あげ，その特徴について説明せよ.

【解 答】

（1）　鋳鉄

18世紀にヨーロッパで生産されるようになった. 圧縮力に対して非常に強いが，炭素の含有量が多いためもろく，引張力や曲げモーメントには弱い. 支柱やアーチに用いられた.

（2）　錬鉄

18世紀後期にヨーロッパで生産されるようになった. 鋳鉄から炭素が除去され，伸び変形ができるため，圧縮力だけでなく引張力や曲げモーメントに抵抗できる. 梁やトラス構造にも用いられた.

（3）　鋼鉄

19世紀にヨーロッパで生産されるようになった. 銑鉄（溶解した鋳鉄）から炭素，りん，いおうなどの元素が適切に除去されるため伸び能力があり，強度だけでなく，変形能力も期待できる. 現代のあらゆる鉄骨構造に一般的に用いられている.

問1・2　鉄骨ラーメンが耐震的に優れている理由について説明せよ.

【解 答】　鉄骨ラーメンは，柱，梁，柱梁接合部，柱脚，基礎などの構造要素で構成されている. 柱梁接合部は柱と梁，柱脚は柱と基礎の応力伝達の役割を持つ重要な要素である. これらの要素で応力伝達が確実に行われ，また，各部材の座屈による破壊に対して適切に設計されておれば，ラーメンが各種の外力を受けるときの構造性能は使用されている鋼材の特性に依存する. 地震動による繰返し水平力に対して，ラーメンは鋼材の強度だけでなく，伸び能力でエネルギーを吸収して耐えることができる.

問1・3　鉄骨とコンクリートの代表的な合成構造の特徴について説明せよ.

【解 答】

（1）　鉄骨鉄筋コンクリート（SRC）構造

鉄骨部材は各種の座屈現象によって耐力が低下する可能性があるが，鉄骨の周囲に鉄筋を配置して，コンクリートが打設された鉄骨鉄筋コンクリート部材では，鉄骨の座屈が防止ができるため，耐力低下が少なく，変形能力も大きくなる. 鉄骨部材は一般に耐火被覆が必要であるが，鉄骨鉄筋コンクリート部材では，コンクリートが耐力に寄与するだけでなく，耐火被覆の機能も発揮する.

（2） コンクリート充填鋼管（CFT）構造

円形あるいは角形鋼管部材は，局部座屈によって耐力が低下する可能性があるが，鋼管内にコンクリートを充填すると，鋼管は局部座屈が起こりにくくなるとともに，耐力が増加し，変形能力も大きくなる．火災時に鋼管が耐荷能力を失っても，内部のコンクリートには耐荷能力があるので，中空鋼管の場合に比べ，耐火被覆を薄くでき，あるいはなくすことができる．

謝辞

今回の改定において，吉澤幹夫氏（福岡大学教授，元日建設計）に，1·4節「新構法と展望」の検討でご協力をいただいた。ここに記して感謝の意を表します．

参 考 文 献

［1］ 日本建築学会：構造用教材第3版（2014）
［2］ 日本建築学会：鋼構造許容応力度設計規準（2019）
［3］ 若林　實著：鉄骨の設計　増訂2版，共立出版（1994）
［4］ 若林　實編著：鉄骨構造学詳論，丸善（1985）

引 用 文 献

1） 鋼材倶楽部：鋼構造のあゆみ―未来への遺産（1997）
2） 大橋周治：鉄の文明，岩波書店（1983）
3） 鋼材倶楽部：新しい建築構造用鋼材，鋼構造出版（1998）
4） 建築構造技術研究会編：建築構造物の設計［S×RC×木］，オーム社（2014）
5） 松井千秋編著：建築合成構造，オーム社（2004）
6） 松井千秋：コンクリート充填鋼管構造（CFT構造の性能と設計），オーム社（2009）

第2章
構造計画と設計法

▼角形鋼管を用いたトラス梁（チューリッヒ空港）

[学習目標]

　建物はその用途および要求される機能を満足させるだけでは不十分で，重力の作用による鉛直荷重や地震・風・雪などの種々の荷重・外力に対して，損傷することなく居住性を確保し，また，破壊することなく人命および財産を保護しなければならない．そのためには，建物に作用する荷重・外力に対して，建物を合理的に抵抗させるための構造計画と設計が重要となる．

　本章では，次のことを学習する．

1. 構造計画の基本事項
2. 設計に用いられる荷重と外力
3. 鋼材の基準強度と許容応力度
4. 各種の構造設計法の概要

2・1　構　造　計　画

　構造計画は，構造設計の基本段階において，通常，設計しようとする建物に必要な機能や荷重条件，敷地の地盤条件などに応じて，構造物の空間構成，骨組形状などをまず考え，その部材構成（構造方式および構造システム）と構造材料を選定し，構造の可能性を立案することである．そして，次の段階が構造設計の具体化である．

　鉄骨建築物の**構造計画**に際しては次の事項に留意する．

① 　構造体の平面計画においては，**耐震要素**をバランスよく配置し，水平面の変形が大きくならないよう屋根面，床面の剛性および強度を確保して，各階に作用する水平力を円滑に耐震要素に伝達させるよう設計する必要がある．

② 　平面的に耐震要素の配置が悪いと，**図2・1**に示すように，**重心**と**剛心**との偏心距離が大きくなり，建物は水平方向に変形するとともに，剛心回りに回転する．このため，建物の隅部で過大な変形を強いられる部材が生じ，それらの部材に大きな損傷を生じるおそれがあるので，耐震要素の平面計画には十分な注意が必要である．

③ 　水平力を受ける骨組の水平方向の層間変形が大きくなると，帳壁，内外装材，設備などがその変形に追従できずに破損・脱落するなどの有害な影響が生じるおそれがあり，骨組の設計を強度の面からのみでなく変形の面からも行う必要がある．そのため，地震力によって各階に生じる水平方向の**層間変形角**には制限値が設けられている．

④ 　構造体の立面計画においては，耐震要素は立面的にもバランスのよい配置を考える必要がある．**図2・2**に示すような特定階が他の階に比較して耐震要素が少なくなり，剛性および強度が急変するような場合には，その階に地震時の過度な変形や損傷が集中しやすいので，耐震要素の立面計画にも十分な

⇨**剛　心**
　構造物に地震力のような水平力が作用すると，柱や壁体などの耐震要素は，それぞれの剛性に応じて水平力に抵抗するため，剛性が偏って分布していると剛な床板は回転を生じる．このときの回転中心を剛心という．

⇨**層間変形角**
　水平力によって建物のある層に生じる水平方向の層間変形量をその層の高さで除した値で，その層の柱の傾斜角を表す．通常は，1/200以下になるように制限される．

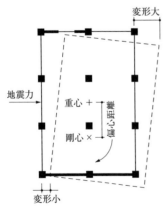

図2・1　偏心の大きい建築物
（─太線は耐震要素）

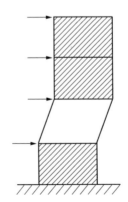

図2・2　高さ方向の剛性が急変する建築物
（→ 地震力，▨耐震要素）

注意が必要である．

⑤　筋かい架構とラーメン架構では，繰返し荷重を受ける場合の荷重-変形関係に違いがみられ，地震エネルギーの吸収能力にも差があるため，水平力を負担する筋かいを設けた建築物にあっては，地震力による応力の割増しを考慮する必要がある．

⑥　鉄骨構造の骨組は一般的に靭性に富む挙動が得られることが多いが，不適切な設計，施工や剛性，強度のアンバランスなどにより，地震時に筋かい端部，柱梁仕口，柱脚などの接合部で破壊する事例が過去の地震被害で数多くみられており，これらの接合部の改善や開発に取り組むとともに，余裕のある設計，丁寧な施工を心がける必要がある（付録1参照）．

⑦　筋かいは，接合部の強度が十分でない引張筋かいや細長比がやや大きい圧縮筋かいの場合には，接合部の破断や筋かい材の座屈による急激な耐力低下が生じるために脆性的な挙動を示しやすいので，この部分の強度と剛性の確保には十分注意して設計しなければならない．

⑧　柱梁仕口の接合部では，地震時に溶接部近傍で突然き裂が伝播する**脆性破断**による被害が生じやすく，構造物全体が崩壊する危険性がある．そのため，接合部のディテールや溶接方法の検討，および溶接部の品質管理を十分に行い，接合部の破壊が部材の降伏に先行して生じないような構造性能を確保する必要がある．

⑨　柱脚の形態は，露出，根巻き，埋込みの3形式に大別される．地震時に露出柱脚のアンカーボルトの破損による被害が最も多いことが報告されており[4]，アンカーボルトの伸び能力および強度を十分に確保することが重要であり，各柱脚形式の構造特性を十分に把握し，建築物の規模や構造形式に応じて，柱脚の形態を適切に選定する必要がある．

⑩　建物位置における敷地の**地盤条件**や周辺環境条件などを十分に把握し，上部構造との連係を考えて基礎構造の設計を行う必要がある．

⑪　基礎は上部構造からの力を安全に支持し，地盤に伝達させる必要があり，地盤の強度不足により破壊を生じたり，地盤の過大な変形により建物に大きな不同沈下を生じたりなどの障害が起こらないよう注意する必要がある．なお，地震時に**液状化現象**が発生するおそれのある地盤では，地盤自体の耐力が急激に減少する可能性があるため，これらに対する配慮も必要となる．

上記のような構造計画で配慮すべき基本事項を念頭において，実際の設計を進めなければならない．構造設計の概略の流れとしては，まず，想定された部材断面からなる骨組について，荷重・外力によって生じる応力を求め，部材や接合部の検討，ならびに基礎の検討を行う．さらに，骨組の変形や捩れ，必要に応じて振動の状態などを検討して構造物の安全性を確保するとともに，施工性や経済性なども十分に配慮して設計しなければならない．

⇨脆性破断
　構造用鋼材あるいはその溶接部近傍が，切欠きによる応力集中や塑性履歴による鋼材の硬化などによって，通常その母材の持つ延びを示さないでもろく破断する現象をいう．

⇨液状化現象
　地震による急激な振動や水圧などの外圧により砂粒子間の応力がなくなり，せん断抵抗力を失い流動しやすい状態になる．特に，水を多く含んだ砂質地盤の場合に起こりやすく，水が地表面に噴出したり，地盤にき裂が入ったり沈下したりする現象をいう．

2・2　設計用荷重・外力

構造設計に当たって考慮すべき基本的な荷重・外力は，構造計画の段階から十分把握しておかなければならない．荷重・外力には，固定荷重・積載荷重・積雪荷重・風圧力・地震力などがある．また，建築物の実状に応じて，**土圧**・水圧，機械設備の振動および衝撃などに対しても考慮する必要がある．

1　固定荷重

固定荷重は，建築物各部の自重である．したがって，通常，固定荷重には，屋根，床，壁，天井，建具などの仕上材および下地材の重量，想定される柱・梁部材の重量などがある．それら各部の重量は，建築基準法施行令第84条，および日本建築学会荷重指針[1]などの数値によるか，または建築物の実状に応じて計算しなければならない．

2　積載荷重

積載荷重は，建物に収容される人間・家具・物品・機器類・貯蔵物などの重量で，その集中の度合いや衝撃の影響などを考慮して決定する．したがって，建築物の実態・実状に応じて適切に設定するのが原則であるが，通常の設計では，建築基準法施行令第85条に示される積載荷重の値が利用される（**表2・1**参照）．

⇨ **土　圧**
　土圧は主働土圧・受働土圧および静止土圧の3種に大別され，構造体（壁）が土から離れる側に移動した場合の圧力を主働土圧，逆に構造体が土に向かって移動した場合の圧力を受働土圧，壁体およびこれに接する土が静止状態にあるときの土圧を静止土圧という．

表2・1　積載荷重〔N/m²〕（建築基準法施行令第85条参照）

室の種類		構造計算の対象	（1）床の構造計算をする場合	（2）大梁・柱または基礎の構造計算をする場合	（3）地震力を計算する場合
1	住宅の居室，住宅以外の建築物における寝室または病室		1 800	1 300	600
2	事務室		2 900	1 800	800
3	教室		2 300	2 100	1 100
4	百貨店または店舗の売場		2 900	2 400	1 300
5	劇場・映画館・演芸場・観覧場・公会堂・集会場その他これらに類する用途に供する建築物の客席または集会室	固定席	2 900	2 600	1 600
		その他	3 500	3 200	2 100
6	自動車車庫および自動車通路		5 400	3 900	2 000
7	廊下・玄関または階段		3から5までに掲げる室に連絡するものにあっては，5の「その他」の数値による．		
8	屋上広場またはバルコニー		1の数値による．ただし，学校または百貨店の用途に供する建築物にあっては，4の数値による．		

（注）　倉庫業を営む倉庫における床の積載荷重は，実状に応じて計算した数値が3 900N/m²未満の場合においても，3 900 N/m²とする．

3 積 雪 荷 重

積雪荷重は，積雪の単位荷重に屋根の水平投影面積およびその地方における垂直積雪量を乗じたものである．この場合，積雪の単位荷重は積雪量 1 cm ごとに 20 N/m² 以上としなければならない．ただし，特定行政庁が指定する**多雪区域**（垂直積雪量が 1 m 以上の区域）では，これと異なる定め方をしている．また，垂直積雪量は，国土交通大臣が定める基準に基づき特定行政庁が設定する．

4 風 圧 力

風圧力は，風が建築物に及ぼす圧力で，式(2・1)によって求められる．

$$W = q C_f \tag{2・1}$$

ただし，W：建築物の面が受ける風圧力〔N/m²〕

q：**速度圧**〔N/m²〕

C_f：**風力係数**

ここで，速度圧 q は，式(2・2)によって求められる．

$$q = 0.6 E V_0^2 \tag{2・2}$$

ただし，E：建築物の屋根の高さおよび周辺の地域の状況に応じて国土交通大臣が定める方法により算出した係数

V_0：各地域における風の性状に応じて 30〜46 m/s の範囲で国土交通大臣が定める風速〔m/s〕

また，上記の風力係数は，風洞試験によって定める場合のほか，建築物または工作物の形状に応じて国土交通大臣の定める方法により算出した数値による．

⇨**風力係数**
　建築物およびその部分の風力を受ける度合いを表すもので，風向と建築物の形状，屋根面の勾配，風上・風下などに関係する係数である．

5 地 震 力

地震力は，地震により構造物の各部が受ける力で，その部分の質量と振動の加速度との積で与えられる．しかし実際の設計では，建築物の地上部分の地震力は，建築物の任意の階に作用する層せん断力として次式(2・3)によって求めることができる（建築基準法施行令第88条参照）．

$$Q_i = C_i W_i \tag{2・3}$$

ただし，Q_i：i 階に作用する**層せん断力**〔kN〕

C_i：i 階の地震**層せん断力係数**

W_i：i 階より上部の固定荷重と積載荷重の和（多雪区域では積雪荷重も加算）〔kN〕

ここで，地震層せん断力係数 C_i は式(2・4)によって求められる．

$$C_i = Z R_t A_i C_0 \tag{2・4}$$

ただし，C_0：**標準せん断力係数**（$C_0 \geqq 0.2$）

Z：**地震地域係数**（$Z = 1.0 \sim 0.7$，たとえば沖縄県は 0.7）

R_t：建築物の弾性域における固有周期および地盤の種類に応じて定まる振動特性係数（**図 2・3** 参照）

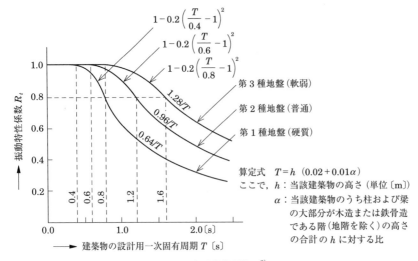

図2・3　振動特性係数 $R_t^{2)}$

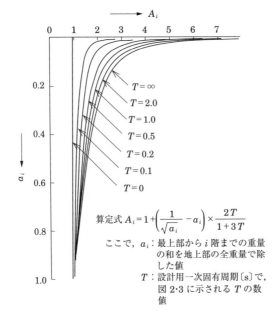

図2・4　地震層せん断力係数の分布係数 $A_i^{2)}$

A_i：地震層せん断力係数の建築物の高さ方向の分布係数（**図2・4**参照）

　建築物の地下部分に作用する地震力は，その部分の固定荷重と積載荷重の和に式(2・5)に示される**水平震度**を乗じて求められる（建築基準法施行令第88条）．

$$k \geq 0.1\left(1-\frac{H}{40}\right)Z \tag{2・5}$$

ただし，k：**水平震度**

　　　　H：建築物の地下部分の各部分の地盤面からの深さ（20を超えるときは20とする）〔m〕

　　　　Z：地震地域係数

6 衝 撃 力

衝撃効果を持つ積載荷重を支持する構造部分にあっては，その効果を評価して荷重の割増しを行う．

① エレベーターを支持する構造部：エレベーターの重量の 100%
② 天井クレーンを支持する構造部

地上で操作する軽作業用クレーン：**車輪荷重**の 10%

ワイヤロープで巻上げを行う一般作業用クレーン：車輪荷重の 20%

吊り具がトロリーに剛に固定されているクレーン：車輪荷重の 30%
③ モーターによって動く機械を支持する構造部：機械重量の 20% 以上
④ ピストン駆動の機械を支持する構造部：機械重量の 50% 以上
⑤ 床またはバルコニーなどを吊る吊り材：積載荷重の 30%

7 天井クレーン走路に作用する水平力

① 走行方向の**制動力**：制動を受ける各車輪荷重の 15%
② 走行方向に直角に作用する水平力：クレーン車輪荷重の 10%
③ クレーンに加わる地震力は，走行レール上端に作用するものとする．この場合，クレーンの重量としては，吊り荷の重量を無視する．

⇨**車輪荷重**
　クレーンガーダー上を走る走行クレーンまたは走行ホイストの車輪にかかる荷重．吊り荷その他の条件で，この車輪荷重の最も大きいものを最大車輪荷重といい，クレーンガーダーは，この値に衝撃係数をかけたものと自重によって設計される．

⇨**制動力**
　走行中のクレーンの車輪の運動を抑え止めるときに生じる力を制動力という．

2・3 設計判定条件

　骨組構造の設計に当たっては，まず想定される荷重・外力の組合せに基づいて骨組の部材に生じる力（主に軸方向力，曲げモーメント，せん断力）の分布状態と，それに伴う変形挙動を的確に把握する必要がある．そして，これらの力や変形に対して骨組構造各部の部材断面や接合ディテールが強度・剛性上安全であるかどうかを確認する必要があり，これらにかかわる基本的な判定条件について説明する．

表2・2　力の組合せ（建築基準法施行令第82条参照）

力の種類	荷重・外力	一般の場合	多雪区域
長期に生じる力	常 時	$G+P$	$G+P$
	積雪時		$G+P+0.7S$
短期に生じる力	積雪時	$G+P+S$	$G+P+S$
	暴風時	$G+P+W$	$G+P+W$
			$G+P+0.35S+W$
	地震時	$G+P+K$	$G+P+0.35S+K$

G：固定荷重によって生じる力
P：積載荷重によって生じる力
S：積雪荷重によって生じる力
W：風圧力によって生じる力
K：地震力によって生じる力

1 力の組合せ

前節で述べたような荷重・外力によって構造物各部に生じる力は, 通常の場合, 表2·2に示される力の組合せに従って求める. ただし, 暴風時の場合, 建築物の転倒, 柱の引抜きなどの設計に対しては, 建築物の実況に応じて積載荷重を減らした数値によるものとする (建築基準法施行令第82条参照).

2 許容応力度

(a) 基準強度 F

鋼材の許容応力度を定めるに当たって, 従来は鋼材の降伏のみに基づいて設定していたが, 高張力鋼のように引張強さに比べて**降伏点**が高いものでは終局耐力に対する安全率が小さくなる. この点を考慮して学会規準では, 鋼材の日本産業規格 (JIS) の降伏点の下限値 σ_y と**引張強さ** σ_u の70%のうち小さいほうの値をもって許容応力度の基準の値 (基準強度 F) として定めている. この F の値は, 鋼材の種別・板厚に応じて**表2·3**のように与えられている (日本建築学会「鋼構造許容応力度設計規準」および建設省告示第2464号参照).

⇨**降伏点**
軟鋼などのような金属材料の引張試験において, ある応力に達したとき材の粒子間に起こる滑りの現象を降伏といい, この降伏現象を起こすときの応力を降伏点あるいは降伏応力という. 応力度-ひずみ度曲線を描いたとき応力とひずみとの関係が比例関係を示さなくなる点, すなわち塑性変形が始まる点で示される.

⇨**引張強さ**
材料試験において, 材が引張力を受けて破断するときの強さで, 最大引張力をその材の断面積で除し, 単位面積当りの力で表される.

表2·3 基準強度 F の値〔N/mm²〕

鋼材種別	炭素鋼構造用鋼材				
	SN 400 A, B, C SS 400 SM 400 A, B, C SMA 400 AW, AP, BW, BP, CW, CP STK 400 STKR 400 STKN 400 W, B SNR 400 A, B SSC 400	SN 490 B, C SM 490 A, B, C SM 490 YA, YB SMA 490 AW, AP, BW, BP, CW, CP STK 490 STKR 490 STKN 490 B SNR 490 B	SS 490	SS 540	SM 520 B, C
F 厚さ 40 mm 以下	235	325	275	375	355
厚さ 40 mm を超え 100 mm 以下	215	295	255	—	335 (75 mm を超えるものは, 325)

(b) 許容引張応力度

全鋼種について基準強度 F に対して1.5の安全率をとって, 長期に生じる力に対する許容引張応力度 f_t とする.

$$f_t = \frac{F}{1.5} \tag{2·6}$$

(c) 許容せん断応力度

せん断弾性ひずみエネルギー説によれば, せん断で降伏する応力度は引張りの場合の $1/\sqrt{3}$ となることを考慮し, 全鋼種に1.5の安全率をとって, 長期に生じ

る力に対する許容せん断応力度 f_s とする.

$$f_s = \frac{F}{1.5\sqrt{3}} \qquad (2\cdot7)$$

なお，プレートガーダーのウェブのように，垂直応力とせん断力によって局部座屈するおそれのある部分については，後述の第6章6・7節を参照されたい.

（d） 許容圧縮応力度

圧縮力を受ける材の耐力は座屈によって支配される場合が多く，材料そのものの許容圧縮応力度というものはあまり意味がないので，**座屈**の影響を含めて許容圧縮応力度 f_c を決める．詳細については，第6章，第8章で述べる.

（e） 許容曲げ応力度

曲げモーメントを受ける材の場合も圧縮材の場合と同じく，座屈（横座屈）の影響を考慮に入れて許容曲げ応力度 f_b を決める．詳細については，第6章，第9章で述べる.

（f） 組合せ力を受けるときの許容応力度

垂直応力度とせん断応力度を生じる構造部分の応力度は，式(2・8)を満足しなければならない.

$$f_t^2 \geqq \sigma_x^2 + \sigma_y^2 - \sigma_x\sigma_y + 3\tau_{xy}^2 \qquad (2\cdot8)$$

ただし σ_x, σ_y：互いに直交する垂直応力度〔N/mm²〕

τ_{xy}：σ_x, σ_y の作用する面内のせん断応力度〔N/mm²〕

（g） 短期に生じる力に対する許容応力度

短期に生じる力に対しては，以上に示した長期に生じる力に対する各種の許容応力度の 1.5 倍の値を用いる.

（h） 疲労に対する考慮

鋼材が繰返し力を受けるとき，それによる最大応力が静的な破壊応力より小さい場合でも破壊することがある．この現象を疲労破壊という（第3章3・3節参照）．この疲労が問題となる場合に対しては，繰返し回数が 1×10^4 回を超える場合，日本建築学会「鋼構造許容応力度設計規準」に準拠し，疲労の検討を行う.

3 たわみの制限

スパンの大きい梁，高張力鋼を使用した梁では，設計荷重内でも梁のたわみが大きくなることが考えられる．したがって，建築物の使用上の障害が起こらないよう注意して設計しなければならない．建設省告示第 1460 号（平成 12 年 5 月）によれば，梁せいのスパンに対する比が 1/15 以下である場合には詳細な検討が必要であり，常時荷重によって梁に生ずるたわみの最大値を計算し，梁の有効長さで除して得た値が 1/250 以下であることを確認しなければならない.

2・4 各種設計法の要点

わが国では，建築構造物の具体的な設計を進めるに当たって，その規模などに

⇨**座　屈**

構造部材が外力を受けているとき，その外力が増大してある限界を超えると，その部材が急に横へ曲がり出す現象をいう．圧縮力を受ける圧縮部材の曲げ座屈，曲げを受けるせいの高い梁の横座屈などがある.

応じて遵守すべき法令など（建築基準法，同施行令，建設省・国土交通省告示など）に準拠する必要がある．

　図 2·5 に建築構造物の規模などに応じた構造計算のフローの概略を示している．高さ 60 m を超える超高層建築物などの安全性の評価については，時刻歴応答解析を行い，国土交通大臣の認定を受けなければならない（建築基準法第 20 条第一号参照）．また，仕様規定に適合するきわめて規模の小さい建築物については，構造計算による安全性の確認が免除されている（同条第四号参照）．

　その他の規模の建築物について，建築基準法施行令第 81 条では，許容応力度等計算，保有水平耐力計算，限界耐力計算または同等以上の一般化した特別な検証法（免震建築物などの構造方式，エネルギーの釣合いに基づいた建築物の耐震設計の構造計算（いわゆるエネルギー法，文献［5］，［6］および平成 17 年 6 月の国土交通省告示第 631 号参照））のいずれかの定める構造計算を行わなければならないとされている．

　以上のような背景を踏まえて，構造計算にかかわる主な計算法などについて概説する．

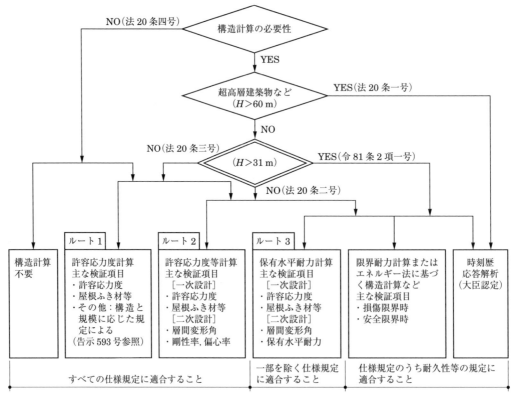

図 2·5　構造計算のフロー

1　許容応力度等計算

荷重・外力（本章 2·2 節参照）によって建築物の各部分に生じる力を弾性解析

によって求め，各部材に生じる応力度が定められた許容応力度（前節参照）以内に納まるように設計する方法を許容応力度設計法という．なお，現行の日本建築学会「鋼構造許容応力度設計規準」は，この設計体系で構成されている．

許容応力度等計算（建築基準法施行令第82条の6参照）では，高さ31m以下の建築物について，すべての仕様規定（耐久性などの関連規定を含む）に適合する構造方法を用い，許容応力度計算による安全性の検証を行い，さらに建築物の規模などに応じて，地上部分の層間変形角，**剛性率**，**偏心率**などについて検証することが求められる．

2 保有水平耐力計算

保有水平耐力計算（建築基準法施行令第82条の1～4参照）では，前述の許容応力度等計算による安全性の検証に加えて，材料強度に基づく建築物の地上部分の保有水平耐力が，各階の構造特性と形状特性を考慮した必要保有水平耐力以上であることを検証することが求められる．なお，詳細については，第12章で述べる．

3 限界耐力計算

限界耐力計算（建築基準法施行令第82条の5参照）では，耐久性などの関係規程に適合する構造方法を用い，規定された荷重状態（地上部分については地震時を除く）に対して許容応力度計算による安全性の検証を行い，さらに地震時の地上部分について次の事項を検証することが求められる．

中程度の規模の地震力に対しては，地上部分の各階の水平力および層間変位が，それぞれ**損傷限界耐力**および層間変形角で1/200（構造物の変形によって建築物の部分に著しい損傷が生じるおそれのない場合には1/120）を超えないことを検証する．大地震時の地震力に対しては，地上部分の各階の**安全限界耐力**時の水平力が保有水平耐力を超えないことを検証する．

また，きわめてまれに発生する大規模な積雪または暴風に対しては，**表2·4**に示される荷重・外力状態における建築物の構造耐力上主要な部分に生じる力が材料強度に基づく耐力を超えないことを検証する．

表2·4 力の組合せ（建築基準法施行令第82条の5参照）

荷重・外力	一般の場合	多雪区域
積雪時	$G+P+1.4S$	$G+P+1.4S$
暴風時	$G+P+1.6W$	$G+P+1.6W$
		$G+P+0.35S+1.6W$

(注) この表の記号 G, P, S および W は，それぞれ表2·2の記号と同じ力を示す．

4 性能設計法

これまでの構造設計は，法令や日本建築学会規準などに示された設計規範を満

剛性率

各階の水平方向への変形のしにくさが，建築物全体のそれと比べてどの程度大きいか小さいかを評価するもので，当該階の層間変形角の逆数を地上部分の全階の層間変形角の逆数の相加平均で除した値を当該階の剛性率といい，建築基準法施行令ではその値を0.6以上とするよう規定されている．

偏心率

建築物の重心と剛心の偏りのねじり抵抗に対する割合を示すもので，当該階の偏心距離をその階の弾力半径で除した値を当該階の偏心率といい，建築基準法施行令ではその値が0.15を超えないよう規定されている．

損傷限界耐力

建築物の各階に生じる加速度の分布形に対応した地震力に対し，いずれかの部材が短期許容応力度に達したときの1階層せん断力をいう．また，そのときの各階の層間変位を損傷限界変位という（図2·5参照）．

安全限界耐力

建築物の各階に生じる加速度の分布形に対応した地震力に対し，いずれかの階の一つの部材が限界変形角に達したときの1階層せん断力をいう．また，そのときの当該階の層間変位を安全限界変位という（図2·5参照）．

29

足するように設計し，一定の構造性能を充足する設計であったが，構造物が備えるべき性能が必ずしも明確に示されたものではなかった．現在では，建築主や消費者が多様な選択を行うことができるよう設計の自由度を高め，新技術，新材料の開発や導入が円滑に行える性能指向型の設計が普及している．

そこでは，建物に要求される性能（**要求性能**）を明確に提示し，設計する建物に応じて，性能のレベルすなわち**目標性能**を決定する必要がある．そして，これらの目標性能を確保するための構造設計を行い，**保有性能**の予測と評価を行う．さらに，要求性能と保有性能の比較検討を行って，その判定が満足するのであれば付随的な詳細設計を行って設計は終了となる．もしそれが満足しないのであれば，当初の構造設計に立ち帰り見直しが必要となる．

以上のような仕組みによる設計法は，**性能設計法**と呼ばれており，前述の限界耐力計算，エネルギーの釣合いに基づく構造計算による設計，ならびに階高60mを超える建築物に要求される**時刻歴応答解析**はこれに当たる．

5　その他の設計法

日本建築学会では，新たな学術研究や技術の進展に伴い，それらの成果を学会発行の諸規準・指針類にいち早く盛り込み，建築技術の向上に寄与できるよう提示してきている．ここでは，鉄骨構造の設計に特に関連の深い塑性設計法と限界状態設計法について概説する．

（a）　塑性設計法

許容応力度設計では構造物各部に生じる応力度を許容応力度以下にすることによって構造物の安全性を確保しているが，実際に構造物の崩壊する荷重の大きさ（**崩壊荷重**）を一般に予想することは困難であり，構造全体の安全率がどのくらいあるか不明である．構造物の塑性設計法は，このような構造物の崩壊荷重を基準とした設計体系であり，より合理的な設計法であるといえる．塑性設計法では，作用荷重に荷重係数を乗じた終局荷重を設定し，その荷重の大きさが主要骨組の塑性崩壊機構形成による崩壊荷重に等しくなるか，または崩壊荷重が終局荷重より大きくなるように，部材断面や接合部などを設計する方法がとられている．

わが国では，1970年に日本建築学会から「鋼構造塑性設計規準案」が発表され，次いでこれに若干の検討が加えられ，1975年に「鋼構造塑性設計指針」が発表され，2017年に第3版が刊行されている．

（b）　限界状態設計法

構造物または構造要素（部材および接合部・柱脚部）が損傷・破壊などによってその機能を果たさなくなり，あらかじめ定めた設計目標を満足しなくなる状態はいろいろ考えられる．それらを限界状態として明確に定義したうえで，その限界状態に基づく設計規範によって構造設計を行うことを限界状態設計法という．

しかし，実際の問題として，これらの限界状態を明確に定義し，それを定量的に表現することは困難な場合が多い．そこで現実的な方法として，基本荷重に荷

⇨**要求性能**
　建築物は建築主の要求に応じた性能を確保することを求められる．設計者は建築主の要求を第一義的に考えるが，社会の最低のルールとしての建築基準法および関連規定を遵守しなければならない．要求性能には，主として安全性能と使用性能とがあり，いろいろな因子で評価される．

⇨**保有性能**
　要求性能に応じて建築物の目標とする性能を設定し，これらに基づく性能を確保することを検証し，ここで得られた設計図書が期待する性能を保有性能という．

⇨**時刻歴応答解析**
　建築物を質量，剛性，減衰からなる振動系モデルとして設定し，定められた地震動が作用したときの各階の応答加速度，変位などを計算し，安全性を検証する動的解析を時刻歴応答解析と呼ぶ．

重係数を乗じることにし，その係数に大小の差をつけて限界状態を区別する方法がとられている．

　わが国では，1998年に日本建築学会から「鋼構造限界状態設計指針・同解説」が発表され，2010年に第3版が刊行されている．ここでは，建築物の構造安全性に基づいた「終局限界状態」，および建築物の使用性・居住性に基づいた「使用限界状態」の二つの限界状態に対する設計を行うことを原則としている．

　終局限界状態設計では，構造要素の終局限界耐力の公称値に耐力係数を乗じて計算される設計耐力が，公称荷重に終局限界状態設計用の荷重係数を乗じた係数倍荷重の組合せについて計算される必要耐力より大きいか，またはそれに等しいことを設計条件としている．

　使用限界状態設計では，使用限界耐力に対する設計と，使用限界変形に対する設計のほか，必要に応じて床の振動，建物の横揺れ・振動などに対する設計を行うことにしている．

第2章　演習問題

問2·1　図2·6に示すような事務所建築の一般階床の固定荷重を求めよ．

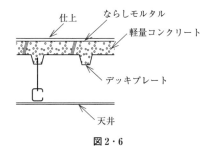

図2·6

【解答】

固定荷重（床面積当り，単位 N/m²，引用文献1）参照）

一般階床

仕上（モルタルとも，$t=25$ mm）	500	
軽量コンクリート（平均 $t=100$ mm）	1 900	
デッキプレート	150	2 700
天井（下地とも）	150	2 900 N/m²
小梁	200	

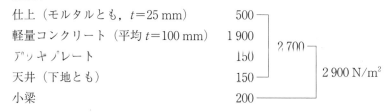

問 2・2 建設地が福岡市であり，**図 2・7** に示すような閉鎖型の建築物の速度圧 q および風力係数 C_f を求めよ（建設省告示第 1454 号参照）．

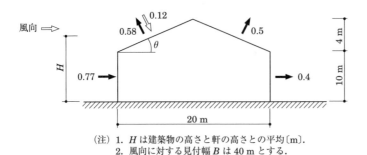

(注) 1. H は建築物の高さと軒の高さとの平均〔m〕．
　　 2. 風向に対する見付幅 B は 40 m とする．

図 2・7 建物形状と風力係数

【**解 答**】　屋根の高さおよび周辺の地域の状況に応じて決定される数値 E は，$E=E_r{}^2 G_f$ より求められる．ここで，E_r は平均風速の高さ方向の分布を表す係数で，$H \leqq Z_b$ の場合

$$E_r = 1.7\left(\frac{Z_b}{Z_G}\right)^\alpha$$

$H > Z_b$ の場合

$$E_r = 1.7\left(\frac{H}{Z_G}\right)^\alpha$$

ただし，Z_b は下層部で一定風速の領域として定めた地盤面からの高さ，Z_G は上空風高度，G_f はガスト影響係数，α は地表付近での風速の変化の度合いを表すベキ指数である．本例では，地表面粗度区分 I（都市計画区域外にあって，きわめて平坦で障害物がない場合）に該当するとすれば，$H=12$ m，$Z_b=5$ m，$Z_G=250$ m，$\alpha=0.10$ より

$$E_r = 1.7\left(\frac{12}{250}\right)^{0.10} = 1.25$$

となる．また，G_f は地表面粗度区分および H に応じて決定される数値であり，$10 < H < 40$ の範囲において，$H=12$ m のとき $G_f=1.99$ となる．したがって

$$E = 1.25^2 \times 1.99 = 3.11$$

となる．

地方の区分に応じて定められる平均風速 V_0 は，福岡市の場合には $V_0=34$ m/s と定められており，速度圧 q は式(2・2)より

$$q = 0.6 E V_0{}^2 = 0.6 \times 3.11 \times 34^2 = 2\,160 \ \text{〔N/m}^2\text{〕}$$

次いで，風力係数 C_f は

$$C_f = C_{p_e} - C_{p_i}$$

より求められる．ただし，C_{p_e} は建築物の外圧係数（屋外から当該部分を垂直に押す方向を正とする），C_{p_i} は建築物の内圧係数（屋内から当該部分を垂直に押す

方向を正とする）である.

壁面の C_{pe} は，風上壁面では $0.8\,k_z$，風下壁面では -0.4 と定められており，k_z（高さ方向分布係数）は $H>Z_b$，Z（地盤面からの高さ）$>Z_b$ の場合

$$k_z=\left(\frac{Z}{H}\right)^{2\alpha}=\left(\frac{10.0}{12.0}\right)^{0.2}=0.96$$

となり，$0.8\,k_z=0.77$ となる．また，切妻屋根面の C_{pe} は，風上面では勾配 $\theta\fallingdotseq 22°$ の場合，正の係数が 0.12，負の係数が -0.58 となり，風下面では -0.5 と定められている．なお，本例では内圧係数を $C_{pi}=0$ と仮定すれば，風力係数 C_f は図2·7に示す値となる．

> **問2·3** 建設地が福岡県内であり，図2·8，2·9に示すような鉄骨4階建事務所建築で，第2種地盤であるとき，地震による各階の層せん断力を求めよ.

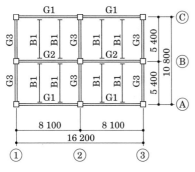

図2·8 2～R階梁伏せ図〔mm〕

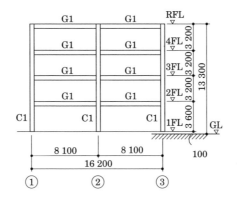

図2·9 Ⓐ通り軸組図〔mm〕

【**解答**】 （1） 固定荷重〔N/m²〕

屋上

モルタル防水（$t=30$ mm）	600		
軽量コンクリート（平均 $t=100$ mm）	1 900		
デッキプレート	150	2 800	
天井	150		3 000 N/m²
小梁	200		

一般階床（4～2階）

前記の問2·1と同様とする.

大梁　R～3階　2 200　N/m

　　　　2 階　2 500　N/m

柱　　4～2階　2 400　N/m

　　　　1 階　3 200　N/m

外壁（軽量気泡コンクリート板，仕上とも）　1 000　N/m²

内壁（各階の延べ長さを20 mと仮定する）　　400　N/m²

パラペット　　　　　　　　　　　　　　2 200　N/m²

サッシ（本面積は外壁面積の1/4と仮定する）　500　N/m²

（2）　設計用床荷重（表2・1参照，単位 N/m²）

名称	荷重	床用	小梁用	架構用	地震用
屋上	DL	2 800	3 000	3 000	3 000
	LL	1 800	1 800	1 300	600
	TL	4 600	4 800	4 300	3 600
4～2階床	DL	2 700	2 900	2 900	2 900
	LL	2 900	2 900	1 800	800
	TL	5 600	5 800	4 700	3 700

（注）　DL：固定荷重，LL：積載荷重，TL：DL＋LL

（3）　建屋重量〔kN〕

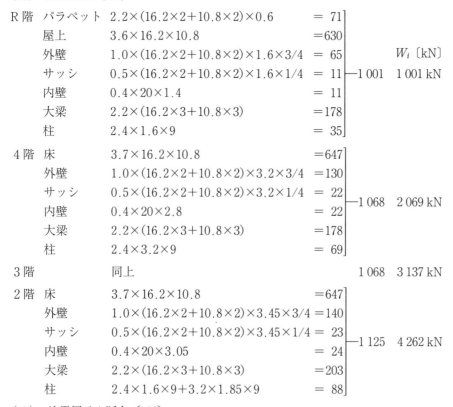

R階　パラペット　$2.2 \times (16.2 \times 2 + 10.8 \times 2) \times 0.6$　　＝　71 ⎤

　　　屋上　　　　$3.6 \times 16.2 \times 10.8$　　　　　　　　　　　＝630 ⎟

　　　外壁　　　　$1.0 \times (16.2 \times 2 + 10.8 \times 2) \times 1.6 \times 3/4$　＝　65 ⎟　　　W_i〔kN〕

　　　サッシ　　　$0.5 \times (16.2 \times 2 + 10.8 \times 2) \times 1.6 \times 1/4$　＝　11 ⎟─1 001　1 001 kN

　　　内壁　　　　$0.4 \times 20 \times 1.4$　　　　　　　　　　　　　＝　11 ⎟

　　　大梁　　　　$2.2 \times (16.2 \times 3 + 10.8 \times 3)$　　　　　　＝178 ⎟

　　　柱　　　　　$2.4 \times 1.6 \times 9$　　　　　　　　　　　　　＝　35 ⎦

4階　床　　　　　$3.7 \times 16.2 \times 10.8$　　　　　　　　　　　＝647 ⎤

　　　外壁　　　　$1.0 \times (16.2 \times 2 + 10.8 \times 2) \times 3.2 \times 3/4$　＝130 ⎟

　　　サッシ　　　$0.5 \times (16.2 \times 2 + 10.8 \times 2) \times 3.2 \times 1/4$　＝　22 ⎟

　　　内壁　　　　$0.4 \times 20 \times 2.8$　　　　　　　　　　　　　＝　22 ⎟─1 068　2 069 kN

　　　大梁　　　　$2.2 \times (16.2 \times 3 + 10.8 \times 3)$　　　　　　＝178 ⎟

　　　柱　　　　　$2.4 \times 3.2 \times 9$　　　　　　　　　　　　　＝　69 ⎦

3階　　　　　　　同上　　　　　　　　　　　　　　　　　　1 068　3 137 kN

2階　床　　　　　$3.7 \times 16.2 \times 10.8$　　　　　　　　　　　＝647 ⎤

　　　外壁　　　　$1.0 \times (16.2 \times 2 + 10.8 \times 2) \times 3.45 \times 3/4$＝140 ⎟

　　　サッシ　　　$0.5 \times (16.2 \times 2 + 10.8 \times 2) \times 3.45 \times 1/4$＝　23 ⎟

　　　内壁　　　　$0.4 \times 20 \times 3.05$　　　　　　　　　　　　＝　24 ⎟─1 125　4 262 kN

　　　大梁　　　　$2.2 \times (16.2 \times 3 + 10.8 \times 3)$　　　　　　＝203 ⎟

　　　柱　　　　　$2.4 \times 1.6 \times 9 + 3.2 \times 1.85 \times 9$　　　＝　88 ⎦

（4）　地震層せん断力〔kN〕

　各階の地震層せん断力係数は式(2・4)より　$C_i = Z R_t A_i C_0$

　　$C_0 = 0.2$

　　$Z = 0.8$

　　$T = 13.3 \times 0.03 = 0.40s$（図2・3，2・4参照）

　　R_t　　$T = 0.40s < T_c = 0.6s$（第2種地盤）

　　　　よって $R_t = 1.0$

A_i　4 階　$\alpha_i = \dfrac{1\,001}{4\,262} = 0.24$　$A_i = 1 + \left(\dfrac{1}{\sqrt{0.24}} - 0.24\right)\dfrac{2 \times 0.4}{1 + 3 \times 0.4} = 1.66$

　　　3 階　$\alpha_i = \dfrac{2\,069}{4\,262} = 0.49$　$A_i = 1 + \left(\dfrac{1}{\sqrt{0.49}} - 0.49\right)\dfrac{2 \times 0.4}{1 + 3 \times 0.4} = 1.34$

　　　2 階　$\alpha_i = \dfrac{3\,137}{4\,262} = 0.74$　$A_i = 1 + \left(\dfrac{1}{\sqrt{0.74}} - 0.74\right)\dfrac{2 \times 0.4}{1 + 3 \times 0.4} = 1.15$

　　　1 階　$\alpha_i = \dfrac{4\,262}{4\,262} = 1.0$　$A_i = 1.0$

4 階層せん断力用　$C_i = 0.8 \times 1.0 \times 1.66 \times 0.2 = 0.266$

3 階層せん断力用　$C_i = 0.8 \times 1.0 \times 1.34 \times 0.2 = 0.214$

2 階層せん断力用　$C_i = 0.8 \times 1.0 \times 1.15 \times 0.2 = 0.184$

1 階層せん断力用　$C_i = 0.8 \times 1.0 \times 0.2 = 0.160$

　各階の層せん断力は式 (2・3) より

　　　　$Q_i = C_i W_i$

4 階層せん断力　$0.266 \times 1\,001 = 266\ \text{kN}$

3 階層せん断力　$0.214 \times 2\,069 = 443\ \text{kN}$

2 階層せん断力　$0.184 \times 3\,137 = 577\ \text{kN}$

1 階層せん断力　$0.160 \times 4\,262 = 682\ \text{kN}$

参 考 文 献

［1］ 木村俊彦：構造設計とは，鹿島出版会 (1993)

［2］ 五十嵐定義，脇山廣三，中島茂壽，辻岡静雄：鉄骨構造学，朝倉書店 (1998)

［3］ 高梨晃一，福島暁男：鉄骨構造，森北出版 (1988)

［4］ 日本建築学会近畿支部鉄骨構造部会：1995 年兵庫県南部地震鉄骨構造建物被害調査報告書 (1995)

［5］ 秋山　宏：建築物の耐震極限設計，東京大学出版会 (1987)

［6］ 秋山　宏：エネルギーの釣合いに基づく建築物の耐震設計，技報堂出版 (1999)

引 用 文 献

1)　日本建築学会：建築物荷重指針・同解説 (2015)

2)　国土交通省国土技術政策総合研究所ほか監修：2020 年版建築物の構造関係技術基準解説書 (2020)

第 3 章
鋼材の性質

▼転炉に装入中の溶銑. 成分調整され鋼となる

［学 習 目 標］

　建物が荷重・外力に抵抗するときの強度, 変形性状および破壊形式は, その建物の柱材, 梁材, 接合部などの構造要素に用いられる鋼材の性質に大きく依存する. 鉄骨構造の設計では, その構造材料である鋼材の性質や性能を理解しておく必要がある.

　本章では, 次のことを学習する.

1. 鋼材の製造プロセス
2. 各種の鋼材の規格と種類
3. 鋼材の応力度-ひずみ度関係と材料特性
4. 鋼材の化学成分と材料特性の関係

3・1 製 法

鋼材は，わが国では**図3・1**の製造プロセスに示すように，鉄鉱石を主原料にした**溶鉱炉**（高炉）による製銑→製鋼→鋳造→圧延→製品とする高炉メーカーと屑鉄（スクラップ）を主原料にした電気炉による製鋼→鋳造→圧延→製品とする電炉メーカーにより製造されている．

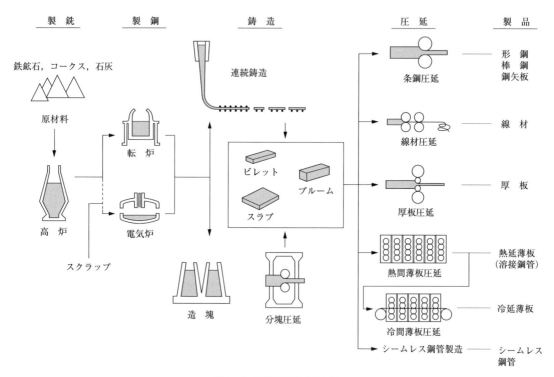

図3・1 鋼材の製造プロセス

1 製 銑

鉄鉱石より鉄（銑鉄）を取り出す工程で，高炉に鉄鉱石，**コークス**，石灰岩を交互に装入し，炉内に1200℃の熱風を送り込むことにより行われる．炉内ではコークスが燃えて1500℃くらいの高温となり，鉄鉱石が溶融化するとともにコークスから生成した一酸化炭素により還元され，溶けた銑鉄（溶銑）となって炉底にたまる．この銑鉄には4～5%程度の炭素が含まれており，硬くてもろいため，このままでは構造用鋼材として利用できない．

⇨**コークス**
　石炭をコークス炉で乾留してつくる．

2 製 鋼

銑鉄や屑鉄から余分な炭素を取り除き，粘り（靱性）のある鋼を製造する工程で，**転炉製鋼法**と**電炉製鋼法**の2種類がある．

転炉製鋼法は，高炉で製造された溶鉄を不純物であるりんやいおうを取り除く

溶銑予備処理をした後，転炉に入れ，酸素を吹き込み炭素含有量を低減し，さらに合金成分の調整を行う方法である．転炉でつくられた鋼はより清浄な鋼が要求される場合には二次精錬が行われ，鋼中のりん，いおうやガス成分（酸素，水素，窒素）の低減や合金成分の調整が行われる．

　電炉製鋼法は，屑鉄や銑鉄などを電気炉に装入し，電極により発生させた**アーク**の熱により溶融し，酸素を吹き込み脱炭や成分調整を行う方法である．原料に屑鉄を使用するため，鋼のリサイクルという面では利点があるが，屑鉄に含まれる各種の不純物や銅，クロムなどの成分元素の濃度が高くなりやすい欠点がある．一方，電炉法は電気エネルギーを大量に供給することにより，合金元素を大量に添加できるため高張力鋼やステンレス鋼などの特殊鋼の製造に適している．

3 鋳　　　造

　精錬された鋼からスラブ，ブルーム，ビレットなどの鋼片をつくる工程で，**鋼塊法**と**連続鋳造法**の2種類の方法がある．鋼塊法は極厚鋼板などの特別な場合に適用される方法で，溶鋼を鋳型に入れて凝固させ鋼塊をつくる造塊工程とこの鋼塊を加熱・均熱してスラブなどの鋼片をつくる分塊工程からなる．連続鋳造法は鋼塊法に代わるもので，溶鋼を直接，連続鋳造機に注入し，次の圧延工程まで連続して行う方法である．連続鋳造法は鋼塊法に比べてエネルギーの消費量が少ないため，現在ではこれが主流となっている．

4 圧　　　延

　鋳造工程で製造された鋼片を所定形状の製品に成型する工程で，約1 200℃の高温下で行う熱間圧延と常温下で行う冷間圧延の2種類がある．主な建築用鋼材は熱間圧延でつくられている．これらの圧延工程を経て，鋼板，条鋼（棒鋼，形鋼など）および鋼管などの各種建築用鋼製品が製造されている．

3・2 規　格　と　種　類

　建築物に使用する鋼材は，建築基準法施行令ならびに国土交通省告示に規定されており，国土交通大臣の指定する日本産業規格（JIS）に適合するもの，またはこれらと同等以上の品質を有するものとされている．一方，JIS規格品および同等品でなくても別途国土交通大臣がその性能を認めた鋼材についても使用できる．通常，前者を規格材，後者を認定材と呼んでいる．

　規格材の中で主要な構造用鋼材としては，**一般構造用圧延鋼材（SS）**，**溶接構造用圧延鋼材（SM）**，**溶接構造用耐候性熱間圧延鋼材（SMA）**，**建築構造用圧延鋼材（SN）**，**一般構造用炭素鋼鋼管（STK）**，**建築構造用炭素鋼鋼管（STKN）**，**一般構造用角形鋼管（STKR）**，**建築構造用圧延棒鋼（SNR）**，**一般構造用軽量形鋼（SSC）**などがある．また，特殊鋼として**建築構造用ステンレス鋼材（PS）**がある．一方，認定材には，**建築構造用冷間成形角形鋼管（BCR，BCP）**，建築

⇨**アーク**
　電気放電の一つで多量の光熱を発する．

⇨**溶接構造用耐候性熱間圧延鋼材（SMA），建築構造用ステンレス鋼材（PS），建築構造用耐火鋼材（FR）**
　本章3・4節「各種性能と機能鋼」にて説明．

⇨**建築構造用冷間成形角形鋼管（BCR，BCP）**
　BCR：建築構造用冷間ロール成形角形鋼管，BCP：建築構造用冷間プレス成形角形鋼管．主として柱材に使用．

　主なものとして，鋼種が400 N級でBCR 295とBCP 235，490 N級でBCP 325がある．記号の後ろの数値は，材料強度の基準強度F〔N/mm²〕を示す．

　JIS製品のSTKRを含めた冷間成形角形鋼管設計・施工マニュアルが日本建築センターから発行され，これに準拠した設計方法が国土交通省告示に定められている．

構造用 TMCP 鋼材，建築構造用高性能 590 N/mm² 鋼材，建築構造用耐火鋼材（FR）などがある．

これらのうち一般構造用圧延鋼材（SS），溶接構造用圧延鋼材（SM），建築構造用圧延鋼材（SN）について，JIS 規格のなかの主な項目を**表3·1**(a)と(b)に示す．各鋼材の名称中の先頭のアルファベット2文字は鋼材の種類（たとえば SN，steel new の頭文字を示す）を表し，後の数値（たとえば490）は引張強さの最小値（単位：N/mm²）を表している．

表3·1 SS，SM と SN 材の比較

(a) 化学成分の比較 〔%〕

区分	種類の記号	C 上限		Si 上限	Mn 下限/上限	P 上限	S 上限
		厚さ 50 mm 以下	厚さ 50 mm 超				
	SS 400	—	—	—	—	0.050	0.050
400N 級鋼	SM 400 A	0.23	0.25	—	2.5 × C/	0.035	0.035
	SM 400 B	0.20	0.22	0.35	0.60/1.40	0.035	0.035
	SM 400 C	0.18	0.18	0.35	/1.40	0.035	0.035
	SN 400 A	0.24	0.24	—	—	0.050	0.050
	SN 400 B	0.20	0.22	0.35	0.60/1.40	0.030	0.015
	SN 400 C	0.20	0.22	0.35	0.60/1.40	0.020	0.008
490N 級鋼	SM 490 A	0.20	0.22	0.55	/1.60	0.035	0.035
	SM 490 B	0.18	0.20	0.55	/1.60	0.035	0.035
	SM 490 C	0.18	0.18	0.55	/1.60	0.035	0.035
	SN 490 B	0.18	0.20	0.55	/1.60	0.030	0.015
	SN 490 C	0.18	0.20	0.55	/1.60	0.020	0.008

(注) C：炭素，Si：けい素，Mn：マンガン，P：りん，S：いおう

(b) 機械的性質の比較

区分	種類の記号	降伏点または耐力〔N/mm²〕 下限/上限	引張強さ〔N/mm²〕 下限/上限	降伏比〔%〕 上限	伸び〔%〕 下限	シャルピー衝撃試験吸収エネルギー〔J〕	Z 方向引張試験絞り〔%〕
		厚さ 16mm 超 40mm 以下	厚さ 16mm 超 40mm 以下	厚さ 16mm 超 40mm 以下	厚さ 16mm 超 50mm 以下	下限（0℃）	下限
400N 級鋼	SS 400	235/	400/510	—	21	—	—
	SM 400 A	235/	400/510	—	22	—	—
	SM 400 B	235/	400/510	—	22	27	—
	SM 400 C	235/	400/510	—	22	47	—
	SN 400 A	235/	400/510	—	21	—	—
	SN 400 B	235/355	400/510	80	22	27	—
	SN 400 C	235/355	400/510	80	22	27	25
490N 級鋼	SM 490 A	315/	490/610	—	21	—	—
	SM 490 B	315/	490/610	—	21	27	—
	SM 490 C	315/	490/610	—	21	47	—
	SN 490 B	325/445	490/610	80	21	27	—
	SN 490 C	325/445	490/610	80	21	27	25

(注) 降伏比＝降伏点（耐力）/引張強さ× 100〔%〕．伸び，絞り，シャルピー衝撃試験吸収エネルギーについては，本章3·3節「機械的性質」にて説明．Z 方向とは板厚方向を指す．

⇨ **建築構造用 TMCP 鋼材**

TMCP（thermo-mechanical control process）とは，制御圧延と制御冷却により鋼の靱性の改善と強度の増加を図るプロセスをいう．超高層ビルの四面ボックス柱のスキンプレートなどに使用されている．

鋼種は，490 N 級，520 N 級，550 N 級と 590 N 級の4種類．

⇨ **建築構造用 TMCP 鋼材の基準強度 F**

SN490 や SM490 などの鋼材では，板厚 40 mm を超える場合，基準強度 F が一割程度低減されるが（表2·3 参照），TMCP 鋼板では低減する必要はない．

⇨ **SM490 鋼材（厚さ 16mm 超 40mm 以下）の降伏点または耐力の下限値**

JIS（表 3·1（b））では 315 N/mm² であるが，同鋼材（厚さ 40mm 以下）の基準強度 F（表2·3 参照）は 325 N/mm² であることに注意．

　一般構造用圧延鋼材は SS 材と呼ばれ，特に SS 400 は，板厚が 25 mm 以下であれば溶接が可能であることから，400 N/mm^2 級鋼として建築物に最も多く使用されている．さらに強度の高い規格材として SS 490 および SS 540 があるが，溶接性に問題があるため，通常，建築物には使用されていない．

　溶接構造用圧延鋼材は SM 材と呼ばれ，SS 材に比べて化学成分の規定項目が多く，溶接性に優れている．したがって板厚が厚く，溶接がなされる場合には通常，SM 材が使用される．特に SM 490 は，490 N/mm^2 級鋼として溶接を必要とする建築物に最も多く使用されている．SM 材には耐脆性破壊（衝撃）特性を考慮し，**シャルピー衝撃試験**による吸収エネルギー値によって A，B，C の 3 種類のグレードがあり，この順番で衝撃特性が大きくなる．

⇨ シャルピー衝撃試験
　本章 3・3 節「機械的性質」にて説明．

　なお，表には載せていないが，規格材の中で最も強度レベルの高い鋼材として SM 520 があり，超高層建物の柱材などに使用されている．また，上記の規格材のうち，一般構造用炭素鋼鋼管（STK），一般構造用角形鋼管（STKR）と一般構造用軽量形鋼（SSC）は，SM 材または SS 材に準拠した規格の鋼材より製造されている．

　建築構造用圧延鋼材は SN 材と呼ばれ，SS 材や SM 材にない建築特有の要求性能（塑性変形能力，板厚方向性能など）を具備した新しい鋼材である．鋼材の強度レベルは SS 材および SM 材に合わせて，400 N/mm^2 級鋼と 490 N/mm^2 級鋼の 2 種類である．さらに，建築物のどの部分に使用するかによって，SN 400 材では A，B，C の 3 種類，SN 490 材では B，C の 2 種類に区分されている．

⇨ 建築構造用圧延棒鋼（SNR）
　本鋼材は，引張筋かい（ブレース）に使用される建築構造用ターンバックル（JIS 規格品）や柱脚に使用される建築構造用アンカーボルト（JIS 規格品）に用いられる．

　A 種は SN 400 A のみで，弾性範囲内で使用される溶接を行わない部材に使用される．B 種は，塑性変形性能と溶接性の確保が要求される耐震上重要な部材に使用される．また，C 種は，B 種が有する性能に加えて板厚方向の性能を改善したもので，板厚方向に大きな力を受ける構造部材に使用される．上記の規格材のうち建築構造用鋼管（STKN）と**建築構造用圧延棒鋼（SNR）**および認定材の建築構造用冷間成形角形鋼管（BCR，BCP）は，SN 材に準拠した規格の鋼材より製造されている．SN 材は SS 材や SM 材に比べて価格面で不利であるため，当初，使用範囲が重要な建築物の柱や大梁などに限られていたが，現在では一般建築物にも広く使用されている．

　以上の各鋼材に比べてより高強度の鋼材としては，上記の認定材の建築構造用高性能 590 N/mm^2 鋼材があり，さらに 1 ランク上には認定材の**建築構造用高強度 780 N/mm^2 鋼材**がある．いずれも超高層あるいは大スパン建築物の柱梁部材に使用されている．

⇨ 建築構造用高強度 780 N/mm^2 鋼材
　本鋼材は設計基準強度 F 値が未指定であり，その適用範囲は限られている．

　なお，以上の各鋼材は圧延鋼材であるが，鋳鉄と鋳鋼についても建築物に使用できる鋼材として建築基準法施行令ならびに国土交通省告示に規定されている．ただし，具体的な品質などが規定されていないため，一般には認定材として使用されている．製品としては，主に柱材に使用されている遠心力を利用し製造した溶接構造用遠心力鋳鋼管や立体トラスの節点に使用されている鋳鋼ジョイントなどがある．

3・3 機 械 的 性 質

1 応力度-ひずみ度関係

鋼の機械的性質のうち，**応力度-ひずみ度関係**は重要な項目の一つである.

図3・2は，3・2節で取り上げた400 N/mm² 級の熱間圧延鋼材の単調引張載荷時の応力度-ひずみ度曲線を模式的に示したものである.

載荷の初期段階では応力度とひずみ度は比例関係にあり，図中点 A を過ぎると比例関係がなくなる. 点 A を**比例限度**という. また，比例定数は**ヤング係数**といい，すべての鋼種において 2.05×10^5 N/mm² 程度となる. 点 B は**弾性限度**といい，それ以下では除荷すると元の原点に戻る.

点 C と D はそれぞれ上位降伏点と下位降伏点といい，一般には上位降伏点を**降伏点**としている. その後，応力度はほぼ一定でひずみのみが増加する降伏伸びを生じ，点 E に到達後再び応力度が上昇し始める. これを**ひずみ硬化現象**といい，点 E を**ひずみ硬化開始点**という. 点 F は最大応力点で，このときの応力度を**引張強さ**という.

点 F を過ぎると試験片にくびれが生じるため荷重が低下し，点 G において破断する. このときのひずみ度を**伸び**といい，通常，破断した後の試験片の破断面を密着させ初期に設定した標点間の距離を測定し，変化率として算定した値を**破断伸び（伸び）**としている.

また，円形断面の試験片を用いた場合，くびれを生じ破断した箇所の断面積を測定し，断面収縮率として算定した値を**絞り**としている.

次に，図中点 X のように試験片が十分に塑性化した時点で除荷した場合，応力度-ひずみ度曲線は最初の比例曲線 OA にほぼ平行し，再び載荷するとその曲線を逆にたどる性状を示す. ただし，最初の載荷時にみられたような明瞭な降伏現象はみられず，除荷点 X′ を起点とした場合，破断時の伸びも低下する. この

⇨**降伏点**

　下位降伏点は試験条件により，ばらつきが大きいため，ばらつきの小さい上位降伏点を降伏点としている.

⇨**伸 び**

　伸び =（破断後の標点間距離－試験前の標点間距離）/試験前の標点間距離× 100〔%〕

⇨**絞 り**

　絞り =（原断面積－破断後の断面積）/原断面積× 100〔%〕

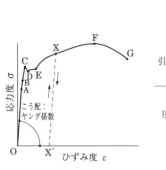

（ a ） 単調引張載荷時

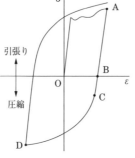

（ b ） 繰返し引張圧縮載荷時

図3・2 鋼材の応力度-ひずみ度関係

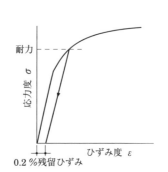

図3・3 耐力の求め方

ように，塑性加工を受けた鋼材（たとえば冷間成形角形鋼管の隅角部）や高張力鋼材では，応力度-ひずみ度曲線が明瞭な降伏点を示さないため，**図3・3**に示すように除荷時に残留塑性ひずみ度0.2%を与える応力度を降伏点に対応する**耐力**としている．

繰返し載荷時の応力度-ひずみ度関係の一例を図3・2(b)に示す．単調引張載荷により点Aまで載荷した後，点Bまで除荷し，その後，圧縮載荷すると降伏点は現れず比例限度（点C）が著しく低下する．この現象を**バウシンガー効果**（Bauschinger effect）という．点Cを越えてさらに点Dまで圧縮載荷した後，除荷し，再度引張載荷すると応力度-ひずみ度曲線はループを描く．この現象を**塑性ヒステリシス**（plastic hysteresis）と呼んでいる．

2　降伏点（耐力），引張強さ，伸び

建築構造材に要求される鋼の機械的性質は，基本的な項目としては降伏点（耐力），引張強さと伸びである．このうち，降伏点は部材や接合部を設計する際の材料強度の基準値となり，建築基準法施行令・国土交通省告示にも各鋼種ごとに基準強度が定められている．各鋼種の降伏点（耐力），引張強さと伸びの規格値は日本産業規格（JIS）に定められており，一般構造用圧延鋼材（SS材）と溶接構造用圧延鋼材（SM材）では，表3・1(b)SS，SMとSN材の機械的性質の比較に示したように，降伏点と伸びについては下限値が，引張強さについては上下限値が規定されている．

建築構造用鋼材（SN材）のB種とC種では，降伏点についても上下限値が規定されている．さらに，降伏点を引張強さで除した値，**降伏比**の下限値が規定されている．

降伏比は材料の降伏後の耐力上昇率の逆数であり，この値が小さいほど降伏後の耐力上昇が大きいことを意味している．SN材は降伏点のばらつきを抑え，低降伏比化することにより，鋼構造建築物の耐震安全性の確保を図っている．

このほか，SN材のC種では，板厚方向性能の確保のために板厚方向の絞りの下限値が規定されている．

3　衝　撃　特　性

1995年（平成7年）1月17日に発生した兵庫県南部地震以降，建築鋼構造物においても脆性破壊への関心が高まり，鋼材の衝撃特性は建築用鋼材においても重要な性能項目となっている．

鋼材の衝撃特性は，**図3・4**に示すように中央に切欠き（ノッチ）を付けた試験片を試験機にセットし，上部に持ち上げたハンマーを振り落とし試験片を破壊し，そのときに吸収されるエネルギー値を測定することにより求められる．一般に，シャルピー衝撃試験と呼ばれている．

図3・5に試験結果の一例を示す．シャルピー吸収エネルギー値は試験温度により変化し，低温下では温度の低下とともに減少し，室温下では温度の上昇ととも

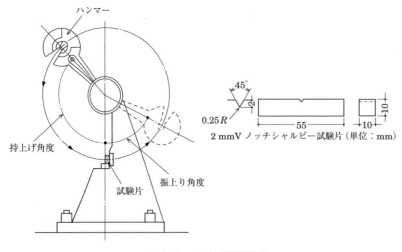

図3・4 シャルピー衝撃試験機

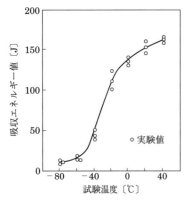

図3・5 シャルピー衝撃試験結果の例

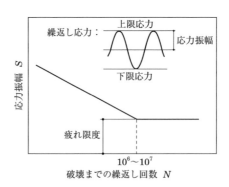

図3・6 疲労曲線（S-N曲線）

に増加し一定となる．脆性破壊は溶接構造物において問題となることから，JIS規格では溶接を行うことを前提にしたSM材とSN材のB種とC種について，0℃下における**シャルピー吸収エネルギー値**の下限値が規定されている（表3・1（b）SS，SMとSN材の機械的性質の比較参照）．

4 疲労特性

多数回の繰返し荷重を受ける構造物，たとえば工場建築物で天井走行クレーンを支持する構造部分では疲労破壊が問題となる．鋼材の疲労特性は試験片に一定の繰返し応力を加える疲労試験により評価され，結果は**図3・6**に示すような両対数グラフ上で縦軸に応力振幅Sを，横軸に破壊までの繰返し回数（疲労寿命）Nをとり，S-N曲線として表される．

応力振幅が大きくなるに従って疲労寿命は低下するが，ある応力振幅以下では

疲労破壊しなくなり，*S-N* 曲線が水平になる．このときの応力振幅を**疲労限度**（**疲れ限度**）と呼び，疲労設計において疲労許容応力を定める際の基準値となっている．疲労限度に達するときの繰返し数 *N* は平滑な表面の試験片では 2×10^6 回程度であるが，鋭い切欠き付試験片では 10^7 回程度になることがあり，疲労限度が低下する．

このように鋼材の疲労特性に及ぼす切欠きの影響は大きく，特に高張力鋼では切欠き感度が鋭く，疲労限度が軟鋼の場合と同程度になることがある．したがって，疲労が問題となる構造部にはできるだけ切欠きをつくらないようにすることが大切である．

3・4 各種性能と機能鋼

1 化学成分と機械的性質

鋼は，鉄（Fe）と炭素（C）を主成分とする炭素鋼または一般鋼と各種の合金元素を添加した合金鋼または特殊鋼に分けることができる．

図 3・7 は，鋼の C 量と機械的性質の関係を示す．C < 0.8% では，C 量が増すにつれて降伏点と引張強さが増し，伸びが低下することがわかる．建築構造用鋼材では，伸びを重視し，C 量が 0.2% 前後の低炭素鋼を用いている．また，C 量が増すと後述の焼入れ効果が増し，溶接性が悪くなるため溶接構造用圧延鋼材（SM 材）や建築構造用圧延鋼材（SN 材）では C 量の上限値が規定されている．C と C 以外の鋼材に含まれる元素のうちけい素（Si），マンガン（Mn），りん（P），いおう（S）を加えた元素は主要 5 元素と呼ばれ，上記の SM 材と SN 材ではその成分量が規定されている（表 3・1（a）SS，SM と SN 材の化学成分比較を参照）．

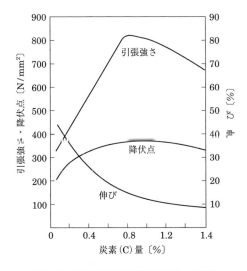

図 3・7　鋼中の炭素量の機械的性質への影響

このうち Si と Mn は鋼の強度や衝撃特性を向上させるが，P と S は不純物とされ，低い値に抑えられている．特に板厚方向性能の確保をねらった SN 材の C 種では，S 量の規定が他の鋼種に比べて厳しくなっている．

これら以外の元素として銅（Cu），ニッケル（Ni），クロム（Cr），モリブデン（Mo），バナジウム（V）などがあり，これらを添加することにより鋼の機械的性質，衝撃特性，耐食性，高温時の温度特性などを向上させることができる．

一方，これらの元素の添加により溶接性が悪くなるという欠点もある．高張力鋼のうち，主としてこれらの合金元素の添加により強度を高めた鋼材を**非調質鋼**と呼び，520 N/mm^2 級までの鋼材に適用されている．

また，これとは逆に，添加元素を極力低減した純鉄に近い成分（LY 100 では，C ≦ 0.01%）を持つ鋼材として，建築構造用極低降伏点鋼（LY 100，LY 225）がある．100 N/mm^2 級の極低降伏点鋼（LY 100）では，降伏点（耐力）は 100 N/mm^2 と普通鋼に比べて小さく，一方，伸びは 50% を超え，降伏比は 60% 以下と小さい．この特性を利用して，制振部材（図 1·12 参照）の材料に使用されている．

2 鋼 の 熱 処 理

鋼は，加熱や冷却することにより機械的性質をさまざまに変えることができる．これを**鋼の熱処理**という．熱処理の種類は，**焼なまし，焼ならし，焼入れ**と**焼戻し**に大別される．

焼なましは，約 850℃ に加熱後，炉中にて徐冷し，鋼の軟化，延性の増加などを図る．焼ならしは，同上温度に加熱後，空中で冷却し，鋼の組織の改善と結晶粒の微細化を図る．焼入れは，焼なましと違って水・油中で急冷し，鋼の硬化を図る．また，焼戻しは焼入れした鋼を 400～600℃ に加熱後，空冷し，硬さの減少と延性および靱性の増加を図る．

高張力鋼のうち，焼入れ・焼戻し熱処理により製造した鋼を**調質鋼**と呼び，590 N/mm^2 級以上の鋼材に適用されている．

3 高温時の強度特性

鋼材の短所の一つは，高温下で急激に強度が低下するため，**耐火性能**が劣ることがあげられる．このため鋼構造建築物では，火災時に鉄骨部分が高温にならないように鉄骨表面を耐火材料で被覆する必要がある．

図 3·8 は，一般鋼（SM 490）と耐火鋼（SM 490-FR）について，常温から高温までの温度下における降伏点（耐力値）と引張強さの変化を示す．

一般鋼では，300℃ を超えると引張強さが急激に低下し，500℃ で約 1/2，900℃ で 1/10 程度となる．一方，耐火鋼は，鋼中に先に述べた 5 元素のほかに微量の Cr，Mo，ニオブ（Nb），V などの合金元素を添加し，高温時の強度特性を向上させたもので，600℃ まで降伏点の低下が少なく，600℃ で常温規格値の 2/3 以上を保持している．この高温特性を利用することにより，鉄骨の無耐火被覆や耐火

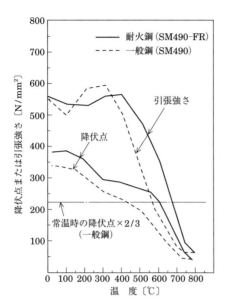

図3・8 一般鋼と耐火鋼の高温強度特性

⇨耐火鋼の常温時の機
械的性質
　規格材や認定材の条
件を満足しており，一
般鋼と同等である．

被覆の大幅な軽減が可能となっている．
　耐火鋼は，自走式駐車場，アトリウムなどに使用され，鉄骨の無耐火被覆を実
現している．

4　鋼 の 腐 食

　鋼材の短所のもう一つは，さびやすいことである．鋼の腐食は水と空気（酸素）
の介在により発生・進行し，鋼の表面に不安定な水酸化第二鉄（$Fe(OH)_3$）の
皮膜（さび）を形成する．したがって，鋼材表面は，水と空気（酸素）に触れな
いように防錆塗料の塗布などの防錆処理を施す必要がある．ステンレス鋼は，
Cr または Cr と Ni を添加した合金鋼で，表面にち密な Cr の酸化皮膜（**不動態
皮膜**という）を形成するため耐食・耐久性に優れており，防錆処理を施す必要が
ない．建築分野では仕上げ材や設備機器類に使用されてきたが，構造材にも規格
材として使用可能となっている．

　溶接構造用耐候性圧延鋼材（SMA材）は，SM材に Cr，Cu，Ni などの合金
元素を添加し耐食性を高めた鋼材で，表面に安定した酸化皮膜を形成し，無塗装
使用を可能にしている．酸化皮膜（さび）面はデザイン的にも優れているが，さ
び汁が流れ出し仕上げ材を汚損したり，さびむらが生じるなどの問題があり，現
在ではさび安定処理を行って使用するタイプと塗装して使用するタイプの2種類
がある．

第3章 演習問題

問3・1 鋼材に関する以下の語句について説明を加えよ.
(1) 降伏比
(2) シャルピー衝撃値（吸収エネルギー値）
(3) 非調質鋼
(4) 調質鋼

【解答】 （1） 降伏比：3・3節2項参照.

降伏点/引張強さを降伏比という. 降伏比が小さいほど, 降伏してから引張強さに達するまでの余裕が大きく, 塑性変形能力（靭性）が高い.

（2） シャルピー衝撃値（吸収エネルギー値）：3・3節3項参照.

シャルピー衝撃値（吸収エネルギー値）が大きいほど, 靭性に富むので脆性破壊しにくくなる.

（3） 非調質鋼：3・4節1項参照.

合金元素の添加により強度を高めた鋼材で, 520 N/mm^2 級までの高張力鋼材に適用される.

（4） 調質鋼：3・4節2項参照.

焼入れ・焼戻し熱処理により強度を高めた鋼材で, 590 N/mm^2 級以上の高張力鋼材に適用される.

問3・2 一般構造用圧延鋼材（SS）, 溶接構造用圧延鋼材（SM）と建築構造用圧延鋼材（SN）に関し, 以下の項目について比較せよ.
(1) 化学成分の規定
(2) 機械的性質の規定

【解答】 （1） 化学成分の規定：3・2節表3・1参照.

鋼材に含まれる主要5元素（C：炭素, Si：けい素, Mn：マンガン, P：りん, S：いおう）について, SS 400 では P と S のみ上限値の規定があるが, SN 400 A では, これに加えて, C の上限値の規定がある. また, SM と SN の B 種と C 種では, 主要5元素すべてについて規定がある.

（2） 機械的性質の規定：3・2節表3・1参照.

SS 400, SM 400 A と SN 400 A では, 降伏点, 引張強さと伸びについて, 下限値（引張強さは上下限値）の規定があり, SM の B 種と C 種では, これに加えて, シャルピー衝撃値（吸収エネルギー値）の下限値の規定がある. さらに, SN の B 種と C 種では, これに加えて, 降伏比の上限値の規定がある. また, SN の C 種では, 板厚方向の絞りの下限値の規定がある.

問 3·3 鋼の熱処理の種類をあげ，説明を加えよ．

【解 答】 鋼の熱処理は，焼なまし，焼ならし，焼入れと焼戻しに大別される．
それぞれの内容については，3·4 節 2 項を参照．

問 3·4 鋼材の温度による機械的性質の変化について説明せよ．

【解 答】 3·4 節 3 項参照．

　軟鋼では，250℃ 付近で引張強度が最大となり，伸びは最小となる．これを青
熱脆性という．300℃ を超えると温度の上昇に伴い，引張強度は低下し，500℃ で
は約 1/2，900℃ では 1/10 程度となる．降伏点は温度の上昇とともに低下し，一
般鋼材では約 350℃ で常温時の値の 2/3 程度まで低下する．シャルピー衝撃値
（吸収エネルギー値）は，温度が低いほど小さくなり，低温下では脆性破壊しや
すい（図 3·5 参照）．

参 考 文 献

［１］ （社）日本鉄鋼連盟 建築専門委員会/建設用鋼材研究会：新しい建築構造用鋼材
（第 2 版），鋼構造出版（2008）
［２］ 嶋津孝之，福原安洋，在永末徳，松尾 彰，中山昭夫，蓼原 真一：建築材料，森
北出版（1994）
［３］ 仕入豊和，川瀬清孝，地濃茂雄：建築材料，理工図書（1996）
［４］ （財）日本建築センター：2008 年版冷間成形角形鋼管設計・施工マニュアル，全
国官報販売協同組合（2008）

引 用 文 献

1） （社）日本鉄鋼連盟 建築専門委員会/建設用鋼材研究会：新しい建築構造用鋼材
（第 2 版），鋼構造出版（2008）

第 4 章

ボルト接合法

▼柱梁接合部の高力ボルト摩擦接合

［学 習 目 標］

　建物の骨組は，柱，梁，筋かいなどの部材と
接合部で構成されている．建物の強度や変形能
力などの構造性能は部材だけでなく接合部の性
能に大きく依存する．鉄骨構造の接合部におけ
る接合法としては，ボルト，リベット，溶接の
三つの方法があるが，リベットは騒音や現場火
災，技能工の不足などの問題で昭和 30 年代以
降使われなくなり，高力ボルトと溶接に代わっ
た．

　本章では，次のことを学習する．

　1．ボルトの種類と特徴

　2．普通ボルトと高力ボルトの抵抗機構

　3．ボルト接合部の挙動と設計法

　4．ボルトの施工法と品質管理

4・1　ボルトの種類と特徴

　鉄骨構造物は，一般に，柱，梁および筋かいなどの部材をボルトや溶接により接合することにより組み立てられる．接合される部位には，梁継手（梁＋梁），柱継手（柱＋柱），柱梁接合部（柱＋梁），筋かい端接合部，柱脚部などがある．このような接合部は，一般に，部材の存在応力あるいは部材が保有している強度や変形能力を十分に発揮させるために，十分な耐力や剛性の確保が求められる．これまでの震災で接合部の被害が多くみられることから，接合部は，力を円滑に伝達する必要があり，設計上，留意すべき重要な部位といえる．

　ボルト接合には，**普通ボルト**や**高力ボルト**が用いられるが，普通ボルトは，ボルトのせん断や接合材の支圧により応力を伝達するもので，仮締め用や仮設物などには適するが，恒久的な建築物にはあまり使用されず，建築基準法施行令では小規模の建物にのみ使用が制限されている．また，日本建築学会「鋼構造許容応力度設計規準」では，振動，衝撃，繰返し応力が作用する部分への使用は避けなければならないとしている．

　一方，高力ボルト接合は，主として，ボルトの締付けによる接合材間の摩擦力で応力を伝達するもので，普通ボルトに比べ，高い接合性能を有し，恒久的な建物に広く用いられている．本接合法は，①接合部の剛性が高い，②疲労強度が高

⇨**疲　労**

　材料が繰返し応力を受けるとき，静的単調載荷試験による強さより低い応力で破壊に至る現象をいう．

（a）　六角ボルト（普通ボルト）

（b）　高力六角ボルト（JIS形高力ボルト）

（c）　トルシア形高力ボルト

図4・1　ボルトの種類

いなどの特徴を有する.

　鉄骨構造に用いられる普通ボルトには六角ボルト（JIS B 1180）があり，建築では，JIS B 1051 に規定されている強度レベル 4.6（$\sigma_y \geqq 240\,\mathrm{N/mm^2}$，$\sigma_u \geqq 400$ $\mathrm{N/mm^2}$），　4.8（$\sigma_y \geqq 340\,\mathrm{N/mm^2}$，　$\sigma_u \geqq 420\,\mathrm{N/mm^2}$），　5.6（$\sigma_y \geqq 300\,\mathrm{N/mm^2}$，$\sigma_u \geqq 500\,\mathrm{N/mm^2}$），　5.8（$\sigma_y \geqq 420\,\mathrm{N/mm^2}$，　$\sigma_u \geqq 520\,\mathrm{N/mm^2}$），　6.8（$\sigma_y \geqq 480$ $\mathrm{N/mm^2}$，$\sigma_u \geqq 600\,\mathrm{N/mm^2}$）などが用いられる．高力ボルトとしては，**高力六角ボルト**（JIS B 1186）と**トルシア形高力ボルト**（JSS II 09 日本鋼構造協会規格「構造用トルシア形高力ボルト」）が一般に用いられている.

　トルシア形高力ボルトは，ナット締付けトルクの反力をボルトの**ピンテール**で受け，静的に締め付けるもので，ピンテールの破断により，所定の張力が導入されたことが確認できるボルトである．このほかに，耐食性に優れた**溶融亜鉛めっき高力ボルト**がある（国土交通大臣認定品）．普通ボルトおよび高力ボルトを**図4・1**に示す.

　高力六角ボルトは，その強度系列によって F8T（1種），F10T（2種），F11T（3種）に分類され，各数値は，引張強さ〔$\mathrm{tf/cm^2}$〕の下限値に相当する．トルシア形高力ボルトは，先頭の記号をSで表現する．なお，F11T は**遅れ破壊**の可能性を否定できないため，通常は使われない．これに対し，近年，耐遅れ破壊特性に優れたトルシア形の**超高力ボルト**（F14T）が開発され，国土交通省の認定を受け使用できるようになっている．一方，設計された接合部の性能を確保するためには，それに見合う適切な施工がなされなければならない.

　本章では，ボルト接合に関する基本事項について述べることとし，溶接は第5章（溶接接合法），梁継手，柱継手，柱梁接合部および柱脚については第11章（接合部）で後述する.

⇨**ピンテール**
　トルシア形高力ボルトのねじ部の末端部分をいう．この部分が破断することによりボルトに所定の張力が導入される.

⇨**遅れ破壊**
　鋼材に引張負荷をかけた当初は異常を示さないが，使用後数か月から数年経過すると，変形をほとんど伴わず脆性的に破壊する現象をいう.

4・2　普　通　ボ　ル　ト

　普通ボルト接合は，建築基準法施行令第67条によると，「軒高が9m以下で，かつ，張り間が13m以下の建築物（延べ面積が3 000 $\mathrm{m^2}$ を超えるものを除く）」に，ボルトが緩まないようにコンクリートで埋め込む場合，ナットの部分を溶接し，またはナットを二重に使用する場合，その他これらと同等以上の効力を有する戻り止めをする場合においては，普通ボルト接合によることができるとしている．建築学会「鋼構造許容応力度設計規準」では普通ボルトの使用範囲を次のように規定している.

（1）　振動・衝撃または繰返し応力を受ける接合部には，普通ボルトを使用してはならない.

（2）　軒の高さが9mを超え，またははり間が13mを超える鋼構造建築物の構造耐力上主要な部分には，普通ボルトを使用してはならない.

（3）　ボルト孔の径をボルトの公称軸径の＋0.2mm以下にした場合には，（2）の規定にかかわらずボルトを使用してよい.

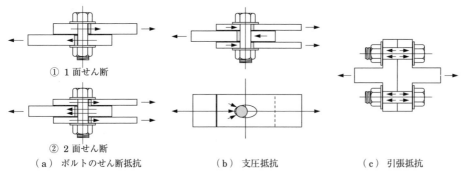

① 1面せん断

② 2面せん断

（a） ボルトのせん断抵抗 　　　　（b） 支圧抵抗 　　　　（c） 引張抵抗

図4・2 せん断抵抗，支圧抵抗および引張抵抗

　普通ボルト接合には，ボルトのせん断で力を伝える方法（**図4・2**（a），（b））と，ボルトの引張りで力を伝える方法（図4・2（c））がある．図4・2（a）に示すように，ボルトがせん断力に対して抵抗する場合，接合材の数によって，一つのボルトに働くせん断面の数が異なってくる．せん断面が一つの場合および二つの場合を，それぞれ，**1面せん断**および**2面せん断**と呼ぶ．

　また，ボルトにせん断力が働く場合，ボルト軸部にせん断が作用するとともに，ボルト軸部と接合材とが接触することにより，接合材に支圧力が働く．ボルトに対して接合材の板厚が薄い場合，支圧力に対して接合材が抵抗しきれなくなり，ボルト孔が楕円形状に変形し破壊に至る（図4・2（b））．一方，ボルトに対して板が厚い場合，ボルトにせん断破壊が生じることになる．鋼材の長さ方向のボルトの基準線を**ゲージライン**といい，その相互間の距離を**ゲージ** g，ボルト相互の中心間距離を**ピッチ** p という（**図4・3**参照）．ピッチを小さくし過ぎたり大きくとり過ぎても，施工上や応力伝達の面で問題を生じることになるので規定が設けられている．ピッチはボルト軸径のおよそ4倍を標準とし，2.5倍以上とする（**表4・1**参照）．

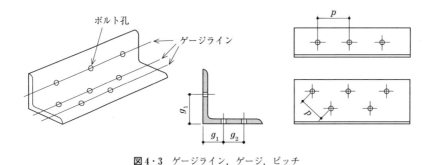

図4・3 ゲージライン，ゲージ，ピッチ

表4・1 ピッチ

軸径 d〔mm〕		10	12	16	20	22	24	28
ピッチ p	標準	40	50	60	70	80	90	100
	最小	25	30	40	50	55	60	70

4・3 高力ボルト

1 高力ボルトの応力伝達機構

　高力ボルト接合は，高強度のボルトを十分締め付けることにより，ボルトに大きな初期導入張力を与え，その張力を利用して接合部に作用する応力を円滑に伝達する接合法である．高力ボルト接合の品質を確保するために，ボルト，ナット，座金をセット（**高力ボルトセット**）として種類が決められている．また，適切な摩擦面およびばらつきの少ない初期導入張力の確保が前提となる．高力ボルトに初期導入張力を与えない場合は，普通ボルト接合と同じ取扱いをする．

　高力ボルト接合には，ボルト軸に対して直角方向の応力を接合材間の摩擦力で伝達する**高力ボルト摩擦接合**と，ボルト軸に平行な方向の応力を伝達する**高力ボルト引張接合**とがある．高力ボルト摩擦接合は，梁継手（**図4・4(a)**）など，鉄骨構造の接合部に多用されている接合法である．一方，高力ボルト引張接合は，梁端接合部などに用いられるスプリットT接合（図4・4(b)）やエンドプレート接合など，主として接合材の曲げに対して応力伝達を行う部分や鋼管フランジ継手部などに用いられる．

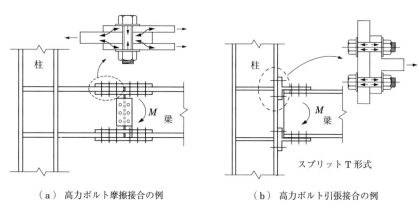

（a）高力ボルト摩擦接合の例　　　　　（b）高力ボルト引張接合の例

図4・4 高力ボルト接合の応力伝達機構と接合例

2 普通ボルト接合および高力ボルト接合に関する共通事項

　建築基準法施行令第68条および日本建築学会「鋼構造許容応力度設計規準」に規定されているボルト孔径を**表4・2**に示す．

　ボルトで締め付ける板の総厚は，径の5倍以下とする．やむを得ず5倍を超える場合は，その超えた厚さ6mmごとにボルトの数を4%ずつ増やさなければならない．超過分が6mm未満の場合は，数を増やす必要がないが，6mm以上の場合は最低でも1本増しとする．なお，高力ボルトの場合は，本項の制限を受けない．

表 4・2　ボルト孔径の制限値

種　類	ボルト孔径の制限値〔mm〕			備　考
	$d<20$	$20 \leqq d<27$	$27 \leqq d$	
普通ボルト	$d+1.0$ 以下	$d+1.5$ 以下		建築基準法施行令第 68 条
	$d+0.5$ 以下			建築学会「鋼構造許容応力度設計規準」
高力ボルト	$d+2.0$ 以下		$d+3.0$ 以下	建築基準法施行令第 68 条 建築学会「鋼構造許容応力度設計規準」

d：ボルト軸径

　ボルトおよび高力ボルト孔中心間距離は，公称軸径の 2.5 倍以上とする．
　ボルトおよび高力ボルト孔中心から縁端までの最小距離は**表 4・3**による．

表 4・3　最小縁端距離　　　　　〔mm〕

ボルト径 d〔mm〕	縁端の種類	
	せん断縁 手動ガス切断縁	圧延縁・自動ガス切断縁 のこ引き縁・機械仕上縁
$12<d\leqq16$	28	22
$16<d\leqq20$	34	26
$20<d\leqq22$	38	28
$22<d\leqq24$	44	32
$24<d\leqq27$	49	36
$27<d\leqq30$	54	40

　ボルト接合部の縁端部は，破壊に対する安全性確保の観点から，適切な縁端距離を確保しなければならない．**最小縁端距離**は，接合材の縁の加工方法に依存する．仕上げ精度が粗いせん断・手動ガス切断の場合は，加工精度のよい切断法に比べ，大きい値が要求される．

　引張材の接合部においてせん断力を受けるボルトおよび高力ボルトが応力方向に 3 本以上並ばない場合は，端部ボルトおよび高力ボルト孔中心から応力方向の接合部材端までの距離は，ボルトまたは高力ボルトの公称軸径の 2.5 倍以上とする．

　縁端距離があまり大きくなると，接合材がそったりして，応力伝達上支障をきたすので，普通ボルトまたは高力ボルト孔中心から，普通ボルトおよび高力ボルトの頭部またはナットが直接接する材の縁端までの最大距離はその材厚の 12 倍，かつ 15 cm 以下とする．

　ボルト接合において板厚の異なる材を接合する場合，厚いほうの板厚に合わせるために**フィラー**を挿入することがある．フィラーは 4 枚以上重ねてはならない．

　高力ボルトと溶接を併用する接合部において，高力ボルトの締付けに先行して

⇨**フィラー**
　板厚の異なる材を接合する際，板厚をそろえるために用いる添板をいう．

溶接すると，熱による板の変形が生じ，高力ボルトを締め付けても接合材に所定の圧縮力を与えることができないことがあるので，両者の耐力を加算することはできない．この場合，溶接の耐力だけを用いることになる．溶接に先行して，高力ボルト接合をする場合は，両者の耐力を加算できる．

　高力ボルトと普通ボルトを併用する場合，全応力を高力ボルトで負担するものとする．

4・4　ボルト接合部の挙動と設計

1　普 通 ボ ル ト

（a）　普通ボルトがせん断力を受ける場合の挙動

　普通ボルト接合部がせん断力を受ける場合の挙動を**図4・5**に示す．普通ボルト接合では，締付け力が小さいので材間摩擦力は期待できず，非常に小さい荷重レベルですべりを生じ，すべりによってボルト軸部が接合材の孔壁に接触することにより，ボルト軸部にせん断力と接合材に支圧力が働くことになる．その後，荷重は上昇し最大荷重に到達する．普通ボルトにせん断力が作用する場合の許容耐力は，ボルト軸部のせん断による許容耐力と接合材の支圧耐力のいずれか小さいほうの値によって接合部の耐力が決定されることになる．

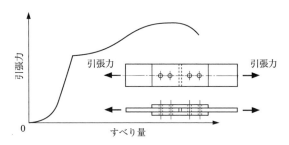

図4・5　せん断力を受ける普通ボルトの荷重-すべり曲線

（b）　長期応力に対する普通ボルトの許容応力度

　普通ボルトの長期応力に対する許容引張応力度は平成12年建設省告示第2464号の基準強度に基づき，**表4・4**の値を用いる．ねじ部有効断面における応力度が鋼材の許容引張応力度に等しい値，許容せん断応力度は鋼材の許容せん断応力度に等しい値として設定されている．短期応力に対する許容応力度は，長期の1.5倍とする．

（c）　普通ボルトの許容せん断力

　ボルト1本の許容せん断力 R_s は，ボルトに作用するせん断力をボルト軸断面が均等に負担するものとして式(4・1)により求める．

$$R_s = m\,A\,f_s \tag{4・1}$$

ただし，m：せん断面の数

表 4・4 普通ボルトの長期許容応力度

$[\text{N/mm}^2]$

材　　料		引張り	せん断
強度区分	4.6 4.8	160	$\dfrac{160}{\sqrt{3}}$
	5.6 5.8	200	$\dfrac{200}{\sqrt{3}}$
	6.8	280	$\dfrac{280}{\sqrt{3}}$
その他の強度ボルト		$\dfrac{F}{1.5}$	$\dfrac{F}{1.5\sqrt{3}}$

A：ボルトの有効断面積〔mm²〕

f_s：ボルトの許容せん断応力度〔N/mm²〕（表4・4の数値）

（ d ）　接合材の許容支圧力

接合材の許容支圧力 R_L は式(4・2)による.

$$R_L = d\, t\, f_L \tag{4・2}$$

ただし，　d：ボルト軸径〔mm〕

t：接合材の板厚〔mm〕

1面せん断の場合，薄いほうの板厚

2面せん断の場合，両側の板厚の和と中央部の板厚のうち小さいほうの値

f_L：接合材の許容支圧応力度〔N/mm²〕

許容支圧応力度 f_L は，長期応力に対して1.25Fで，F〔N/mm²〕は鋼材の基準強度である．普通ボルトにせん断力が作用する場合の接合部の許容耐力 R は式(4・1)および式(4・2)で与えられる R_S と R_L のうち，小さいほうで決まる.

（ e ）　普通ボルトの許容引張力

ボルト1本の許容引張力 R_t は，原則として式(4・3)で与えられる.

$$R_t = A\, f_{t_0} \tag{4・3}$$

ただし，f_{t_0}：表4・4の許容引張応力度〔N/mm²〕

式(4・1)と式(4・3)を用いると，長期応力に対する普通ボルトの許容せん断力と許容引張力は**表4・5**の値となる．短期応力に対しては，長期の1.5倍とする.

（ f ）　偏心引張りを受ける場合

引張力の作用線とボルト中心線にずれがある場合は偏心引張りとなり，ボルトに付加的な応力が作用する．この偏心量 e の影響を考慮して，ヤングは式(4・4)による許容引張力の実験式を提案している.

$$R_t' = R_t(1 - 0.2\sqrt{e}) \tag{4・4}$$

ただし，R_t'：偏心引張りを受けるボルトの許容引張力

R_t：式(4・3)による許容引張力

e：偏心量〔cm〕

表4・5　ボルトの長期応力に対する許容耐力

ボルト呼び径	有　効断面積〔mm²〕	強度区分								
		4.6, 4.8			5.6, 5.8			6.8		
		許容せん断力〔kN〕		許　容引張力〔kN〕	許容せん断力〔kN〕		許　容引張力〔kN〕	許容せん断力〔kN〕		許　容引張力〔kN〕
		1面せん断	2面せん断		1面せん断	2面せん断		1面せん断	2面せん断	
M6	20.1	1.86	3.71	3.22	2.32	4.64	4.02	3.25	6.50	5.63
M8	36.6	3.38	6.76	5.86	4.23	8.45	7.32	5.92	11.8	10.2
M10	58.0	5.36	10.7	9.28	6.70	13.4	11.6	9.38	18.8	16.2
M12	84.3	7.79	15.6	13.5	9.73	19.5	16.9	13.6	27.3	23.6
M16	157	14.5	29.0	25.1	18.1	36.3	31.4	25.4	50.8	44.0
M20	245	22.6	45.3	39.2	28.3	56.6	49.0	39.6	79.2	68.6
M22	303	28.0	56.0	48.5	35.0	70.0	60.6	49.0	98.0	84.8
M24	353	32.6	65.2	56.5	40.8	81.5	70.6	57.1	114	98.8
M27	459	42.4	84.8	73.4	53.0	106	91.8	74.2	148	129
M30	561	51.8	104	89.8	64.8	130	112	90.7	181	157

（g）　引張力とせん断力を受ける場合の許容せん断応力度

引張力とせん断力を同時に受ける普通ボルトの引張応力度 σ〔N/mm²〕は，式(4・5)の値以下とする．

$$f_{ts}＝1.4f_{t0}-1.6\tau　かつ　f_{ts}\leqq f_{t0} \tag{4・5}$$

ただし，f_{ts}：せん断力を同時に受けるボルトの許容引張応力度〔N/mm²〕

f_{t0}：ボルトの許容引張応力度〔N/mm²〕

τ：ボルトに作用するせん断応力度で許容せん断応力度〔N/mm²〕を超えることはできない．

② 高力ボルト

（a）　摩擦接合における接合部の挙動

高力ボルト摩擦接合による荷重と相対変位（すべり量）の関係を**図4・6**に示す．ボルトの締付け力による材間摩擦力により，引張力に比例して変形が増加してい

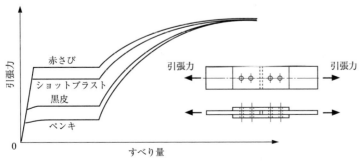

図4・6　各種摩擦面の荷重-すべり曲線

くが，ある荷重レベルに達するとやがてすべりを起こす．すべりを生じた後，ボルト軸と接合材が接触し，その後，引張力が上昇し最大引張力に達する．最終的にはボルトのせん断のみで伝達されることになるので，接合部の最大荷重は，摩擦面の状態に無関係となりほぼ等しくなる．設計における許容耐力は，最大荷重ではなく，すべりを生じるときの値（すべり荷重）としている．すべり荷重は，初期導入張力に摩擦面のすべり係数を乗じた材間摩擦力に等しく，摩擦面の状態によって異なる．許容耐力は，このすべりを生じるときの荷重に安全率を考慮して決められる．

（b） 長期応力に対する高力ボルトの許容応力度

高力ボルトの長期応力に対する許容引張応力度 f_t および許容せん断応力度 f_{s0} は，平成12年建設省告示第2466号および建築基準法施行令第92条の2より，**表4·6**のように定められている．短期は，長期の1.5倍とする．

表4·6 高力ボルトの長期許容応力度〔N/mm²〕

材　料	引張り f_t	せん断 f_{s0}
F8T	250	120
F10T	310	150

（c） 設計ボルト張力 T_0

高力ボルト接合は，高力ボルトの初期導入張力による材間摩擦力により応力を伝達するものである．この初期導入張力（**設計ボルト張力**）は，ボルトの等級ごとに，降伏比を考慮して式(4·6)によって与えられる．

$$\text{F8T（1種）}: T_0 = 0.85FA_e \tag{4·6}$$
$$\text{F10T（2種）}: T_0 = 0.75FA_e \tag{4·7}$$

ただし，F：高力ボルトの基準強度で降伏強さの規格最小値

A_e：高力ボルトのねじ部有効断面積

高力ボルト接合部の許容耐力は，この設計ボルト張力を用いて計算される．施工時には，設計ボルト張力を確保するために，締付け力の変動を考慮して設計ボルト張力より10%増しの張力（**標準ボルト張力**）を与えることにしている．設計ボルト張力および標準ボルト張力を**表4·7**に示す．

表4·7 設計ボルト張力および標準ボルト張力

種類	設計ボルト張力〔kN〕							標準ボルト張力〔kN〕						
	M12	M16	M20	M22	M24	M27	M30	M12	M16	M20	M22	M24	M27	M30
F8T	45.8	85.2	133	165	192	250	305	50.4	93.7	146	182	211	275	335
F10T	56.9	106	165	205	238	310	379	62.6	117	182	226	262	341	417

（d） 高力ボルトの許容せん断力

摩擦接合の許容せん断力 R_s は，すべり係数と設計ボルト張力に基づいて式(4·8)で与えられる．

$$R_s = \frac{m\,\mu\,T_0}{\nu} \tag{4・8}$$

ただし，R_s：許容せん断力

　　　　m：摩擦面の数

　　　　μ：すべり係数

　　　　ν：すべりに対する安全率

　　　　T_0：設計ボルト張力

　表4・6の長期応力に対する許容せん断応力度f_{s0}は，短期応力時にすべり荷重を超えないことを原則とし，式(4・8)において，$\nu=1.5$，$m=1$，$\mu=0.45$とおき，表4・7の設計ボルト張力を用い，ボルトの軸断面積で除して安全側の数値に丸めたものである．高力ボルト1本当りの許容せん断力R_sは，式(4・8)を直接用いず，表4・6の許容せん断応力度にボルトの軸断面積を乗じた値とし，式(4・9)により求める．

$$R_s = A\,f_{s0} \tag{4・9}$$

ただし，A：高力ボルトの軸断面積〔mm²〕

　　　　f_{s0}：許容せん断応力度〔N/mm²〕

　ボルトがゲージライン上に6～8本以上になると材間摩擦力分布が均等化しないうちに主すべりを生じるおそれがあるので，許容せん断力を低減するなどの考慮をしなければならない．

（e）　高力ボルトの許容引張力

　ボルトに引張力が作用すると，初期導入張力（設計ボルト張力T_0）のおよそ9割で接合材が離間してくる．高力ボルトの許容引張力R_tは，短期応力時に接合材が離間しないことを原則として，長期に対する安全率を$\nu=1.5$とすると式(4・10)で表される．

$$R_t = \frac{0.9T_0}{\nu} = 0.6T_0 \tag{4・10}$$

　表4・6の長期応力に対する許容引張応力度f_tは，式(4・10)の値を高力ボルトの軸断面積で除して安全側の数値に丸めたものである．許容引張力R_tも許容せん断力の場合と同様，式(4・10)によらず，許容引張応力度f_t〔N/mm²〕に軸断面積Aを乗じて式(4・11)で求める．

$$R_t = A f_t \tag{4・11}$$

（f）　高力ボルト接合の許容耐力

　式(4・9)および式(4・11)を用いて許容せん断力R_sおよび許容引張力R_tを計算すると，**表4・8**のようになる．

（g）　引　張　接　合

　ボルトの重心線と引張応力の作用線が一致している場合，つまり中心引張りを受ける場合には，引張力をボルト本数で除した値がボルト1本の許容引張力以下となればよい．しかし，一般に，引張力の作用線とボルトの重心線が一致することはないので，偏心引張りの状態になるのが普通である．このような場合，引張

⋄**高力ボルト摩擦接合部の最大強度**

　鉄骨造の規模に関係なく，第2章の図2・5の構造計算フロー（28ページ）のルート3だけでなく，ルート1，ルート2の小規模の建物でも，筋かい端部，接合部の破断防止の規定がある．高力ボルト摩擦接合部の最大強度（保有耐力）は，摩擦面ですべりが生じ，ボルトが接合材に接触して，せん断抵抗する状態を想定して検討することができる．その計算に用いるボルトの基準強度は，F8Tは640，F10Tは900（N/mm²）である（平12建告第2466号，文献4）．第8章の筋かい材の保有耐力接合検定の式(8・11)で，高力ボルト摩擦接合部のボルト破断の場合のσ_uはこの基準強度を用いる．

表4・8 高力ボルト接合の許容耐力（長期）

高力ボルトの種類	ボルト呼び径	ボルト軸径〔mm〕	ボルト孔径〔mm〕	ボルト軸断面積〔mm²〕	ボルト有効断面積〔mm²〕	設計ボルト張力〔kN〕	許容せん断力〔kN〕		許容引張力〔kN〕
							1面摩擦	2面摩擦	
F8T	M16	16	18	201	157	85.2	24.1	48.3	50.3
	M20	20	22	314	245	133	37.7	75.4	78.5
	M22	22	24	380	303	165	45.6	91.2	95.0
	M24	24	26	452	353	192	54.2	109	113
	M27	27	30	572	459	250	68.6	137	143
	M30	30	33	707	561	305	84.8	170	177
F10T	M12	12	14	113	84.3	56.9	17.0	33.9	35.1
	M16	16	18	201	157	106	30.2	60.3	62.3
	M20	20	22	314	245	165	47.1	94.2	97.4
	M22	22	24	380	303	205	57.0	114	118
	M24	24	26	452	353	238	67.9	136	140
	M27	27	30	573	459	310	85.9	172	177
	M30	30	33	707	561	379	106	212	219

力に加え，偏心の影響を考慮してボルト本数を決定しなければならない．

（ h ） 引張力とせん断力を受ける場合の許容せん断応力度

高力ボルトで締め付けられている接合部が引張りを受けると，接合面の圧縮力が減少するため，すべり耐力が低下する．これを考慮して，引張力とせん断力を同時に受ける高力ボルトのせん断応力度 τ は，式(4・12)で与えられる許容せん断応力度 f_{st} 以下とする．

$$f_{st}=f_{s0}\left(1-\frac{\sigma_t A}{T_0}\right) \tag{4・12}$$

ただし，f_{st}：引張力を同時に受ける高力ボルトの許容せん断応力度〔N/mm²〕

f_{s0}：高力ボルトの許容せん断応力度〔N/mm²〕

σ_t：高力ボルトに加わる引張力に対応する引張応力度〔N/mm²〕で，表4・6の許容引張応力度を超えることはできない（$=T/(n\cdot A)$）.

n：応力を負担するボルトの本数

T：高力ボルトに加わる見かけの引張力〔N〕

T_0：設計ボルト張力〔N〕

A：高力ボルトの軸断面積〔mm²〕

3 超高力ボルト

高強度のボルトは，F11Tのように遅れ破壊が原因で，標準的な使用から除外されてきた．これに対し，耐遅れ破壊特性に優れた素材の開発および応力集中を克服した画期的な超高強度のボルト（F14T）が開発され，国土交通省の認定を受け，使用されるようになっている．このボルトの特徴は，高強度ゆえに継手がコンパクトにできることや工期の短縮が図れることなどである．また，このボルトはトルシア形で，従来のトルシア形高力ボルトと同様の締付け施工性を有する．

4・5 施工法と品質管理

ボルトに所定の性能を発揮させるためには，その施工方法と品質管理には十分留意しなければならない．以下に，普通ボルトと高力ボルトにおける施工法および品質管理について述べる．

1 普通ボルトの施工法と品質管理

（a） ボルトの締付け

ボルトは，ハンドレンチやインパクトレンチなどを用いてゆるまないように締め付ける．簡単な工具を用いて人力で締め付けることができるが，締付け数量が多い場合や M20 以上のボルトはインパクトレンチや電動レンチなどを用いる．

（b） 戻 り 止 め

コンクリートに埋め込む場合を除いて，ボルトのゆるみ防止のために，二重ナットの使用，ゆるみ防止用特殊ナットの使用，ナットの溶接など，ナットの戻り止めの処置を講じなければならない．

（c） 締付け後の検査

ボルトの締付け完了後，①所定の品質でないもの，②所定の寸法でないもの，③締忘れまたはゆるみのあるもの，④所定の戻り止めのないものなどの不良ボルトの有無をすべてのボルトについて検査する．

2 高力ボルトの施工法と品質管理

（a） 高力ボルトセットの取扱い

高力六角ボルトは JIS 表示認可工場，トルシア形高力ボルトは JIS 表示工場またはそれと同等以上の品質管理能力を持つ工場で製造され品質が管理されている．JIS 表示認可工場の製品には，ボルト頭部にボルトの機械的性質による等級，メーカマークおよび JIS マークが表示されている．

工事現場に搬入される高力ボルトは，パレット（木製あるいは段ボール）の状態で積載される．運搬時には，高力ボルトの**トルク係数値**を変動させないために，パレットが破損しないよう注意を要する．また，工事現場では，種類，径，長さ，ロット番号ごとに区分し，同種類のボルトをまとめて保管するとよい．

高力ボルト接合を適切に行うためには，摩擦面の処理が正しく行われていることと，部材接合面を密着すること，ボルト孔の位置が相互に一致していることが重要である．工事現場で鉄骨部材を組み立てる場合，仮ボルトを用いて部材相互を仮締めするが，仮ボルトとして，本ボルトを兼用することはできない．

（b） 締 付 け

締付け作業は，一次締め，マーキング，本締めの3段階で行う．高力六角ボルトの一般的な締付け方法としては，トルクコントロール法とナット回転法が用いられる．高力ボルトの締付けは，次のことに注意する．高力六角ボルトは，ボル

⇨トルク係数値
　トルク係数値は，ボルトねじ部のわずかな打こん・ごみの付着，防錆，潤滑油など，状態あるいは気温の変動により影響を受ける．
（A種）0.11〜0.15
（B種）0.15〜0.19

トの頭部およびナット下，トルシア形高力ボルトはナット下のみに専用座金を1枚ずつ敷き，ナットを回転させて行う．取付けに当たっては，ナットおよび座金の表裏に注意しなければならない．高力ボルトの締付けは，仮ボルトによる締付けが完了した接合部に対して，所定のトルクで一次締めをし，**マーキング**をした後，本締めを行う．また，締付けの順番にも配慮しなければならない．

トルクコントロール法による本締めに当たっては，ナットを所定のトルクで回転させて高力ボルトに軸力を導入する．これは締付けトルクとボルト軸力とが比例関係にあることを利用したもので，両者の間には，次式の関係がある．

$$T_r = kd_1N \qquad (4 \cdot 13)$$

ただし，T_r：締付けトルク

k：トルク係数値

d_1：ボルトのねじ外形の基本寸法（呼び径）

N：ボルトの軸力

一方，ナット回転法による高力ボルトの本締めは，ナット回転量とボルトに導入される軸力との比例的な関係を用いてナットを所要量回転させて行う．締付けの適否の判定は，一次締付け後のナットの回転量が $120^\circ \pm 30^\circ$（M12 は $60^\circ - 0^\circ$，$+30^\circ$）の範囲にあるものを合格とする．この範囲を超えたものは取り替え，回転量が不足しているものは所定の回転量まで追い締めをする．

（c） 締付け後の検査

本締めを終了した高力ボルトは，ボルトに所要の張力が導入されているかを確認しなければならない．高力六角ボルトでは，一次締め後に付したマークを目視により確認する．このとき，ボルトの適正長さ，ナットの回転量および共回りの有無などを確認する．

施工および品質管理の詳細については，日本建築学会「鉄骨工事技術指針・工事現場施工編」を参照されたい．

⇨マーキング

工事管理上，一次締付け後マークを付す．このマークは，本締めの作業完了を示すとともに，締付け後の検査に利用する．

図4・7 マーク

第 4 章　演習問題

問 4·1　２面せん断を受ける普通ボルト M 16（強度区分 4.6）２本による接合部（図 4·8）の長期許容せん断耐力 R〔kN〕を求めよ．ただし，鋼材の材質は SS 400（$F=235 \, \mathrm{N/mm^2}$）とする．

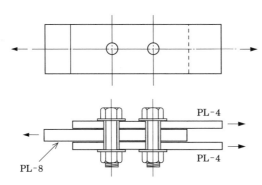

図 4·8　２面せん断を受ける普通ボルト接合

【解 答】　ボルトの本数 $n=2$，ボルトの長期許容せん断応力度 $f_s=160/\sqrt{3}$ $\mathrm{N/mm^2}$，ボルトの許容せん断耐力（２面せん断：$m=2$）

$$R_S = n \cdot m \cdot f_s \cdot A = 2 \times 2 \times (160/\sqrt{3}) \times 157/1\,000 = 58.0 \, \mathrm{kN}$$

接合材の許容支圧力

$$R_L = n \cdot d \cdot t \cdot f_L = 2 \times 16 \times 8 \times 1.25 \times 235/1\,000 = 75.2 \, \mathrm{kN}$$

したがって，接合部の長期許容耐力は，$R=\min(R_S, R_L)=58.0 \, \mathrm{kN}$

問 4·2　図 4·8 の接合に，高力ボルト M 16（F 10 T）を用いたとき，高力ボルト２本による長期の許容せん断耐力 R_S〔kN〕はいくらか．

【解 答】　高力ボルトの本数 $n=2$，２面せん断 $m=2$

高力ボルトの長期許容せん断応力度 $f_{s_0}=150 \, \mathrm{N/mm^2}$ だから，ボルトの長期許容せん断耐力は次のように求められる．

$$R_S = n \cdot m \cdot A \cdot f_{s_0} = 2 \times 2 \times [\pi(16/2)^2] \times 150/1\,000 = 120.6 \, \mathrm{kN}$$

問 4・3 図 4・9 に示すように，短期の引張力 N を受ける部材 A の端部を，高力ボルト M 16（F 10 T）4 本による接合とした．引張力 N によるボルト軸方向の引張力を $T=140$ kN，ボルト軸と直角方向のせん断力を $Q=100$ kN とするとき，この接合部の高力ボルトが安全かどうか検定せよ．

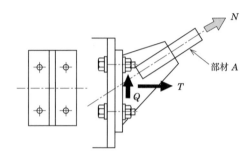

図 4・9 引張力とせん断を受ける高力ボルト接合

【解答】 ボルトの短期許容せん断応力度 $f_{s0}=150\times1.5=225$ N/mm^2

ボルト軸断面積 $A=201$ mm^2

設計ボルト張力 $T_0=106$ kN

応力を負担するボルトの本数 $n=4$

$$\sigma_t=\frac{T}{nA}=\frac{140\,000}{4\times201}=174.1\ \text{N/mm}^2$$

せん断応力度

$$\tau=\frac{Q}{nA}=\frac{100\,000}{4\times201}=124.4\ \text{N/mm}^2$$

引張りとせん断を同時に受けるボルトの許容せん断応力度 f_{st} は

$$f_{st}=f_{s0}\left(1-\frac{\sigma_t A}{T_0}\right)=225\times\left(1-\frac{174.1\times201}{106\,000}\right)=150.7\ \text{N/mm}^2$$

$$\frac{\tau}{f_{st}}=\frac{124.4}{150.7}=0.825<1.0：\text{OK}$$

参 考 文 献

［1］ 若林 實：鉄骨の設計（増改訂版），共立出版（1977）
［2］ 若林 實編著：鉄骨構造学詳論，丸善（1985）

引 用 文 献

1） 日本建築学会：鋼構造許容応力度設計規準（2019）
2） 日本建築学会：高力ボルト接合設計施工ガイドブック（2003）
3） 日本建築学会：鉄骨工事技術指針・工事現場施工編（2007）
4） 国土交通省国土技術政策総合研究所ほか監修：2020 年版建築物の構造関係技術基準解説書（2020）

第5章
溶接接合法

▼厚板ボックス断面柱のかど溶接作業

[学 習 目 標]

　鉄骨構造の接合法として，高力ボルトとともに
溶接が最も一般化している．溶接接合法は部材の
母材を高温で溶融して接合するため，接合部にお
ける連続性が保たれて，その強度と剛性が大き
く，また，割合自由な形状の接合部の製作も可能
となる．しかし，母材は高温による熱影響を受け
て組織が変化するとともに，種々の溶接欠陥が生
じやすいため，溶接条件の設定やその品質管理が
重要である．

　本章では，次のことを学習する．

1. 各種の溶接方法と特徴
2. 溶接部の組織と性質
3. 各種の溶接継手・継目の特徴
4. 溶接継目の設計法
5. 溶接の品質管理

5・1　溶接の種類と特徴

　溶接接合法は，高力ボルト接合法と並んで建築鉄骨に多用されている．溶接方法は多種多様であるが，材料を熱で溶かしてそのまま接合する**融接**と圧力を加えて接合する**圧接**，およびろう材（例としてはんだ）を用いて接合する**ろう接**の 3 種類に分けられる．建築鉄骨では，融接，なかでもアーク熱を利用したアーク溶接が最も広く使用されている．なお，圧接については鉄筋の接合に使用されるガス圧接があるが，ろう接については使用されていない．

　建築鉄骨に適用されている主な溶接方法は，**図 5・1** に示すように**アーク手溶接**，**半自動溶接**および**自動溶接**の 3 種類に分けられる．アーク手溶接は，溶接棒の供給と操作をすべて手で行う方法で，これには被覆アーク溶接がある．半自動溶接は使用するワイヤとガスの供給を自動的に行い，操作を手で行う方法で，代表的なものとしてガスシールドアーク溶接がある．自動溶接はワイヤとガスなどの材料の供給および操作を自動的に行う方法で，代表的なものとしてサブマージアーク溶接，エレクトロスラグ溶接がある．

⇨**アーク**
　電気放電の一つで多量の光熱を発する．

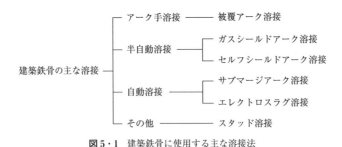

図 5・1　建築鉄骨に使用する主な溶接法

1　被覆アーク溶接

　図 5・2 に**被覆アーク溶接**の概要を示す．**被覆アーク溶接棒**は，軟鋼の心線とその回りに塗布された被覆剤（フラックス）からなる．溶接棒と接合する母材は溶接機に接続され，その間に発生したアーク熱（約 5 000℃）により溶接棒の先端と母材の一部を溶かし融合させ接合する溶接法である．最も古くから使用されている方法であるが，半自動溶接に比べて作業能率が劣るため，最近では主に**組立て溶接**に用いられている．被覆剤は熱分解してガスを発生し，溶接部を大気より遮へいして溶接金属の酸化・窒化を防いだり，アークを安定させる役割をする．さらに被覆剤は溶接金属の精錬を行い，不純物を浮上させスラグとなって溶接金属を保護する役目もする．このように，被覆剤は溶接作業性と溶接金属の性能をよくする重要な役割をしており，被覆アーク溶接棒の種類も被覆剤の成分により分けられている．建築鉄骨の溶接には，**イルミナイト系**，ライムチタニア系と低水素系の溶接棒がよく使用されている．

⇨**軟鋼溶接用のイルミナイト系溶接棒**
　JIS 記号では，D4301 と表示される．ここに，D：被覆アーク溶接棒，43：溶接金属の引張強さの最小値 438 N/mm²，0：溶接姿勢，1：溶接棒の被覆系の種類．

⇨**組立て溶接**
　本溶接の前に，部材・継手などを所定の形状に保持するために行う軽微な溶接．

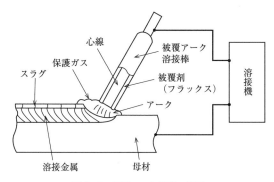

図5・2 被覆アーク溶接の概要

2 ガスシールドアーク溶接

図5・3に溶接の概要を示す．**ガスシールドアーク溶接**は，電極（溶接棒）にワイヤを使用し，アークをガスで保護しながら自動または半自動で行う溶接方法である．建築鉄骨では，ワイヤとガスの供給は自動で，溶接トーチの操作は手動で行う半自動溶接が主流で，現在最も幅広く使用されている．ワイヤは**ソリッドワイヤ**と**フラックス入りワイヤ**の2種類あるが，一般にソリッドワイヤがよく使用されている．保護ガスは炭酸ガス，炭酸ガスと酸素ガスならびに炭酸ガスとアルゴンガスを混合したものが使用される．この溶接はアーク手溶接に比べて溶込みが深く，作業能率も優れているが，風が強いと保護ガスが飛ばされるので**防風対策**が必要である．なお，フラックス入りワイヤを使用し，保護ガスを使用しない溶接方法として**セルフシールドアーク溶接**があり，耐風性に優れており，主に現場溶接に使用されている．

⇨**ソリッドワイヤ**
　被覆を施していない裸の線状の溶接棒.

⇨**フラックス入りワイヤ**
　フラックスを鋼製チューブで被包したワイヤ.

⇨**防風対策**
　通常，風速が 2m/s 以上のとき必要.

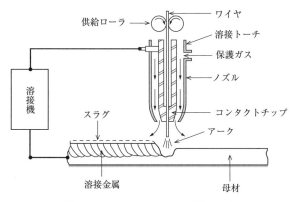

図5・3 ガスシールドアーク溶接の概要

3 サブマージアーク溶接

図5・4に溶接方法の概要を示す．**サブマージアーク溶接**は，電極（溶接棒）にワイヤ，被覆（シールド）に粉体状のフラックスを使用し，溶接機自体が溶接線

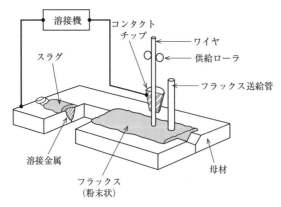

図5・4 サブマージアーク溶接の概要

に沿って移動し，ワイヤとフラックスの供給を自動的に行う方式の自動溶接である．アークはフラックス中で発生するため，外からみえないことからサブマージアーク溶接と呼ばれている．この方法はほかの溶接方法に比べて，大電流が使用できるため溶込みが深く高能率であり，建築鉄骨では溶接H形鋼のウェブとフランジのすみ肉溶接や四面ボックス断面柱のかど溶接などの直線的で長い継手の溶接に適用されている．

4 エレクトロスラグ溶接

図5・5に溶接方法の概要を示す．エレクトロスラグ溶接は溶融したスラグ中に電極（ワイヤ）を連続的に送りながら強電流を通じ，発生する電気抵抗熱（ジュール熱）でワイヤを溶融し溶接部を形成させる立向き自動溶接で，厚板の溶接に適する．この溶接では溶接金属が漏れないように両側に裏当て金を配し，溶接作業は下から上に向かって行われる．建築鉄骨では，主にボックス断面柱のダイアフ

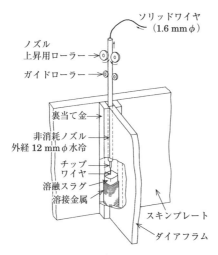

図5・5 エレクトロスラグ溶接の概要

ラムとスキンプレートの溶接に適用されている（**図5・5**）．

5 スタッド溶接

鉄筋コンクリートスラブと H 形鋼梁を一体化した合成梁では，頭付きスタッドがシャーコネクタとして用いられ，スタッド溶接にて梁フランジ上に溶植される．スタッド溶接は**図5・6** に示すようにスタッド材と母材の間にアークを発生させ，アーク熱で母材の一部とスタッド材端を溶融し，所定の圧力を加えて接合する方法である．溶接には大電流を必要とするため，工事現場では専用電源を設けることが多い．

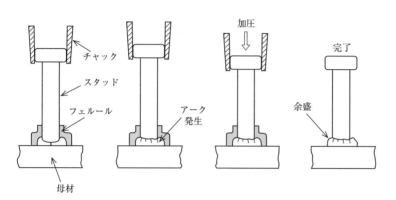

図5・6 スタッド溶接の概要

⇨フェルール

　セラミック製で，アーク発生時の熱を集中し，アークを大気から保護し，スタッド圧入時に溶着金属が飛散しないようにする．溶接終了後，除去される．

⇨余　盛

　国際的に統一されてカラー（collar）と呼ばれている．

5・2　溶接部の性質

溶接は高い熱を加えて接合する方法であるから，接合部分はさまざまな熱影響を受ける．熱影響による変化は，接合する材の変質などの冶金的変化と熱膨張・収縮に伴う溶接残留応力や溶接変形などの力学的変化に大別できる．

1 溶接部の金属組織

図5・7 に溶接部のマクロ断面を示す．溶接部は，溶接棒と母材が溶融凝固した**溶接金属部**と母材が熱により変質した**溶接熱影響部**からなる．**図5・8** は**溶接部の**

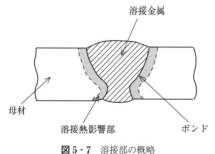

図5・7　溶接部の概略

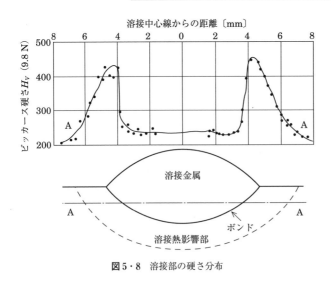

図5・8 溶接部の硬さ分布

⇨硬さ試験
　溶接部の硬さ測定には，一般にマイクロビッカース硬さ試験が行われる．測定結果より求められる硬さをビッカース硬さ（H_V）と呼ぶ．図5・8と図5・9の縦軸の9.8Nと98Nは試験荷重を示す．

硬さ分布の測定結果（A-A線上）を示すが，溶接金属と熱影響部の境界（**溶接ボンド**）付近で硬さは最高値を示す．この値を**溶接熱影響部の最高硬さ** H_{max} と呼び，鋼の**溶接性**の判定に使用されている．

2 溶 接 性

　溶接性の評価には鋼材に含まれる化学成分を炭素に換算した**炭素当量** C_{eq} が用いられる．**図5・9**は鋼材の C_{eq} と H_{max} の関係を示す．C_{eq} の増大に伴い H_{max} も

⇨溶接性（weldability）
　母材の材質が溶接に適しているかどうかの程度をいう．

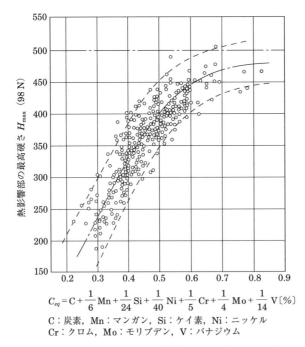

$$C_{eq} = C + \frac{1}{6}Mn + \frac{1}{24}Si + \frac{1}{40}Ni + \frac{1}{5}Cr + \frac{1}{4}Mo + \frac{1}{14}V \text{〔\%〕}$$

C：炭素，Mn：マンガン，Si：ケイ素，Ni：ニッケル
Cr：クロム，Mo：モリブデン，V：バナジウム

図5・9 鋼材の炭素当量 C_{eq} と熱影響部の最高硬さ H_{max} の関係

増大しており，溶接部は硬く，もろくなることがわかる．このため，一般的な構造用鋼材のうち，建築構造用圧延鋼材SN 400とSN 490のそれぞれBとC種にはC_{eq}の上限値が設けられている．また，板厚が厚くなると溶接後の冷却速度が速くなり，焼入れ硬化によりH_{max}が増大するため，予熱を行うなどの対策が必要である．

3 残留応力と溶接ひずみ

溶接部は，溶接時に局部的に高温に加熱された後急冷され，これに伴い局部的に膨張・収縮するため溶接応力を生じる．溶接終了後，冷却した後でも溶接部内部に残る応力を残留応力と呼んでいる．また，溶接により接合材が曲がったり縮んだりする変形を**溶接ひずみ**と呼んでいる．**残留応力**は溶接部の疲労強度や脆性破壊強度などにも影響するが，建築構造材の場合，圧縮力や曲げモーメントを受ける部材の座屈耐力への影響が大きい．また，溶接ひずみは初期不整として，同じく座屈耐力に影響する．

4 溶 接 欠 陥

溶接欠陥は，溶接作業者の技量不足，溶接前準備の不備および溶接条件の不適などの原因により発生する．主な欠陥としては，**図5・10**（a）に示すように，**アンダーカット，オーバーラップ**やピットなど外から観察できるものと**溶込不良，融合不良**，スラグ巻込み，ブローホールなど外から観察できないもの，および図5・10（b）に示す溶接金属や熱影響部に発生する割れがある．

これらの中で**溶接割れ**は最も危険な欠陥である．溶接割れは，溶接直後の凝固時に溶接金属に発生する高温割れと溶接後の冷却時に300℃以下の温度で発生する低温割れに分けられる．

高温割れの代表としてクレータ割れがある．凝固直後まだ延性に乏しい溶接金属が結晶粒界で割れるもので，防止対策としては溶接材料中の不純物（P，Sな

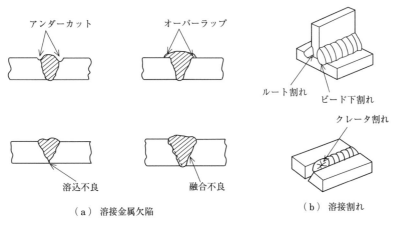

（a）溶接金属欠陥　　　　　　　　　（b）溶接割れ

図5・10 溶接金属欠陥と溶接割れの例

ど）量の低減およびクレータ処理など溶接施工上の配慮があげられる．低温割れにはビード下割れ，ルート割れなどの種類があり，原因としては，溶接金属および熱影響部の結晶粒の粗大化と急冷による硬化，溶接金属中の拡散性水素，溶接部の拘束応力などが考えられる．

防止対策としては，適切な溶接材料の選定（C_{eq} 値，拡散性水素量に注意），適切な**予熱と後熱**の実施（水分の除去，冷却速度の低減），適切な溶接設計（拘束応力の低減）などがあげられる．

> ⇨**予熱（後熱）**
> 溶接箇所の急熱・急冷を避けるために溶接前（後）に熱を加えることをいう．

5・3 溶接継手と溶接継目の種類

溶接により接合された継手を溶接継手という．また，溶接された部分を溶接継目という．溶接継手は構造物の種類と形状，溶接方法，接合材の板厚と材質などによりさまざまな形式があるが，代表的なものとしては**図5·11**に示すような**突合せ継手，当て金継手**（両面と片面），**T 継手，重ね継手，かど継手，へり継手**に分けることができる．また溶接継目は，主要なものとしては完全溶込み溶接継目，すみ肉溶接継目と部分溶込み溶接継目があげられる．

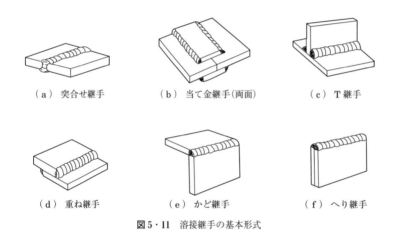

（a）突合せ継手　　（b）当て金継手(両面)　　（c）T 継手

（d）重ね継手　　（e）かど継手　　（f）へり継手

図5・11 溶接継手の基本形式

1 完全溶込み溶接継目

建築では突合せ溶接継目と呼ぶこともあるが，接合する部材の全強度を伝達する溶接継目である．そのためには，接合する材の端部に開先加工を施す必要があり，裏はつり・裏溶接または裏当て金溶接が必要であり，さらに適切な溶接の始終端処理が必要となる．**開先加工**は溶接時に溶込みが十分に得られるように，部材端に開先（溝，英語では groove）を設けることをいう．

開先形状の基本寸法は，**図5·12**に示すように開先角度（ベベル角度），ルート面とルート間隔で表される．開先形状は**図5·13**に示すような種々の形状があり，溶接方法，板厚，溶接姿勢などによって適切な開先を選択する．各開先形状ごとの標準寸法は，日本建築学会「建築工事標準仕様書　JASS 6 鉄骨工事」に示さ

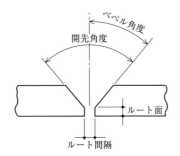

図5・12 開先の基本寸法

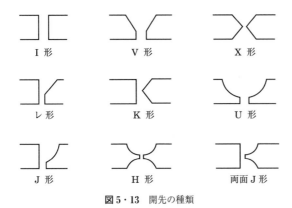

図5・13 開先の種類

れている.

　溶接施工においては,**図5・14(a)**に示すように片面から溶接した後,**裏はつ り**により初層の溶接に生じやすい溶込不良などの欠陥部分を除去した後,裏面か ら**裏溶接**が行われる.また,裏はつり・裏溶接が不可能または困難な場合は,図 5・14(b)に示すような**裏当て金溶接**が行われる.溶接の始端と終端では不完全な 溶接になりやすいため,**図5・15**に示すような継目と同じ形状の**鋼製エンドタブ** (原則として30 mm 以上の長さが必要)を取り付けたり,端部に**固形タブ**(フ ラックス系とセラミックス系の2種類ある)などを取り付けたりして溶接がなさ れる.

　鋼製エンドタブは5〜10 mm 残して切断する場合もあるが,そのまま残される 場合が多い,また,固形タブは溶接終了後,取り除かれる.

⇨**裏はつり**
　炭素棒を電極として アークを発生させ, アーク熱で溶かした金 属を圧縮空気で連続的 に吹き飛ばして金属表 面に溝を掘る方法 (アークエアガウジン グ)が用いられてい る.

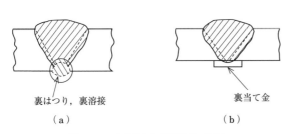

　　裏はつり,裏溶接　　　　　　　　　　裏当て金
　　　　（a）　　　　　　　　　　　　　　（b）

図5・14 完全溶込み溶接継目の種類

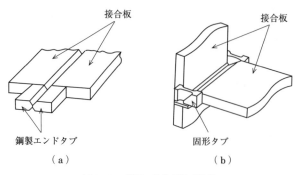

図5・15　溶接の始終端処理方法

2　すみ肉溶接継目

　すみ肉溶接は**図5・16**に示すように，材端の開先加工を行わないで材と材のすみ部を溶接する方法である．したがって，すみ肉溶接継目は十分な強度を発揮するためには，十分な溶込みが確保され，適切な形状寸法にする必要がある．

　すみ肉溶接継目は形状によって，**図5・16**に示すように等脚すみ肉と不等脚すみ肉の2種類に分類される．また，力の加わり方によって**図5・17**に示すように**前面すみ肉溶接継目**と**側面すみ肉溶接継目**の2種類に分類される．

　前面すみ肉溶接継目は溶接線が作用応力方向に直角な場合をいい，側面すみ肉溶接継目は溶接線が作用応力方向に平行な場合をいう．継目の耐力は，前面すみ肉の場合が側面すみ肉より約40%程度高くなる．継目の基本寸法の決め方と継目の強度算定方法については後述する．

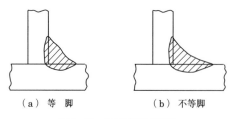

図5・16　すみ肉溶接の種類

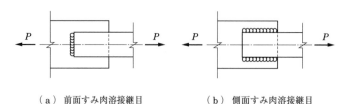

図5・17　力の加わり方によるすみ肉溶接継目の種類

3 部分溶込み溶接継目

部分溶込み溶接継目は**図5・18**に示すように，片面または両面から溶接され，完全溶込み溶接継目より溶込みの少ない継目をいう．部分溶込み溶接継目は，図5・18(b)に示すような片面溶接でルート部に曲げまたは荷重の偏心による付加曲げによる引張応力が作用する場合には，使用できない．したがって，片面溶接による部分溶込み溶接継目は，引張力が生じない柱部材どうしの継手や箱形断面部材のかど継手などに使用されている．

開先の標準は，日本建築学会「建築工事標準仕様書 JASS6鉄骨工事」に示されている．また，継目の設計と強度算定方法については，日本建築学会「鋼構造許容応力度設計規準」に示されている．

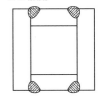

⇨ **片面溶接による部分溶込み溶接継目の使用例**

（厚板箱形断面材のかど溶接）

図5・19

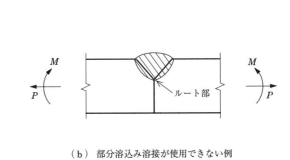

（a）部分溶込み溶接の例　　　（b）部分溶込み溶接が使用できない例

図5・18　部分溶込み溶接継目

4 溶 接 記 号

上述の溶接継目は設計図面上では**溶接記号**を用いて表示される．溶接部の記号表示方法はJIS（JIS Z 3021-2000）に定められており，**図5・20**(a)に示すように説明線（基線、矢および尾で構成）に溶接部の記号（溶接部の形状・寸法など）を記載することによりなされる．

基線は通常水平線とし，基線の一端に矢を付ける．矢は溶接を行う位置を指示するもので，基線に対して約60°の角度の直線とする．ただし，レ形開先溶接など，開先をとる部材の面を指示する必要がある場合は矢を折れ線とし，開先をとる部材の面に矢の先端を向ける（図5・20(b)）．尾は特別な指示事項の記載に使用し（図5・20(b)），必要がなければ省略してよい．

溶接部の記号の記載方法は，溶接する側が矢の側のときは基線の下側に，矢の反対側のときは基線の上側に密着して記載する（図5・20(c)）．なお，両側を溶接する場合は基線の上下に記載する（図5・20(d)）．

5・4　溶接継目の設計と強度計算

溶接継目の強度計算は，**継目の有効面積**に基づいて行われる．有効面積A_eは，

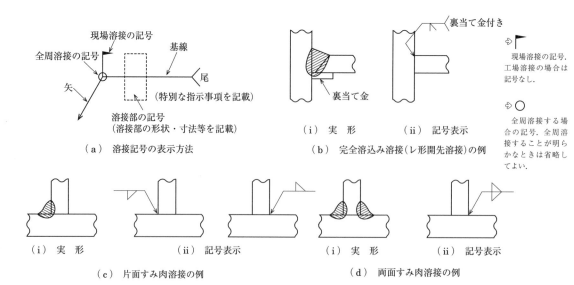

（a） 溶接記号の表示方法

（b） 完全溶込み溶接（レ形開先溶接）の例

（c） 片面すみ肉溶接の例

（d） 両面すみ肉溶接の例

図 5・20 溶接記号の表示例

完全溶込み溶接，すみ肉溶接および部分溶込み溶接などの各継目に対して，式(5・1)のように**有効のど厚** a と**有効長さ** l の積として求められる．

$$A_e = al \tag{5・1}$$

ここでは，完全溶込み溶接とすみ肉溶接について，継目の有効のど厚と有効長さのとり方ならびに継目の許容応力度と許容耐力の計算方法について説明する．

1 有効のど厚

完全溶込み溶接継目の有効のど厚は，**図 5・21**（a）に示すように接合される材の厚さとし，厚さの異なる場合は薄いほうの厚さとする．

すみ肉溶接継目の有効のど厚は，図 5・21（b）に示すように継目断面に内接する直角二等辺三角形を考え，三角形の等辺の長さを**すみ肉のサイズ** S とし，三角形の頂点（継手のルート）から斜辺までの長さとする．また，凸形のすみ肉溶接の場合，短いほうの脚長 L をすみ肉のサイズとする．

すみ肉のサイズは板厚に比べて過大・過小になるのは好ましくないため，日本

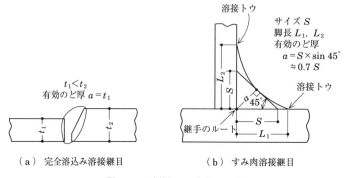

（a） 完全溶込み溶接継目

（b） すみ肉溶接継目

図 5・21 溶接継目の有効のど厚

建築学会「鋼構造許容応力度設計規準」では板厚の寸法と継手形式に応じて寸法の選択範囲が定められている.

　最大寸法に関しては，継手の中で厚いほうの板厚が 6 mm 以上の場合，すみ肉サイズは薄いほうの板厚以下としている．なお，すみ肉溶接の脚長は図 5・21（b）に示すように**継手のルート**から**溶接止端（トウ）**までの距離をいい，継目の大きさを指定する施工時に用いる寸法である.

2　有効長さ

　完全溶込み溶接継目の有効長さは，接合される材の全幅とする．すみ肉溶接継目の有効長さは，溶接の全長からサイズの 2 倍を減じた値とする．これは溶接の始終端では溶接欠陥が生じやすいことを考慮し，その分を最初から低減しておくことによる．なお，有効長さの最小値はサイズの 10 倍以上でかつ 40 mm 以上とする.

3　許容応力度

　溶接継目ののど断面に対する許容応力度 f_w は，建築基準法施行令第 92 条では以下のように定められている．**完全溶込み溶接継目の許容応力度**は，接合される母材の許容応力度とする．すなわち，応力状態に応じて母材と同じ許容応力度を用いることができる.

　すみ肉溶接継目の許容応力度は，接合される母材の許容せん断応力度（$f_s = F/1.5\sqrt{3}$，F：母材の許容応力度の基準値）とする．すなわち，すみ肉溶接の場合，前述の前面すみ肉溶接継目と側面すみ肉溶接継目の耐力差を無視し，許容応力度は f_s とする．部分溶込み溶接継目の許容応力度は，すみ肉溶接継目と同様に，母材の許容せん断応力度とする．なお，異種鋼材を溶接する場合には，接合される母材の許容応力度のうち小さいほうの値をとる.

4　許容耐力

　完全溶込み溶接継目とすみ肉溶接継目の許容耐力は，有効のど厚 a，有効長さ l と許容応力度 f_w を用いて式(5・2)，式(5・3)の方法で計算できる.

　軸方向力またはせん断力が作用する継目の許容耐力 P_a は

$$P_a = (\textstyle\sum a\,l) f_w \tag{5・2}$$

曲げモーメントが作用する継目の許容曲げモーメント M_a は

$$M_a = Z f_w \tag{5・3}$$

ただし，Z：継目ののど断面を平面に転写した断面形の断面係数

　なお，軸方向力とせん断力，せん断力と曲げモーメントなど組合せ応力が作用する場合については，完全溶込み溶接継目では母材の組合せ応力計算と同様な検討を行う．また，すみ肉溶接継目では溶接線（X）方向と溶接線に直交する（Y）方向に作用する応力に対して，それぞれのど断面に働くせん断応力度 τ_X と τ_Y を求め，それらを合成した応力度を用いて式(5・4)により検討する.

⇨溶接部の許容応力度の基準強度 F〔N/mm²〕
　表 2・3 の鋼材の基準強度 F と同じである.

⇨部分溶込み溶接継目の許容応力度
　日本建築学会「鋼構造許容応力度設計規準」では，完全溶込み溶接継目と同様に，接合される母材の許容応力度を用いる.

$$\sqrt{\tau_X{}^2 + \tau_Y{}^2} \leqq f_w \tag{5・4}$$

ただし，f_w：すみ肉溶接継目の許容応力度

5・5 溶接施工と品質管理

　安全で信頼性の高い溶接部をつくるには，適正な設計，施工および検査が必要であり，かつこれらが有機的に連携していることが大切である．**溶接部の品質管理**というとすぐに溶接後に行われる**外観検査**や溶接金属内部の欠陥を調査する**超音波探傷検査**があげられる．しかし溶接後に発見された欠陥を取り除き，補修溶接をしても溶接部の品質は向上せず，かえって低下する場合が多い．

　溶接部の品質を確保するには，溶接前，溶接中の各工程における確認・検査を徹底させ，溶接欠陥を出さないような管理体制をつくることが重要である．すなわち，品質は工程においてつくり込むという姿勢が大切である．中でも溶接施工は，溶接部の品質を直接つくり出す工程であるから重要である．

　溶接前，溶接中と溶接後の主な確認・検査項目をあげると以下のようになる．

① 溶接前：鋼材・**溶接材料**，溶接設備・溶接作業者，切断・開先加工，組立・組立溶接．

② 溶接中：溶接条件（電流，電圧，**入熱量**，層数，**パス間温度**，予熱・後熱など），溶接姿勢，溶接順序．

③ 溶接後：外観検査，超音波探傷検査．

　なお，建築鉄骨に用いられる各種溶接方法の施工と管理および試験検査の詳細については，日本建築学会「鉄骨工事技術指針・工場製作編」，「同工事現場施工編」に示されている．

⇨**溶接材料**
　溶接される鋼材の種類に応じて，溶接金属としての性能（引張強さなどが母材の値以上）を有する溶接材料（溶接棒，溶接ワイヤなど）を使用する．

⇨**入熱量**
　単位溶接長さ当りのアークから入る熱量H．次式で与えられる．
$$H = \frac{IV}{v}60$$
〔J/cm〕
ただし，
I：溶接電流〔A〕
V：溶接電圧〔V〕
v：溶接速度〔cm/min〕

⇨**パス間温度**
　多層溶接を行う場合，次の溶接のパス（1回の溶接操作）を行うときの前のパスでできたビードの表面温度．

第5章 例 題

【例題5・1】 図5・22に示すような引張力Pが作用する片面あて金溶接継手の継目の許容耐力P_aの算定式を求めよ．ただし，等脚すみ肉溶接とし，サイズはS，継目の許容応力度はf_wとする．

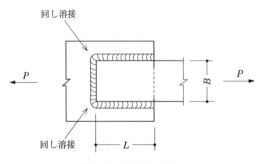

図5・22 例題5・1の図

【解答】 有効のど厚：$a = S \sin 45° ≒ 0.7S$

有効長さ：$l = L - S + B + L - S = 2(L - S) + B$

有効面積：$A_e = a\,l = 0.7S\{2(L - S) + B\}$

許容耐力：$P_a = A_e f_w = 0.7S\{2(L - S) + B\}f_w$

【例題5·2】 図5·23（a）に示すような曲げモーメント M が作用する重ねすみ肉溶接継手の継目の許容曲げモーメント M_a の算定式を求めよ．ただし，等脚すみ肉溶接とし，サイズは S，継目の許容応力度は f_w とする．

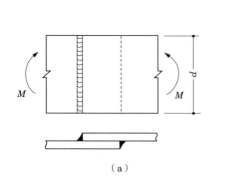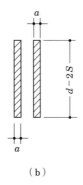

（a）　　　　　　　　　　　（b）

図5·23 例題5·2の図

【解答】 有効のど厚：$a = S \sin 45° ≒ 0.7S$

有効長さ：$l = d - 2S$

図5·22（b）に示すような継目ののど断面を平面に転写した断面形の断面係数，

$$Z = \frac{2\,al^2}{6} = \frac{1.4S(d - 2S)^2}{6}$$

許容曲げモーメント $M_a = Z f_w = 1.4\,S\left\{\frac{(d - 2S)^2}{6}\right\}f_w$

第5章　演習問題

問5·1 建築鉄骨に使用される溶接方法のうち，手溶接，半自動溶接と自動溶接について，それぞれを代表する方法を一つずつあげ，説明を加えよ．

【解答】 手溶接：被覆アーク溶接

半自動溶接：ガスシールドアーク溶接

自動溶接：サブマージアーク溶接，エレクトロスラグ溶接

それぞれの説明は，5·1節を参照．

問 5·2 溶接部に発生する低温割れの種類，発生要因ならびに防止対策について述べよ.

【解 答】 5·2 節 4 項参照.

低温割れは，溶接終了後，溶接部が約 300℃以下の温度に冷却された後に発生するもので，ビード下割れ，ルート割れ，止端（トウ）割れなどの種類（図 5·10 参照）があり，①溶接金属および熱影響部の結晶粒の粗大化と急冷による硬化，②溶接金属中の拡散性水素量，③溶接部に生じる応力（拘束応力，残留応力）の三つの要因が相互に作用することにより生じる. 防止対策としては，①適切な溶接材料の選択（C_{eq} 値，拡散性水素量に注意），②適切な予熱と後熱の実施（水分の除去，冷却速度の低減），③適切な溶接設計（拘束応力，残留応力の低減）などがあげられる. したがって，低温割れの防止対策は，健全な溶接部をつくることにもつながる.

問 5·3 図 5·24 に示す重ね継手について，鋼板（1）の全強度（引張り）を伝達するすみ肉溶接継目を設計せよ. ただし，鋼材はすべて SN 490 B（F 値：$325 \, \mathrm{N/mm^2}$）とする.

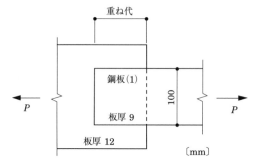

図 5·24 演習問題 5·3 の図

【解 答】
　・鋼材の許容引張応力度　$f_t = F/1.5 = 217 \, \mathrm{N/mm^2}$
　・すみ肉溶接継目の許容応力度　$f_w = F/1.5\sqrt{3} = 125 \, \mathrm{N/mm^2}$
　・鋼板（1）の断面積　$A = 100 \times 9 = 900 \, \mathrm{mm^2}$
　・鋼板（1）の許容引張力　$P_a = f_t \times A = 195\,300 \, \mathrm{N}$
すみ肉のサイズ S は，鋼板（1）の板厚以下とし，8 mm とすると
　　　　有効のど厚 $a = S \times \sin 45° \fallingdotseq 0.7S = 5.6 \, \mathrm{mm}$
P_a を伝達する有効溶接長さを l とすると，$P_a = a \times l \times f_w$ より
　　　$l = P_a/(a \times f_w) = 195\,300/(5.6 \times 125) = 279 \, \mathrm{mm}$
必要溶接長さを L とすると
　　　$L = l + 2S = 279 + 16 = 295 \, \mathrm{mm}$
となる.

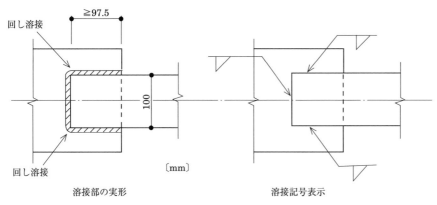

図 5・25

したがって，重ね継手の重ね代は 97.5mm 以上必要である．

溶接部分を図示すると**図 5・25**のようになる．

参 考 文 献

［1］ （社）日本鉄鋼連盟 建築専門委員会/建設用鋼材研究会：新しい建築構造用鋼材（第 2 版），鋼構造出版（2008）

［2］ 藤本盛久編著：鉄骨の構造設計（全改訂 2 版），技報堂出版（1982）

［3］ 椋代仁郎，黒羽啓明：鉄骨構造（第 3 版），森北出版（1983）

［4］ 日本建築学会：溶接接合設計施工ガイドブック（2008）

引 用 文 献

1） （社）日本鉄鋼連盟 建築専門委員会/建設用鋼材研究会：新しい建築構造用鋼材（第 2 版），鋼構造出版（2008）

2） 日本建築学会：鉄骨工事技術指針・工場製作編，同工事現場施工編（2018）

3） 日本建築学会：鋼構造許容応力度設計規準（2019）

第6章
座屈理論の基礎

▼角形鋼管柱の中心圧縮座屈実験

[学 習 目 標]

　鋼材は比強度が大きいため，鉄骨構造の梁材や柱材は鉄筋コンクリート構造に比べて細長くなり，また，部材断面は割合薄い板要素で構成される．そのため，部材は座屈現象によって不安定化し，耐力が低下する．構造設計において，鋼材の強度，靭性などの優れた性質を発揮させるためには，座屈現象を理解し，座屈荷重の求め方を知っておく必要がある．

　本章では，次のことを学習する．

1. オイラーの座屈荷重と座屈モード
2. 非弾性座屈に関する接線係数理論
3. 曲げモーメントと圧縮力を受ける H 形鋼柱の曲げねじれ座屈
4. 曲げモーメントを受ける H 形鋼梁の横座屈
5. 部材断面を構成する板要素の局部座屈
6. 座屈を防止する補剛法

6・1　圧縮材の曲げ座屈

1　オイラーの座屈荷重

図 6・1(a)に示す長さ l，**曲げ剛性** EI（E：ヤング係数，I：断面2次モーメント）の圧縮荷重 P を受ける単純支持された円形断面圧縮材を考える．圧縮材は完全に真直ぐで弾性を保つものとし，荷重 P は圧縮材断面の重心に載荷されるものとする．荷重の載荷とともに材は真直ぐな状態を保ったまま軸方向に縮むが，荷重がある限界値 P_e に達すると図 6・1(b) に示すように突然横方向にはらみ出す．荷重 P と材中点の横たわみ δ の関係を示すと図 6・1(c) のようになる．このような現象を圧縮材の**曲げ座屈**といい，荷重 P_e を座屈解析を行って導いた数学者の名をとって**オイラー荷重**と呼んでいる．P_e の導出を以下に示す．

図 6・2(a)に示すように，直交座標軸 x–y を x 軸が材の重心軸に一致するようにとり，座屈によって曲げ変形の生じた圧縮材を x の位置で切断した図 6・2(b)の自由体の釣合いを考える．全体の釣合いから明らかなように，上下の支点で y 方向の力は生じないから，自由体の切断点でも y 方向力は生じない．したがって，この自由体の曲げの釣合いは，式(6・1)で与えられる．

$$M = Py \tag{6・1}$$

ただし，M，y：x 位置での曲げモーメントおよび横たわみ

一方，微小たわみ理論における曲率 ϕ とたわみ y の関係（$\phi = -d^2y/dx^2$）と曲げモーメントと曲率の関係（$M = EI\phi$）より

$$M = -EI\frac{d^2y}{dx^2} \tag{6・2}$$

が得られ，式(6・2)に式(6・1)を代入して整理すると，座屈後の圧縮材の釣合い

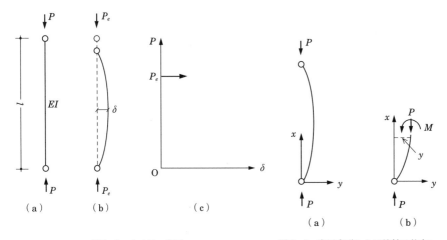

図6・1　オイラー座屈　　　　**図6・2　座屈変形した圧縮材の釣合い**

を支配する微分方程式は式(6・3)，その一般解は式(6・4)のようになる.

$$-EI\frac{d^2y}{dx^2}-Py=0; \quad \frac{d^2y}{dx^2}+k^2y=0; \quad ここに, \quad k=\sqrt{\frac{P}{EI}} \tag{6・3}$$

$$y=A\sin kx+B\cos kx \tag{6・4}$$

ここで，積分定数 A, B を定めるために，境界条件，$x=0, l$ において $y=0$ を式(6・4)に代入すると

$$\begin{bmatrix} 0 & 1 \\ \sin kl & \cos kl \end{bmatrix}\begin{Bmatrix} A \\ B \end{Bmatrix}=\begin{Bmatrix} 0 \\ 0 \end{Bmatrix} \tag{6・5}$$

なる同次型の連立 1 次方程式が得られる. 式(6・5)の自明解，$A=B=0$ は圧縮材が真直ぐな形状を保っていることを意味し，したがって，座屈荷重は決定できない. A, B のうち少なくとも一つが 0 でなくなるのは，式(6・5)の係数行列の行列式の値が 0 となる場合である. すなわち

$$\begin{vmatrix} 0 & 1 \\ \sin kl & \cos kl \end{vmatrix}=-\sin kl=0 \tag{6・6}$$

式(6・6)を座屈条件式という. 式(6・6)の解，$kl=n\pi(n=1, 2, 3, \cdots)$ のうち最小値が工学的には意味を持ち，これよりオイラーの座屈荷重 P_e が式(6・7)のように定まる.

$$kl=\pi \to P_e=\frac{\pi^2 EI}{l^2} \tag{6・7}$$

式(6・7)で得られた $kl=\pi$ を式(6・5)に代入すると，$B=0$ は定まるが A は不定のままである. 結局，変形状態は式(6・4)から

$$y=A\sin\frac{\pi}{l}x \tag{6・8}$$

となるが，式(6・8)は座屈によって生じたたわみの形状を示すのみで，たわみ量を与えるものではないので，式(6・8)は**座屈モード**と呼ばれる.

両端でピン支持以外の支持条件を持つ圧縮材では，支点に y 方向の支点反力が生じるので式(6・3)が成立せず，次の釣合微分方程式（4 階）と一般解を用いる必要がある.

$$-EI\frac{d^4y}{dx^4}-P\frac{d^2y}{dx^2}=0; \quad \frac{d^4y}{dx^4}+k^2\frac{d^2y}{dx^2}=0 \tag{6・9}$$

$$y=A\sin kx+B\cos kx+Cx+D \tag{6・10}$$

与えられた支持条件（境界条件）での圧縮材の座屈荷重と座屈モードの解析手順は，先に述べたとおりである.

2 座屈長さ

表 6・1 に支持条件が異なる場合の**座屈長さ**を示すが，表 6・1(b)の両端固定の支持条件を持つ圧縮材の座屈荷重は式(6・7)の 4 倍になる. これを，式(6・7)のオイラー荷重と同じ形式で書くと

$$P_{cr}=4\frac{\pi^2 EI}{l^2}=\frac{\pi^2 EI}{\left(\dfrac{l}{2}\right)^2} \tag{6・11}$$

⇨**一般解**

$y=e^{\lambda x}$ とおき，これを式(6・3)に代入して得られる特性方程式，

$\lambda^2+k^2=0;$

$\lambda=\pm ki$

の解を用いると，式(6・4)が得られる.

⇨**4 階微分方程式**

図6・3は座屈によってたわんだ一般の圧縮材から切り出した長さ dx の微小切片の釣合状態を示したものである. A 点回りのモーメントおよび y 軸方向の力の釣合いをたて，高次の微小項を無視して整理すると次のようになる.

$$V=\frac{dM}{dx}-P\theta$$

$$=\frac{dM}{dx}-P\frac{dy}{dx}$$

$$\frac{dV}{dx}=0$$

両式から次の釣合式，

$$\frac{d^2M}{dx^2}-P\frac{d^2y}{dx^2}=0$$

が得られるから，ここで式(6・2)を用いると式(6・9)が導かれる.

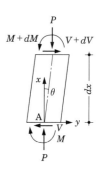

図6・3 微小変形した要素の釣合い

表6·1 座屈長さ l_k

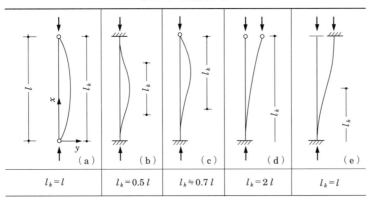

（a）	（b）	（c）	（d）	（e）
$l_k = l$	$l_k = 0.5\,l$	$l_k \fallingdotseq 0.7\,l$	$l_k = 2\,l$	$l_k = l$

となるが，式(6·11)中の $l/2$ を両端固定圧縮材の座屈長さと呼び，l_k と書くことにすると，式(6·11)は次のように書き直せる．

$$P_{cr} = \frac{\pi^2 EI}{l_k{}^2} \qquad (6 \cdot 12)$$

式(6·12)は，一般の支持条件を持つ長さ l の圧縮材の座屈荷重が，長さ l_k の単純支持された圧縮材のオイラー座屈荷重に等しいことを意味しており，したがって，どのような支持条件であっても，l_k の値さえわかればその圧縮材の座屈荷重が式(6·12)から決定できる．このことは骨組中に組み込まれた柱の場合も同様で，実際の設計では柱の実長ではなく，座屈長さ l_k を用いて柱の耐力が算定される．

骨組中の柱の座屈長さは，両端に接続する梁の剛比が大きくなるほど小さくなる性質がある．また，表6·1の単材の場合と同様に，柱の上下節点に相対水平変位が生じない場合は，座屈長さは実長以下に，逆に相対変位が生じる場合には座屈長さは実長以上になるという特徴がある．骨組中の柱の座屈長さを与える設計図表が日本建築学会「鋼構造座屈設計指針」[1]，同「鋼構造塑性設計指針」[2] などに示されているので参照されたい．

3 座屈応力度・細長比

式(6·12)から明らかなように，座屈荷重は材料のヤング係数 E，座屈長さ l_k，および断面2次モーメント I の値によって変化するから，これらを統一した1個のパラメータで座屈強度が表現できると都合がよい．このため，設計ではしばしば，座屈荷重を圧縮材の断面積で除した**座屈応力度** σ_{cr} が用いられる．すなわち

$$\sigma_{cr} = \frac{P_{cr}}{A} = \frac{\pi^2 E}{l_k{}^2} \cdot \frac{I}{A} = \frac{\pi^2 E}{l_k{}^2} i^2 = \frac{\pi^2 E}{\left(\dfrac{l_k}{i}\right)^2} = \frac{\pi^2 E}{\lambda^2} ;$$

$$\text{ここに，} \quad i = \sqrt{\frac{I}{A}}, \quad \lambda = \frac{l_k}{i} \qquad (6 \cdot 13)$$

あるいは，座屈応力度の降伏応力度 σ_Y に対する比をとって

◇**座屈問題の性質**

一般の座屈問題に共通する性質として，次の点があげられる．

① 一般の座屈解析は，式(6·5)のような荷重項の関数を含んだ係数行列を持つ同次連立方程式の解析に帰着し，式(6·6)のように行列式の解が座屈荷重を与える．

② 式(6·5)の解には自明解が含まれ，したがって，$P = P_e$ において圧縮材が真直ぐな状態とたわんだ状態が可能であり，P_e は真直ぐな状態からたわんだ状態へ分岐する荷重といえる．この意味で P_e を**分岐荷重**と呼ぶ．

③ 分岐問題ではすべての積分定数の値を定めることはできない．積分定数間の比が定まるだけである．したがって，座屈モードは得られるが，たわみ量を定めることはできない．

$$\frac{\sigma_{cr}}{\sigma_Y}=\frac{1}{\bar{\lambda}_2}\,;\quad ここに,\ \bar{\lambda}=\frac{l_k}{i}\sqrt{\frac{\sigma_Y}{\pi^2 E}} \qquad (6\cdot14)$$

ただし，i：断面2次半径

λ および $\bar{\lambda}$：**細長比，基準化細長比**

基準化細長比には，座屈長さや断面の性質に加えて，材料の性質が含まれている．

4 非弾性座屈

圧縮材の材料が**図 6・4** に示すような垂直応力度-ひずみ度関係を持っているものとすると，式(6・13)は座屈応力度 σ_{cr} が材料の比例限応力度 σ_p 以下の場合に成立する．比例限を超える応力度で座屈が起こる場合を**非弾性座屈**というが，エンゲッサーは 1889 年に発表した**接線係数理論**の中で，非弾性座屈応力度が，式(6・15)で与えられることを示した．

$$\sigma_t=\frac{\pi^2 E_t}{\lambda^2} \qquad (6\cdot15)$$

ただし，E_t：座屈応力度 $\sigma_{cr}(=\sigma_t)$ に対応する接線係数

式(6・15)は陽な形に解けていないので，座屈応力度を決定するためには，E_t と応力度の関係式が必要となる．また，接線係数 E_t は応力度-ひずみ度曲線から決定されるものとして理論の展開を説明したが，材に存在する残留応力の影響を考えると，接線係数は材料自体が持つ非線形性に加えて残留応力の大きさや分布形，断面形に依存する．正確には座屈応力度 σ_t が断面に一様に分布した状態での曲げ剛性 $(EI)_t$ から $E_t=(EI)_t/I$ として求めた値を用いなくてはならない．**図 6・5** には，日本建築学会「鋼構造許容応力度設計規準」[3]に規定されている許容圧縮応力度から安全率を取り除いて得た σ_t と λ の関係 $(\sigma_p=0.6\,\sigma_Y)$ が，式(6・13)の σ_{cr} とともに示されている．

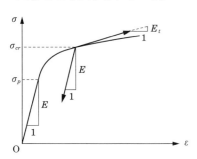

図 6・4 応力度-ひずみ度関係

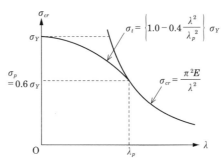

図 6・5 座屈応力度曲線

6・2 曲げと圧縮を受ける H 形断面部材の釣合基礎式

本節では，**図 6・6(a)** に示すような圧縮荷重と材端モーメントを受ける H 形断面部材の釣合いを考える（部材の平衡を保つために必要な材端せん断力は図示

⟐**二重係数理論**

接線係数理論では，圧縮応力度が σ_t に達して材が曲がり始めるとき，断面全体のひずみ度が圧縮方向に進行し，応力度とひずみ度の関係は $\sigma=E_t\varepsilon$ で与えられると仮定している．

これに対して，座屈の直前・直後で圧縮荷重の値は変化しないと仮定し，したがって，座屈後材が曲がり始めると曲げ圧縮側のひずみ度は圧縮方向に進行し，逆に曲げ引張側ではひずみ度の戻りが生じて，応力度とひずみ度の関係は弾性関係 $\sigma=E\varepsilon$ に従う（図 6・4）と考えて導かれた理論を二重係数理論という．

シャンレイは 1947 年に実験と理論を発表し，接線係数荷重と二重係数荷重の関係について明快な理論的解釈を与えた．実験で観察される圧縮材の最大荷重は接線係数荷重に近い値を示すため，圧縮材の設計式は接線係数理論を基にして構成されている．

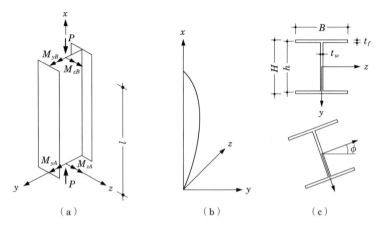

図6·6　曲げと圧縮を受けるH形断面材

していない）．部材は図6·6（b）のように，x-y-z座標系において3次元的に変形している．図6·6（b），（c）に示すようにxは重心軸，y, zは断面の主軸にとることとし，たわみをy, z，ねじれ角をϕと表すことにすると，釣合いを支配する微分方程式は

$$EI_y\frac{d^2z}{dx^2}+Pz-\left\{M_{zA}-(M_{zA}+M_{zB})\frac{x}{l}\right\}\phi=M_{yA}-(M_{yA}+M_{yB})\frac{x}{l}$$

$$EI_z\frac{d^2y}{dx^2}+Py-\left\{M_{yA}-(M_{yA}+M_{yB})\frac{x}{l}\right\}\phi=-M_{zA}-(M_{zA}+M_{zB})\frac{x}{l}$$

$$EI_w\frac{d^3\phi}{dx^3}-(GJ-Pi_o{}^2)\frac{d\phi}{dx}-\left\{M_{yA}-(M_{yA}+M_{yB})\frac{x}{l}\right\}\frac{dy}{dx}$$

$$-\left\{M_{zA}-(M_{zA}+M_{zB})\frac{x}{l}\right\}\frac{dz}{dx}-(M_{yA}+M_{yB})\frac{y}{l}-(M_{zA}+M_{zB})\frac{z}{l}=0$$

$$(6·16)$$

ただし，I_y，$I_z：y$，z軸回りの断面2次モーメント

$$G=\frac{E}{2(1+\nu)}：せん断弾性係数（\nu：ポアソン比）$$

$$J=\frac{2}{3}Bt_f{}^3+\frac{1}{3}(H-2\,t_f)t_w{}^3：サンブナンのねじり定数$$

$$I_w=I_y\frac{h^2}{4}：曲げねじり定数$$

$$I_o=I_z+I_y：断面極2次モーメント；\quad i_o=\sqrt{\frac{I_o}{A}}：断面極2次半径$$

式（6·16）の詳しい誘導は専門書[4,5]を参照されたい．

6·3　H形断面圧縮材のねじれ座屈

図6·6（a）のH形断面材が両端で単純支持され，中心圧縮荷重Pのみを受けて座屈する場合には，モードの異なった3種類の座屈荷重

$$P_{cry}=\frac{\pi^2EI_y}{l^2}, \quad P_{crz}=\frac{\pi^2EI_z}{l^2}, \quad P_{crw}=\frac{1}{i_o{}^2}\left(\frac{\pi^2EI_w}{l^2}+GJ\right) \tag{6·17}$$

図6·6（a）でH形断面材が中心圧縮荷重Pのみを受ける場合は，式（6·16）において材端モーメントをすべて0とおき，第3式をさらにxで微分すると，

$$EI_y\frac{d^2z}{dx^2}+Pz=0$$

$$EI_z\frac{d^2y}{dx^2}+Py=0$$

$$EI_w\frac{d^4\phi}{dx^4}-(GJ-Pi_o{}^2)\frac{d^2\phi}{dx^2}=0$$

が得られる．第1式，第2式はそれぞれy軸およびz軸回りの曲げ変形を伴う座屈，第3式はねじれ変形のみを伴う座屈に対応している．この圧縮材が両端で単純支持，すなわち，

$$x=0, l；$$
$$y=z=0,$$
$$\phi=\frac{d^2\phi}{dx^2}=0$$

を満足するように支持されているとすると，上の微分方程式が式（6·3）あるいは式（6·9）と同形であることに注目し，これらの式から座屈荷重を導いた手順を踏んで，式（6·17）が導かれる．

一般に用いられる圧延H形鋼断面では$I_z>I_y$であるから$P_{crz}>P_{cry}$となる．一方，P_{crw}は材長が非常に短い場合を除いてP_{cry}より大きく，材長が短い場合でもP_{cry}にほぼ等しくなる．したがって，中心圧縮を受ける単純支持されたH形断面圧縮材では，y軸回りの曲げ座屈が先行して起こると考え

が得られる．第1式，第2式はそれぞれ y 軸および z 軸回りの曲げ変形を伴う座屈荷重，第3式はねじれ変形のみを伴う座屈荷重である．3種類の座屈荷重を特に区別する場合は，P_{cry}, P_{crz} を**曲げ座屈荷重**，P_{crw} を**ねじれ座屈荷重**と呼ぶ．

6・4　H形断面梁の横座屈

図6・7（a）に示すような強軸回りに等曲げモーメント M を受ける H 形断面の単純梁を考える．曲げモーメントの値が小さい間は，梁は y 方向にたわむだけであるが，曲げモーメントが特定の値に達すると梁は側方に湾曲し，z 方向のたわみと同時にねじれが生じる．この現象を梁の**横座屈**という．

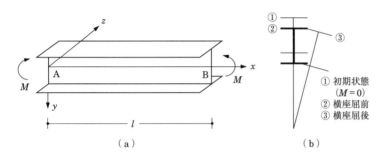

（a）　　　　　　　　　　　　（b）

図6・7　等曲げを受ける H 形断面梁

図6・7（b）は，梁中央断面位置で生じている横座屈発生前後の変形状態を示したものである．横座屈モーメントの解析は，**付録6・1**（100ページ）に示すように圧縮材のオイラー座屈荷重の解析と同様の手順を踏んで行うことができる．

付録6・1の結果から等曲げモーメントを受ける H 形断面梁の弾性**横座屈モーメント** M_e が，90ページの G, I_w を参照して次のように定まる．

$$M_e = \sqrt{\frac{\pi^2 EI_y GJ}{l^2} + \frac{\pi^4 EI_y EI_w}{l^4}}$$

$$= \frac{\pi E}{l} I_y \sqrt{\frac{1}{2(1+\nu)} \cdot \frac{J}{I_y} + \left(\frac{\pi}{l} \cdot \frac{h}{2}\right)^2} \tag{6・18}$$

なお，式(6・17)の座屈荷重を用いると M_e は次のようにも表現できる．

$$M_e = \sqrt{\frac{\pi^2 EI_y}{l^2}\left(GJ + \frac{\pi^2 EI_w}{l^2}\right)} = \sqrt{i_o{}^2 P_{cry} P_{crw}} \tag{6・19}$$

M_e に対する最外縁応力度 σ_{be} は M_e を z 軸回りの断面係数 Z_z で除して

$$\sigma_{be} = \frac{M_e}{Z_z} \quad ; \quad Z_z = \frac{I_z}{\frac{H}{2}} \tag{6・20}$$

で与えられる．

梁が**理想サンドイッチ断面**でできているとすると，側注の I_y, J を用いて式(6・18)は次のように書き換えられる．

$$M_e = \frac{\pi E}{l} \cdot \frac{A_f B^2}{6} \sqrt{\frac{2}{(1+\nu)}\left(\frac{t_f}{B}\right)^2 + \left(\frac{\pi}{l} \cdot \frac{h}{2}\right)^2} \tag{6・21}$$

て差し支えない．もちろん，支持条件が異なる場合には，3者の大小関係は違ったものとなる．

⇨**曲げねじれ座屈**

中心圧縮材の釣合いを支配する微分方程式が独立するのは，H 形断面のように2軸対称断面を持つ材の場合だけで，一般の断面の場合は3個の微分方程式が連成するので，式(6・17)の3種類の座屈が独立して起こることはない．このような座屈を圧縮材の曲げねじれ座屈という．

⇨**理想サンドイッチ断面**

図6・6(c)の H 形断面のウェブがないものとし，フランジの厚さ t_f は非常に薄く，したがって，$H = h$ と仮定した下に示す断面を理想サンドイッチ断面といい，その断面の諸量は

$$\bar{I}_y = \frac{A_f B^2}{6}$$

$$i_y = \sqrt{\frac{I_y}{2 A_f}}$$

$$J = \frac{2}{3} A_f t_f{}^2$$

$$Z_z = A_f h$$

$$I_w = I_y \left(\frac{h}{2}\right)^2$$

で与えられる．A_f はフランジ1枚の断面積である．

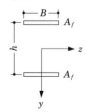

6・5　曲げと圧縮を受ける H 形断面柱

図6·8 に示すような強軸回りの等曲げモーメント M と圧縮荷重 P を受ける柱を考える。$M_{zA}=M$, $M_{zB}=-M$, $M_{yA}=M_{yB}=0$ を式(6·16)に代入すると

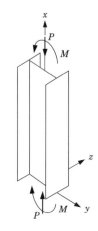

図6·8 曲げと圧縮を受ける H 形断面柱

$$\left.\begin{array}{l} EI_y\dfrac{d^2z}{dx^2}+Pz-M\phi=0 \\[3mm] EI_z\dfrac{d^2y}{dx^2}+Py=-M \\[3mm] EI_w\dfrac{d^3\phi}{dx^3}-(GJ-Pi_o{}^2)\dfrac{d\phi}{dx}-M\dfrac{dz}{dx}=0 \end{array}\right\} \tag{6·22}$$

が得られる。式(6·22)の第2式はほかとは独立しており，この式は x-y 面内で，すなわち構面内で変形した柱の釣合いを支配する。

一方，第1，第3式は梁の横座屈と同じようにたわみ z，ねじれ角 ϕ を伴って構面外に座屈した柱の釣合微分方程式である。この座屈現象を柱の**曲げねじれ座屈**と呼ぶが，以下に柱の構面内挙動と曲げねじれ座屈を解析する。

1　柱の構面内挙動

柱が構面外に変形しないように十分補剛されていると，たわみ y だけが生じ，この状態での釣合いは式(6·22)の第2式で表現される。この微分方程式を境界条件，$x=0, l$ において $y=0$ のもとで解くと，たわみ y は

$$y=\frac{M}{P}\left\{\frac{1-\cos kl}{\sin kl}\sin kx+\cos kx-1\right\} \tag{6·23}$$

となる。柱中点でのたわみを δ と書くことにすると，δ は

$$\delta=y\left(\frac{l}{2}\right)=\frac{M}{P}\left\{1-\frac{\cos kl}{\sin kl}\sin\frac{kl}{2}+\cos\frac{kl}{2}-1\right\}=\frac{Ml^2}{EI_z}\cdot\frac{1-\cos\dfrac{kl}{2}}{(kl)^2\cos\dfrac{kl}{2}} \tag{6·24}$$

と表される。ここに，$k=\sqrt{P/EI_z}$ である。

図6·9 は柱に等曲げモーメント M を加えた後，これを一定に保って P の値を漸増させた場合の荷重パラメータ kl とたわみパラメータ $\delta EI_z/Ml^2$ の関係を式(6·24)を用いて表したもので，M が載荷されると P の載荷前にたわみパラメータの値が1/8に相当するたわみが生じていること，$kl=\pi$，すなわち $P=P_e$ が P の漸近値になっていることがわかる。

さて，図6·8の柱では，材端モーメント M に加えて P による付加（2次）モーメント $P\delta$ が作用して，中点の曲げモーメント M_c が最大となる。M_c の表現は式(6·24)を用いて

$$M_c=M+P\delta=M\left(1+\frac{1-\cos\dfrac{kl}{2}}{\cos\dfrac{kl}{2}}\right)=M\frac{1}{\cos\dfrac{kl}{2}} \tag{6·25}$$

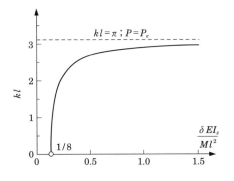

図6・9 圧縮荷重 P と中点のたわみ δ の関係

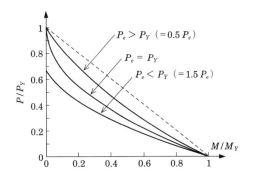

図6・10 H形断面柱の構面内弾性限界強度相関関係

となるが,この M_c は式(6・26)でよく近似できることが知られている.

$$M_c = M\frac{1}{1-\dfrac{P}{P_e}} \tag{6・26}$$

すなわち,中点の曲げモーメントは P とともに増大する.

これまでの解析は材が弾性状態にあることを前提としてきたが,図6・8の柱は荷重が上昇すると中点が降伏し,式(6・24),式(6・25)は適用できなくなる.ここでは,弾性限界時の M_c の値を検討してみよう.圧縮力と曲げモーメントを受ける柱断面の**弾性限界曲げモーメント** M_{YN} は

$$M_{YN} = M_Y\left(1-\frac{P}{P_Y}\right) \tag{6・27}$$

で与えられる.

M_Y, P_Y は曲げモーメントあるいは圧縮荷重が単独で作用するときの弾性限界時の値で,それぞれ**降伏曲げモーメント**および**降伏圧縮荷重**と呼ばれる.式(6・26)の M_c を M_{YN} に等値して整理すると

$$M\frac{1}{1-\dfrac{P}{P_e}} = M_Y\left(1-\frac{P}{P_Y}\right)$$

$$\rightarrow \frac{M}{M_Y} = \left(1-\frac{P}{P_e}\right)\left(1-\frac{P}{P_Y}\right) = \left(1-\frac{P_Y}{P_e}\cdot\frac{P}{P_Y}\right)\left(1-\frac{P}{P_Y}\right) \tag{6・28}$$

が得られる.

図6・10は式(6・28)の M/M_Y と P/P_Y の関係(このような関係を**強度相関関係**という)を示したもので,この図から各曲線は下に凸の形をしていること,P_e/P_Y が大きくなるほど,すなわち材長が短くなるほど強度曲線は点線で表された断面の強度直線(式(6・27))に近づくこと,逆に,P_e/P_Y が小さくなるほど $P\delta$ 効果が大きくなり耐力は低下することなどがわかる.

2 柱の曲げねじれ座屈

式(6・22)の第1,第3式は,強軸曲げと圧縮を受けて曲げねじれ座屈し,たわみ z とねじれ角 ϕ を生じた柱の釣合微分方程式である.簡単のために柱が両端

で単純支持されているものとし，境界条件

$$x=0, l; \quad z=0, \quad \phi=\frac{d^2\phi}{dx^2}=0 \tag{6・29}$$

を満たす関数として

$$z=A\sin\frac{\pi}{l}x, \quad \phi=B\sin\frac{\pi}{l}x \tag{6・30}$$

を選ぶ．これらを式(6・22)の第1，第3式に代入して座屈条件式を求め，これを解いて得られた強度相関関係を式(6・17)，式(6・19)の座屈荷重および横座屈モーメントを用いて整理すると

$$M^2=(P_{cry}-P)i_o{}^2(P_{crw}-P)$$

$$\rightarrow \left(\frac{M}{M_e}\right)^2=\left(1-\frac{P}{P_{cry}}\right)\left(1-\frac{P}{P_{crw}}\right)=\left(1-\frac{P}{P_{cry}}\right)\left(1-\frac{P_{cry}}{P_{crw}}\cdot\frac{P}{P_{cry}}\right) \tag{6・31}$$

が得られる．

図6・11 は式(6・31)の関係を示したものである．先に式(6・17)に関連して述べたように，一般の圧延H形鋼断面を持つ柱では P_{crw} の値は P_{cry} の値に等しいかこれより大きくなるのが普通である．仮に $P_{cry}/P_{crw}=0$ とおくと，式(6・31)による M/M_e と P/P_{cry} の関係は放物線となり，また，$P_{cry}/P_{crw}=1$ とおくと直線になるが，実際の相関関係はこの中間に位置する．図6・10 に比べると，曲げねじれ座屈の強度相関曲線は上に凸の形状になることがわかる．

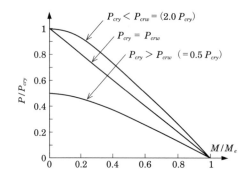

図6・11 H形断面柱の曲げ捩れ座屈強度相関関係

6・6 補 剛

圧縮材や梁の実際設計においては，これらの部材の座屈耐力が足りない場合，材中間に**補剛支点**を設けて耐力を上昇させることが行われる．補剛支点には剛性とともに強度が要求されるが，本節では補剛された部材の座屈荷重と補剛支点に要求される剛性と強度について述べる．

1 圧縮材の補剛

簡単なモデルとして，図6・12(a)に示す長さ l，曲げ剛性 EI の圧縮荷重 P を

受ける片持型圧縮材を考える．この圧縮材の座屈長さは $l_k=2l$（表6・1（d））で，したがって座屈荷重は，$P_{cr}=\pi^2EI/(2l)^2$ であるが，先端に補剛支点を設けてばね定数 K のばねで y 方向変位を弾性的に拘束し，圧縮材の座屈荷重を上昇させることを考える．このモデルの座屈解析は**付録6・2**に示されているが，その結果を参照して座屈条件式は

$$\tan kl = kl\left\{1-\frac{1}{\alpha}(kl)^2\right\} \tag{6・32}$$

となる．ここに，α は補鋼材のばね定数を表すパラメータで

$$\alpha=\frac{Kl^3}{EI} \tag{6・33}$$

である．

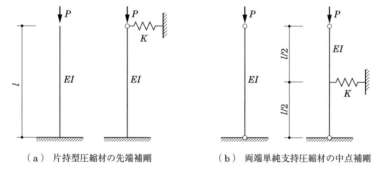

（a）　片持型圧縮材の先端補剛　　　　（b）　両端単純支持圧縮材の中点補剛

図6・12　圧縮材の補剛

　補剛パラメータ α の値として 0 および ∞ を式(6・32)に代入すると，それぞれ表6・1（d），（c）の一端固定・他端自由および一端固定・他端ピンの支持条件を持つ圧縮材の座屈条件式に一致する．**図6・13**（a）は式(6・32)を満たす kl と α の関係を示したもので，表6・1（c）の圧縮材の座屈荷重に対する $kl\cong4.49$（$\tan kl=kl$ の解）が漸近値になっていることがわかる．一方，詳しい解析は専門書[4]にゆずるが，図6・13（b）は図6・12（b）に示す両端単純支持された圧縮材の中心を補剛した場合の kl と α の関係を示したものである．図6・13（a）と異なって，α の値が $16\pi^2$ を超えると α の値にかかわらず，圧縮材の座屈荷重は一定（$kl=2\pi$）

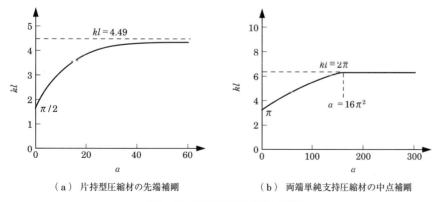

（a）　片持型圧縮材の先端補剛　　　　（b）　両端単純支持圧縮材の中点補剛

図6・13　座屈荷重と補剛剛性の関係

◇ばね反力

　ばねには剛性とともに強度が必要である．すなわち，ばねにはばね反力が生じ，これが過大になると補剛支点が損傷する可能性があるので，ばね反力の大きさを検討する必要がある．しかし，これまでの座屈解析，すなわち，分岐問題の解析では座屈荷重が定まるだけで変位は不定であるから，ばね反力の値は定まらない．したがって，ばね反力の値を調べるために，不整を持つ材の解析がしばしば行われる．

となり，材は $l_k = l/2$ の座屈モードを示す．

　図6·13はまた，所定の座屈荷重を得るのに必要な補剛パラメータを求めるための図にもなっている．たとえば，同図(a)で $kl = \pi$ とするのに必要な α の値は，式(6·32)に $kl = \pi$ を代入して得られる $\alpha = \pi^2$ である．ただし，現実の圧縮材はこれまで取り扱ってきたような理想状態にはなく，元たわみや残留応力，あるいは荷重の偏心などの不整を含んでいるので，圧縮材の実際設計では理想状態の解析から得られる必要ばね剛性（上の例の $\alpha = \pi^2$）の6〜8倍をとることが多い．また上記の解析ではばね反力が定まらない（側注参照）が，実際設計では圧縮耐力の2〜3%の強度を補剛支点に持たせることが多い．

2　梁，柱の補剛

　図6·7(b)に示したように，梁は横座屈によって側方に倒れるから，梁の補剛では圧縮側フランジの z 方向変位を拘束するように補剛材を設ける必要がある．通常，梁の上フランジには床スラブがあり，剛性・強度とも非常に高い補剛材が連続的に配置されていることになるから，上フランジが圧縮側になる場合には改めて補剛を考える必要はない．

　工場建築の屋根を支える梁では，上フランジが母屋によって断続的に補剛される．この場合は，梁の必要強度を確保するための補剛材の間隔・剛性・強度の検討が必要になる．下フランジが圧縮側になって補剛材を設けることができない場合は，リブを設けて梁断面を固めたり，下フランジと小梁を結合して，下フランジの横移動を止める（第9章図9·22参照）．

　一方，柱の場合は梁に比べて建築意匠上・機能上制約が多く，補剛材を設けることが難しい．工場建築の柱は胴縁を補剛材として利用して設計されることがあるが，このような特殊なケースを除くと，一般のビル骨組の柱で補剛材を設けて柱の耐力上昇を期待するような設計がなされることはほとんどないといってよい．

6·7　板要素の局部座屈

　図6·14は圧縮荷重を受ける角形断面材の**板要素**に**局部座屈**が生じ，外に凸な変形と内に凸な変形が交互に現れているところを示したもので，材軸は全体として真直ぐな状態を保っているのが特徴である．材が長く板要素の**幅厚比**（幅 b の板厚 t に対する比）が小さい場合には，6·1節で述べた材軸が湾曲する曲げ座屈が生じるのに対して，材が短く幅厚比が大きい圧縮材では局部座屈が生じる．局部座屈が生じるときの応力度は**図6·15**の圧縮応力度を受ける長方形板の座屈応力度で近似できる．

　図6·15の板の座屈応力度 σ_{cr} は，板の支持条件や長さと幅の比，幅厚比によって異なるが，次の式(6·34)によって安全側に近似できる．

$$\sigma_{cr}=k\frac{\pi^2 E}{12(1-\nu^2)}\left(\frac{t}{b}\right)^2 \tag{6・34}$$

ここに，kは**板座屈係数**と呼ばれ，板の支持条件によって変化する．たとえば，図6・16は局部座屈した角形断面材およびH形断面材の断面の変形の様子を示したものであるが，角形断面の管壁やH形断面のウェブにはsin半波形に類似した変形が生じているので，これらの板要素の圧縮座屈応力度は，図6・15の板要素において4辺を単純支持としたときの板座屈係数の値$k=4$を用いて式(6・34)から計算した座屈応力度でよく近似できる．

一方，H形断面のフランジは，先端部が面外方向に自由に変形できるので，図6・15において応力度の作用しない辺のうち1辺が自由で他の3辺が単純支持された場合の$k=0.425$を用いた座屈応力度で近似できる．

以上は，一様圧縮を受ける板要素の弾性局部座屈強度の概要であるが，圧縮と曲げを受ける場合や，せん断を受ける場合，圧縮・曲げ・せん断が複合して作用する場合，非弾性座屈する場合など，局部座屈の詳しい分析については専門書[1),4)]を参照されたい．

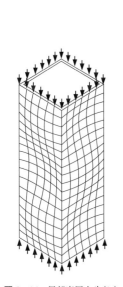

図6・14 局部座屈を生じた角形断面圧縮材

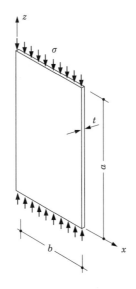

図6・15 一様圧縮を受ける平板

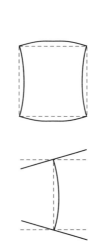

図6・16 局部座屈によって変形した断面

第6章 演習問題

問6·1 図6·17(a)～(d)に示す鉛直荷重 P を受けるラーメンの座屈荷重の大小関係を示せ．ただし，梁の剛比 k は無限大とし，筋かいの入っている骨組の柱頭は水平変位が拘束されているとする．

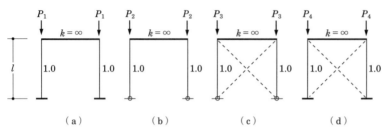

図6·17 鉛直荷重を受けるラーメン

【解 答】 各ラーメンの座屈長さ l_k は，表6·1を参照して，（a）l，（b）$2l$，（c）$0.7l$，（d）$0.5l$ であり，座屈荷重 P_{cr} は，式(6·12)から，$P_{cr}=\pi^2 EI/l_k{}^2$ であることから，$P_4>P_3>P_1>P_2$ となる．

問6·2 図6·18(a)の圧縮材が(b)に示す応力-ひずみ関係の弾塑性材料でできている場合の座屈応力度 σ_{cr} と細長比 λ の関係（座屈応力度曲線）を求めて図示せよ．

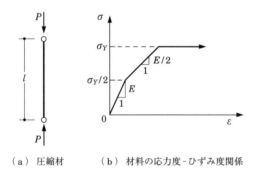

（a）圧縮材 （b）材料の応力度-ひずみ度関係

図6·18 圧縮材の座屈

【解 答】 $0 \leqq \sigma \leqq \sigma_Y/2$ では，式(6·13)より

$$\sigma_{cr}=\frac{\pi^2 E}{\lambda^2} \cdots\cdots\cdots\cdots\cdots\cdots\cdots\cdots\cdots\cdots\cdots\cdots\cdots\cdots\cdots\cdots\cdots\cdots\cdots\cdots\cdots\cdots\cdots\cdots\cdots(a)$$

$\sigma_Y/2 \leqq \sigma \leqq \sigma_Y$ では，式(6·15)より，$E_t=E/2$ として

$$\sigma_t=\frac{\pi^2 E}{2\lambda^2} \cdots\cdots\cdots\cdots\cdots\cdots\cdots\cdots\cdots\cdots\cdots\cdots\cdots\cdots\cdots\cdots\cdots\cdots\cdots\cdots\cdots\cdots\cdots\cdots\cdots(b)$$

となる．両式より $\sigma_{cr}-\lambda$ 関係（座屈応力度曲線）は図6·19のようになる．

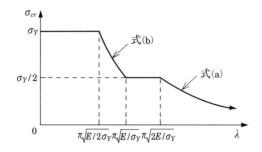

図6・19 座屈応力度曲線

問6・3 表6・1(b)〜(e)の座屈に対する①境界条件，②座屈条件式，③座屈モードは下記のようになる．表6・1(a)に対する座屈条件式(6・6)と座屈モード式(6・8)を導いたのと同様の手順で，①を用いて②，③を式(6・9)，式(6・10)から導け．

【解答】

(b)：① $x=0, l$; $y=\dfrac{dy}{dx}=0$　② $\sin\dfrac{kl}{2}=0$　③ $y=A\left(1-\cos\dfrac{2\pi x}{l}\right)$

(c)：① $x=0$; $y=\dfrac{dy}{dx}=0$, $x=l$; $y=\dfrac{d^2y}{dx^2}=0$

② $\tan kl=kl$; $kl\cong4.493$

③ $y=A\left(1-\cos4.493\dfrac{x}{l}+\dfrac{1}{4.493}\sin4.493\dfrac{x}{l}-\dfrac{x}{l}\right)$;

(d)：① $x=0$; $y=\dfrac{dy}{dx}=0$, $x=l$; $\dfrac{d^2y}{dx^2}=\dfrac{d^3y}{dx^3}+k^2\dfrac{dy}{dx}=0$

② $\cos kl=0$; $kl=\pi$　③ $y=A\left(1-\cos\dfrac{\pi x}{2\,l}\right)$

(e)：① $x=0$; $y=\dfrac{dy}{dx}=0$, $x=l$; $\dfrac{dy}{dx}=\dfrac{d^3y}{dx^3}+k^2\dfrac{dy}{dx}=0$

② $\sin kl=0$; $kl=\pi$　③ $y=A\left(1-\cos\dfrac{\pi x}{l}\right)$

問6・4 H-300×150×6.5×9 のH形鋼を用いたスパン6mの単純梁が図6・7に示した強軸回り等モーメントを受ける場合について次の問に答えよ．材料はSN 400 A とし，ヤング係数は $E=2.05\times10^5$ N/mm²，ポアソン比は $\nu=0.3$ とする．

（1）式(6・18)，(6・20)を用いて，横座屈モーメント M_e および横座屈時の最外縁応力度 σ_{b_e} を計算せよ．また，横座屈が弾性範囲で生じていることを示せ．なお，曲げねじり定数 I_w を計算するときの h は，図6・6(c)に示したようにフランジ中心間距離とする．

（2）上記のH形断面からウェブを取り去り，フランジは板厚がなく，その断面積 A_f がフランジ中心に集中していると仮定した理想サンドイッチ

断面（91 ページの側注参照）を持つ，スパン 6 m の単純梁が強軸回り等モーメントを受ける場合の M_e を式(6・21)より求め，（1）の値と比較考察せよ.

【解答】（1）計算に必要な H–300×150×6.5×9 の諸量は，$H=300$，$B=150$，$t_w=6.5$，$t_f=9$，$h=H-t_f=291$〔いずれも mm〕，$I_y=508×10^4\,mm^4$，$Z_z=481×10^3\,mm^3$ とする.

サンブナンのねじり定数 J は

$$J=\frac{2}{3}Bt_f{}^3+\frac{1}{3}(H-2t_f)t_w{}^3=9.87×10^4\,mm^4$$

また，ほかの諸量は

$$E=2.05×10^5\,N/mm^2,\quad \nu=0.3,\quad l=6×10^3\,mm$$

以上を式(6・18)に代入すると横座屈モーメントは

$$M_e=62.8×10^6\,N\cdot mm=62.8\,kN\cdot m$$

また，このときの最外縁応力度は式(6・20)より

$$\sigma_{be}=M_e/Z_z=(62.8×10^6)/(481×10^3)=131\,N/mm^2$$

σ_{be} の値は，SN 400 A の降伏応力度 $\sigma_Y=235\,N/mm^2$ より小さいので，座屈が弾性範囲で生じていることがわかる.

（2）式(6・21)より M_e は

$$M_e=57.9\,kN\cdot m$$

H 形鋼梁の M_e を求める式(6・18)と理想サンドイッチ断面梁に対する式(6・21)を比べると

式(6・18)		式(6・21)
$I_y=508×10^4\,mm$	→	$A_fB^2/6=509×10^4\,mm^4$
$J/I_y=9.87/508=1.94×10^{-2}$	→	$4(t_f/B)^2=1.44×10^{-2}$

となっており，H 形断面の I_y，J/I_y に対応する項の値が理想サンドイッチ断面ではウェブがなくなることによって小さくなるため，M_e の値も小さくなる.しかしその差は小さい.

第6章　付　録

付 6・1　H 形断面梁の横座屈

横座屈を生じて 3 次元的に変形した梁の釣合微分方程式は，式(6・16)（90 ページ）に

$$M_{zA}=M,\quad M_{zB}=-M,\quad M_{yA}=M_{yB}=0,\quad P=0 \qquad\text{(付 6・1)}$$

を代入して次のように得られる.

$$
\left.
\begin{aligned}
&EI_y\frac{d^2z}{dx^2}-M\phi=0 \\[4pt]
&EI_z\frac{d^2y}{dx^2}=-M \\[4pt]
&EI_w\frac{d^3\phi}{dx^3}-GJ\frac{d\phi}{dx}-M\frac{dz}{dx}=0
\end{aligned}
\right\}
\qquad\text{(付 6・2)}
$$

式（付6・2）の第2式はほかの2式と独立しており，この微分方程式を単純梁の境界条件，$x=0, l$ において $y=0$ のもとで解けば，座屈が生じる前の曲げモーメント M とたわみ y の関係が得られる．一方，第1式と第3式が座屈後に生じるたわみ z とねじれ角 ϕ に関する微分方程式であるが，これらは連成しているので，まず第3式を1回微分して得られる4階の微分方程式に，第1式を代入して d^2z/dx^2 を消去すると式（付6・3）が得られる．

$$EI_w\frac{d^4\phi}{dx^4} - GJ\frac{d^2\phi}{dx^2} - \frac{M^2}{EI_y}\phi = 0 \qquad\qquad (付6・3)$$

簡単のため多少の変形を施すと，式（付6・3）は式（付6・4）のようになる．

$$\frac{d^4\phi}{dx^4} - \alpha\frac{d^2\phi}{dx^2} - \beta\phi = 0 ; \quad \alpha = \frac{GJ}{EI_w}, \quad \beta = \frac{M^2}{EI_yEI_w} \qquad\qquad (付6・4)$$

$\phi = e^{\lambda x}$ とおき，λ に関する特性方程式の解を用いて ϕ の一般解を求める手順は，式(6・3)あるいは式(6・9)の解を求めた手順と同様で，ϕ の一般解は式（付6・5）のようになる．

$$\phi = Ae^{\lambda_1 x} + Be^{-\lambda_1 x} + C\sin\lambda_2 x + D\cos\lambda_2 x \qquad\qquad (付6・5)$$

ここに

$$\lambda_1 = \sqrt{\frac{\alpha + \sqrt{\alpha^2 + 4\beta}}{2}}, \quad \lambda_2 = \sqrt{\frac{-\alpha + \sqrt{\alpha^2 + 4\beta}}{2}} \qquad\qquad (付6・6)$$

梁が両端でねじりに関して単純支持されているものとすると，境界条件は

$$x = 0, l ; \quad \phi = \frac{d^2\phi}{dx^2} = 0 \qquad\qquad (付6・7)$$

となる．$x=0$ での境界条件に式（付6・5）を代入して $\lambda_1^2 + \lambda_2^2 \neq 0$ を勘案すると，$B=-A, D=0$ が得られ，ϕ は

$$\phi = A(e^{\lambda_1 x} - e^{-\lambda_1 x}) + C\sin\lambda_2 x \qquad\qquad (付6・8)$$

となる．これを式（付6・7）の $x=l$ での境界条件に代入して得られる同次連立方程式の係数行列の行列式を0とおいて座屈モーメントを求める手順は，式(6・5)〜式(6・7)の手順と同様なので省略し，座屈条件式だけを式（付6・9）に示す．

$$(\lambda_1^2 + \lambda_2^2)(e^{\lambda_1 l} - e^{-\lambda_1 l})\sin\lambda_2 l = 0 \qquad\qquad (付6・9)$$

上式は三つの項からなるが，第1項，第2項が0になり得ないことは明らかであるから，結局

$$\sin\lambda_2 l = 0 ; \quad \lambda_2 = \frac{n\pi}{l} \qquad\qquad (付6・10)$$

が座屈条件式となる．上式に式（付6・6）の λ_2 を式（付6・4）の α, β とともに代入して M について解き，最小値（$n=1$ のときの値）を求めると，等曲げモーメントを受けるH形断面梁の弾性**横座屈**モーメント M_e が次のように定まる．

$$M_e = \sqrt{\frac{\pi^2 EI_yGJ}{l^2} + \frac{\pi^4 EI_yEI_w}{l^4}} \qquad\qquad (付6・11)$$

付6・2　圧縮材の補剛

　簡単なモデルとして，**付図6・1**(a)に示す長さl，曲げ剛性EIの圧縮荷重Pを受ける片持圧縮材について，同図(b)に示すように先端に補剛支点を設けて定数Kのばねでy方向変位を弾性的に拘束する場合を考える．このモデルの釣合微分方程式とその一般解は式(6・9)，式(6・10)ですでに与えられており，次の境界条件のもとで座屈荷重を求める．

$$x=0 ; \quad y=\frac{dy}{dx}=0, \left.\begin{array}{l} \\ \end{array}\right\}$$
$$x=l ; \quad M=-EI\frac{d^2y}{dx^2}=0, \quad V+F=-EI\frac{d^3y}{dx^3}-P\frac{dy}{dx}+Ky=0$$

$$\text{(付 6・12)}$$

　式（付6・12）の最後の式は，付図6・1(c)に示す圧縮材上端でのy方向力の釣合い，$V+F=0$から得られたもので，ばね反力Fは

$$F=K\varDelta=Ky(l) \tag{付 6・13}$$

で与えられる．式(6・10)を式（付6・12）に代入すると，座屈条件式

$$\tan kl=kl\left\{1-\frac{1}{\alpha}(kl)^2\right\} \tag{付 6・14}$$

が得られる．ここに

$$\alpha=\frac{Kl^3}{EI} \tag{付 6・15}$$

である．

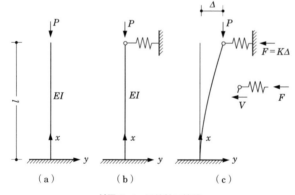

付図6・1　圧縮材の補剛

引 用 文 献

1) 日本建築学会：鋼構造座屈設計指針（2018）
2) 日本建築学会：鋼構造塑性設計指針（2017）
3) 日本建築学会：鋼構造許容応力度設計規準（2019）
4) 若林 實編著：鉄骨構造学詳論，丸善（1985）
5) T.V. ガランボス著，福本唀士，西野文雄共訳：鋼構造部材と骨組─強度と設計─，丸善（1970）

第7章

塑性解析法

▼鉛直荷重と水平力を受けて塑性崩壊機構を形成した角形鋼管柱とH形鋼梁で構成されたラーメン

[学習目標]

　骨組に外力が作用する場合，部材に生じる各種の座屈現象や接合部における早期の破壊が防止できれば，鋼材は靭性に富んでいるため，骨組は，大きな塑性変形能力を発揮する．このような骨組では部材断面に，全塑性モーメントを持続したまま，自由に回転できる塑性ヒンジが順次形成され，最終的に骨組は塑性崩壊機構を形成する，と考えて骨組の終局耐力を予測する塑性解析法がある．この解析法は，地震力に対する建物の安全性を確認するため，骨組の保有水平耐力を求めることなどに利用できる．

　本章では，次のことを学習する．

1. 塑性解析に用いられる基本仮定
2. 塑性ヒンジの概念と全塑性モーメントの求め方
3. 各種断面の全塑性モーメント
4. 骨組の塑性崩壊機構と崩壊荷重
5. 骨組の保有水平耐力の求め方

7・1 塑性解析の基本仮定と定理

1 基 本 仮 定

　日本の耐震設計は構造物の終局耐力に基づくが，塑性解析はその計算に使用される．**図 7・1**（ a ）は，自由端に荷重 P が作用する H 形鋼の片持ち梁を表している．図 7・1（ b ）は，実験から得られた荷重 P と梁の部材角 R の関係である．梁は荷重 P が 22.3 kN まではほぼ弾性であり，P と R が線形関係にあることがわかる．荷重 P がこれを超えると梁は降伏し，さらに 24.7 kN を超えるとほぼ一定の P を保ったまま R だけが増加する状態になる．その後，梁は局部座屈によって 27.1 kN の最大荷重を示して抵抗力が低下するが，そこに至るまでの変形はかなり大きい．そこで，この挙動を「梁は荷重 P が 24.7 kN に達した時点で，P を一定に保ったまま部材角 R だけが無制限に大きくなる」と理想化する．一定荷重のもとで無制限に変位が進行する状態を**塑性崩壊**と呼び，この現象が生じる荷重 24.7 kN を**塑性崩壊荷重** P_c と呼ぶ．

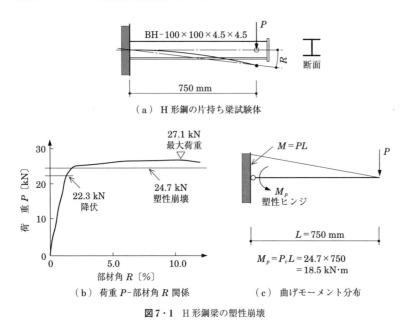

（ a ） H 形鋼の片持ち梁試験体

（ b ） 荷重 P-部材角 R 関係　　（ c ） 曲げモーメント分布

図 7・1　H 形鋼梁の塑性崩壊

　図 7・1（ c ）はこの梁の曲げモーメント図を表す．荷重 P が P_c（$=24.7$ kN）のとき，固定端での曲げモーメント M は部材角 R に無関係に一定の値 M_p（$=P_cL=18.5$ kN·m）である．いい換えれば，塑性崩壊は，「梁に曲げモーメントを一定に保持したまま無制限に回転するヒンジが形成される」という仮説を用いて説明できる．このヒンジを**塑性ヒンジ**と呼び，塑性ヒンジが形成されるときの梁断面の曲げモーメントを**全塑性モーメント**と呼び，通常 M_p で表される．

　次に，**図 7・2**（ a ）に示す不静定梁モデルを考える．同図には弾性状態での曲げ

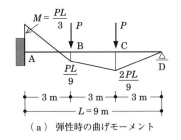

（a） 弾性時の曲げモーメント

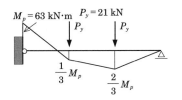

（b） 塑性ヒンジ形成（静的許容）

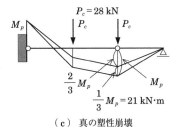

（c） 真の塑性崩壊

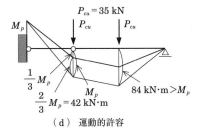

（d） 運動的許容

図7・2 不静定梁の塑性崩壊

モーメントが示されている．梁の M は固定端 A で最も大きく，図7・2（b）に示すとおり，この点で塑性ヒンジが形成される．このときの荷重 P_y は，梁の全塑性モーメント M_p が 63 kN·m だとすると式(7・1)で与えられる．

$$P_y = \frac{3M_p}{L} = \frac{3 \times 63}{9} = 21 \text{(kN)} \tag{7・1}$$

この時点では，梁はまだ単純梁としてさらに大きな荷重に耐えるが，図7・2（c）のように荷重 P が $P_c = 28$ kN に達すると C 点にも塑性ヒンジが形成されてヒンジの回転だけで梁は自由に変形できるようになる．つまり，梁は塑性崩壊に至ったわけで，そのときの変形機構を**塑性崩壊機構**と呼ぶ．

2 上界定理と下界定理

以上の例から，塑性崩壊に至った構造物では次の条件が満たされていることがわかる．

① 釣合条件：荷重と曲げモーメントが釣り合っている．
② 塑性条件：曲げモーメントの絶対値が全塑性モーメントを超えない．
③ 機構条件：塑性ヒンジの回転だけで構造物が変形する．

上記を塑性解析の**基本3条件**と呼び，これらがすべて満たされるときに構造物は塑性崩壊に達する．構造物が複雑になると基本3条件を満たす状態を求めることが難しくなるが，これに対して有用な定理が存在する．基本3条件のうち，釣合条件と機構条件を満たす状態を**運動的許容**といい，このときの荷重を**運動的許容荷重**と呼ぶ．図7・2（d）は運動的許容の一例である．この例では運動的許容荷重（35 kN）が塑性崩壊荷重 P_c（28 kN）以上であるが，この関係はいつも成立し，**上界定理**という．

次に釣合条件と塑性条件を満たす状態を**静的許容**といい，このときの荷重を**静**

的許容荷重と呼ぶ．図7·2(b)は静的許容の例であり，静的許容荷重（21 kN）は P_c 以下である．この関係もいつも成立し，**下界定理**という．基本3条件がすべて満たされるときは運動的許容かつ静的許容であり，これらの荷重は一致するので塑性崩壊荷重 P_c は両定理に挟まれて唯一に定まる．これを**唯一性定理**という．

7·2 塑性ヒンジの概念

1 塑性ヒンジ

図7·3(a)の長方形断面を考える．平面保持の仮定から，断面中心から y の距離にある材軸方向ひずみ ε は曲率 ϕ と式(7·2)の関係がある．

$$\varepsilon = y\phi \tag{7·2}$$

つまり，図7·3(b)に示すように，ε は断面の高さ方向に直線分布をする．応力度-ひずみ度関係を理想弾塑性と仮定すれば，曲率 ϕ を徐々に増加させたときの各段階の断面の材軸方向応力 σ の分布が図7·3(c)～(f)のように求められる．まず，図(c)は弾性状態を表す．図(d)は，断面の最外縁の応力がちょうど降伏応力 σ_y に達した時点で，このときの曲げモーメントを**降伏曲げモーメント** M_y と呼び，そのときの曲率を**降伏曲率** ϕ_y と呼ぶ．この状態はまだ弾性状態であるから M_y は式(7·3)で与えられる．

$$M_y = Z\sigma_y \tag{7·3}$$

ここで，Z は断面係数であり，長方形断面に対しては式(7·4)で与えられる．

$$Z = \frac{Bh^2}{6} \tag{7·4}$$

降伏曲率 ϕ_y は，降伏ひずみを ε_y とすると，式(7·2)から式(7·5)のように与えられる．

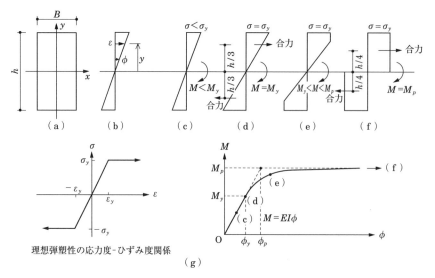

図7·3 長方形断面のモーメント–曲率関係

$$\phi_y = \frac{2\varepsilon_y}{h} \tag{7・5}$$

さて，ϕ がさらに増加すると図（e）のように断面の外縁から塑性域が広がる．図（f）はこの極限で**全塑性状態**と呼び，このときの曲げモーメントが**全塑性モーメント** M_p である．M_p は図（f）のように長方形の応力ブロックが2個で，合力がそれぞれ $Bh\sigma_y/2$，断面中心から合力までの距離が $h/4$ であるから式(7・6)のように与えられる．

$$M_p = 2\left(\frac{Bh\sigma_y}{2}\right)\cdot\left(\frac{h}{4}\right) = \frac{Bh^2}{4}\sigma_y \tag{7・6}$$

さらに，式(7・6)を式(7・3)と同様に次のように表す．

$$M_p = Z_p\sigma_y \tag{7・7}$$

Z_p を**塑性断面係数**と呼び，長方形断面については式(7・6)から次のようになる．

$$Z_p = \frac{Bh^2}{4} \tag{7・8}$$

全塑性モーメント M_p と降伏モーメント M_y の比を**形状係数** f と呼ぶ．つまり

$$f = \frac{M_p}{M_y} = \frac{Z_p\sigma_y}{Z\sigma_y} = \frac{Z_p}{Z} \tag{7・9}$$

式(7・9)のとおり，f は塑性断面係数 Z_p と（弾性）断面係数 Z の比で与えられる．式(7・8)と式(7・4)を式(7・9)に代入すれば，長方形断面の f が 1.5 であることがわかる．

図7・3（g）は，長方形断面の曲げモーメント M と曲率 ϕ の関係を表す．つまり，M が降伏モーメント M_y までは弾性で，M と ϕ が勾配 EI（弾性曲げ剛性）の直線で表され，図（c）あるいは図（d）の断面の応力状態が対応する．M が M_y を超えると，断面が塑性化して徐々に勾配が緩やかになり，M は全塑性モーメント M_p に漸近する．このように完全弾塑性の応力度-ひずみ度関係の仮定に基づくと，M は M_p を決して超えないことになるが，実際はひずみ硬化などの現象によって早い段階で M_p 以上になる．

2 塑 性 中 立 軸

図7・4（a）は T 形の一軸対称断面である．この断面の x 軸回りに曲げモーメ

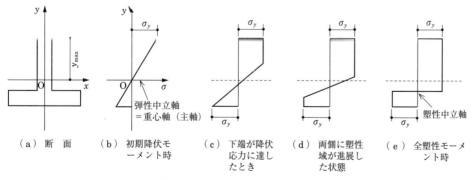

| （a）断　面 | （b）初期降伏モーメント時 | （c）下端が降伏応力に達したとき | （d）両側に塑性域が進展した状態 | （e）全塑性モーメント時 |

図7・4　一軸対称断面の塑性中立軸

ントが作用する場合を考える．図7・4（b）に示すとおり，弾性範囲では中立軸は断面の重心 O にあるが，断面係数が小さいほうの外縁（図では上側）から降伏が始まるので，軸方向の力の釣合いを保つためには図（c），（d）に示すように中立軸が移動しなければならない．図（e）は全塑性状態で，このときの中立軸を**塑性中立軸**と呼ぶ．

7・3　全塑性モーメント

1　全塑性モーメント

図7・5（a）に示す一軸対称断面を考える．この全塑性状態のときの応力分布は図（b）である．引張側と圧縮側の応力ブロックの合力をそれぞれ T，C とし，引張りあるいは圧縮で降伏している部分の断面積をそれぞれ A_t，A_c とすれば式（7・10）が成立する．

$$T = A_t \sigma_y, \quad C = A_c \sigma_y \tag{7・10}$$

軸力が 0 であるから T は C に等しく，式（7・11）が成立する．

$$A_t = A_c = \frac{A}{2} \tag{7・11}$$

ここで，A は断面積を表す．つまり，塑性中立軸図は断面積を 2 分する位置（図の原点 O）にあり，必ずしも弾性の場合のように断面重心には位置しない．全塑性モーメント M_p は，塑性中立軸から合力 T，C までの距離をそれぞれ y_t，y_c とすれば式（7・12）で与えられる．

$$M_p = T y_t + C y_c = \frac{A(y_t + y_c)}{2} \sigma_y = Z_p \sigma_y \tag{7・12}$$

つまり，塑性断面係数 Z_p は一般に式（7・13）で与えられる．

$$Z_p = \frac{A(y_t + y_c)}{2} \tag{7・13}$$

図7・6（a）〜（d）によく用いられる断面の塑性断面係数および形状係数を示す．また，中空長方形断面では長方形断面の組合せとして求めるほうが便利である．つまり，図7・6（a）を参照して

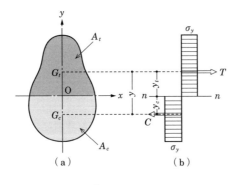

図7・5　断面の応力ブロックとその合力

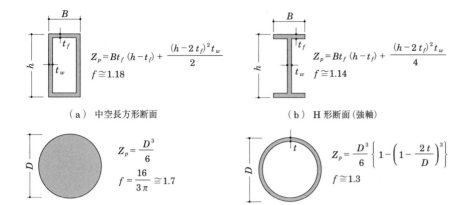

図7・6 各種断面の塑性断面係数と形状係数

$$Z_p = \frac{Bh^2}{4} - \frac{(B-2t_w)(h-2t_f)^2}{4} = Bt_f(h-t_f) + \frac{(h-2t_f)^2 t_w}{2} \qquad (7\cdot14)$$

2 軸力の影響

曲げモーメントのほか軸力も作用する場合は全塑性モーメントが低下する. このときの全塑性モーメントを M_{pc} で表す. **図7・7** のように, 応力ブロックは M_{pc} だけに関係する部分と軸力 N だけに関係する部分に分けられる. 長方形断面の場合は

$$N = B(2y_0)\sigma_y, \quad M_{pc} = B\left(\frac{h}{2} - y_0\right)\sigma_y\left(\frac{h}{2} + y_0\right) \qquad (7\cdot15)$$

式(7・15)から塑性中立軸の位置を表す y_0 を消去し, **降伏軸力** $N_y(=Bh\sigma_y)$ および軸力がない場合の全塑性モーメント $M_p = (Bh^2\sigma_y/4)$ で無次元化すると式(7・16)が得られる.

$$\frac{M_{pc}}{M_p} + \left(\frac{N}{N_y}\right)^2 = 1 \qquad (7\cdot16)$$

これは**M-N 相関耐力**と呼ばれ, **図7・8**(a)に示す形状になる. 図7・8(a), (b)は, 長方形断面のほか, 中空正方形断面, H形断面および中空円形断面の

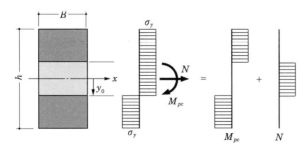

図7・7 軸力がある場合の全塑性状態

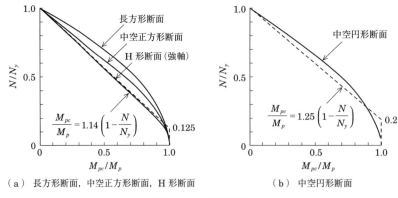

（a）長方形断面，中空正方形断面，H 形断面　　　（b）中空円形断面

図 7・8 M-N 相関耐力

M-N 相関耐力を示す．設計では破線の近似式（日本建築学会「鋼構造塑性設計指針」）が使われる．

7・4　塑 性 崩 壊

1　塑 性 崩 壊 機 構

　図 7・9 に示すように，柱脚固定の門形ラーメンに水平力 P が作用する場合を考える．塑性崩壊では塑性ヒンジの回転だけで変形するので 1 次の不安定構造でなければならない．このラーメンは 3 次不静定であり，不静定次数に 1 を加えて 4 個のヒンジを挿入すれば不安定構造になる．ラーメンの塑性崩壊荷重 P_c は仮想仕事法によって求めることができる．つまり，塑性崩壊機構によって生じる変位を仮想変位と考えて外力と内力（塑性ヒンジの全塑性モーメント）のなす仮想仕事を等置すると

$$P_c(L\theta)=4(M_p\theta) \tag{7・17}$$

式 (7・17) を解くと塑性崩壊荷重 P_c が求められる．

$$P_c=\frac{4M_p}{L} \tag{7・18}$$

　しかし，塑性ヒンジの数はいつも（不静定次数 + 1）とは限らない．**図 7・10** のラーメンは不静定次数が 3 であるが 3 個の塑性ヒンジで梁が塑性崩壊している．このように，構造物の一部が塑性崩壊する場合を**部分崩壊**と呼ぶ．一方，**図 7・11** は塑性ヒンジの発生可能な点が 5 か所あり，必要ヒンジ数 4 を上回っている．つまり，塑性崩壊機構が唯一には定まらず，図に示すように梁が崩壊する機構（**梁機構**），柱が崩壊する機構（**層機構**）とこれらを組み合わせた**複合機構**が考えられる．

　これらの塑性崩壊荷重 P_c を求めると

$$梁機構：(2P_c)\frac{L\theta}{2}=M_p(4\theta) \quad \therefore P_c=\frac{4M_p}{L} \tag{7・19}$$

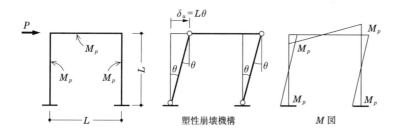

図7・9 ラーメンの塑性崩壊

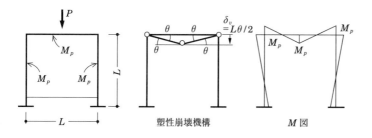

図7・10 部分崩壊の例

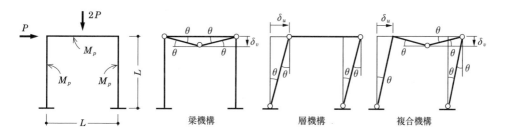

図7・11 可能な塑性崩壊機構

$$\text{層機構}: P_c(L\theta) = M_p(4\theta) \quad \therefore P_c = \frac{4M_p}{L} \tag{7・20}$$

$$\text{複合機構}: (2P_c)\frac{L\theta}{2} + P_c(L\theta) = M_p(6\theta) \quad \therefore P_c = \frac{3M_p}{L} \tag{7・21}$$

2 メカニズム法

　さて，これらの P_c は釣合条件と機構条件を満たしているので運動的許容荷重である．したがって，上界定理が成立するのでこれらのうち最も小さな荷重が真の値である（$P_c = 3M_p/L$）．このように，塑性崩壊機構を仮定して P_c を求める方法を**メカニズム法**と呼ぶ．水平荷重を受ける整形ラーメンで，塑性ヒンジが柱または梁の材端に限られる場合には，層機構を基本機構とした組織的な解法が適用できる．**図7・12**は3層のラーメンの塑性崩壊機構を表しており，番号 m が1から3までの基本機構とこれらの複合機構（$m=4\sim6$）で合計六つある．上界定理から，これらの塑性崩壊荷重のうち最も小さいものが真の塑性崩壊荷重になる．

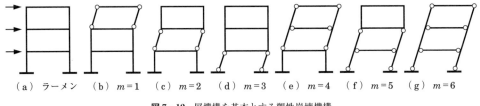

（a） ラーメン　（b） $m=1$　（c） $m=2$　（d） $m=3$　（e） $m=4$　（f） $m=5$　（g） $m=6$

図7・12 層機構を基本とする塑性崩壊機構

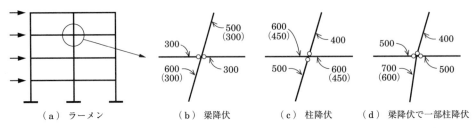

（a） ラーメン　（b） 梁降伏　（c） 柱降伏　（d） 梁降伏で一部柱降伏

図7・13 節点振分け法によるモーメント分配（数字は M_p：kNm，（　）内は分配モーメント）

3 節点振分け法

メカニズム法に対して，下界定理に基づく解法として**節点振分け法**がある．図7・13に示すように，ラーメンの節点で柱の M_p の和と梁の M_p の和を比較し，図7・13（b）のように梁のほうが小さい場合は，上下の柱のモーメントとして梁の M_p の和を二分して分配する．逆の場合は図7・13（c）のように左右の梁へ柱の M_p の和を二分して分配する．ただし，図7・13（d）のように二分した値が部材の M_p を超えている場合は超えた分を反対側の部材に配分する．

このようにして決定された曲げモーメント分布は塑性条件を満たしており，静的許容であって下界定理が成立する．この曲げモーメント分布から柱のせん断力，柱のせん断力から層せん断力，層せん断力から水平荷重が求められる．下界定理から，この水平荷重の値は常に安全側である．

7・5 塑性崩壊荷重と設計

1 保有水平耐力

日本の建築構造物の耐震設計は，構造物の終局強度（**保有水平耐力**）が強震時に必要とされる強度（**必要保有水平耐力**）以上であることを確認する方法をとっている．このときの構造物の保有水平耐力は塑性崩壊荷重と考えてよい．そこで，塑性解析によって鉄骨ラーメンの保有水平耐力を求める方法を示す．図7・14の3層2スパンのラーメンを考える．各階の重量は w で等しいものとする．したがって，建物全重量 W は $3w$ になる．さらに，構造特性係数 D_s を0.3，形状係数 F_{es} を1.0，設計用1次固有周期 T を0.27秒（$=0.03\times9$），地域係数

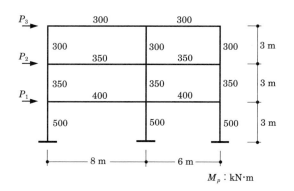

表7・1 必要保有水平耐力と水平荷重

層	α_i	A_i	$C_i\cdot\alpha_i$	Q_{uni}	P_i
3	0.33	1.42	0.47	$0.14\,W$	$0.14\,W$
2	0.67	1.16	0.78	$0.23\,W$	$0.09\,W$
1	1.00	1.00	1.00	$0.30\,W$	$0.07\,W$

$\alpha_i=\sum\limits_{j=i}^{3}w_j\Big/W$, $A_i=1+\left(\dfrac{1}{\sqrt{\alpha_i}}-\alpha_i\right)\times\dfrac{2T}{1+3T}$,
振動特性係数 R_t（$=1$, $T=0.27$ 秒のとき），
$C_i=ZR_tA_iC_0$, $Q_{uni}=D_sF_{es}C_i\alpha_iW$

図7・14 3層2スパンラーメン

Z を1.0，地盤は第2種地盤（普通），標準せん断力係数 C_0 を1.0とする．これらの条件から**表7・1**に示すように必要保有水平耐力 Q_{uni} が決定され，それに対応する水平荷重 P_i が求められる．

2 計算例

節点振分け法で保有水平耐力を求めてみよう．図7・13に示した方法で曲げモーメントを分配すると**図7・15**のようになる．柱の曲げモーメント分布から層のせん断力を求めれば，これが保有水平耐力 Q_{u_i} である．設計では各層の Q_{u_i} がその層の必要保有水平耐力 Q_{uni} を上回っていることを確認すればよい．ここでは，建物全重量の上限 W_u を逆算してみよう．

$$W_u=\min[517/0.14, 483/0.23, 783/0.30]=2\,100\,[\text{kN}] \qquad (7\cdot22)$$

W_u は水平荷重が表7・1に示す高さ方向分布で作用したときの静的許容荷重ということができる．

次に，メカニズム法で同じラーメンの保有水平耐力を求めてみよう．**図7・16**の塑性崩壊機構に仮想仕事式を適用して

・$m=1$：$0.14W3\theta=6\times300\theta$：$W_{c1}=4\,290\,[\text{kN}]$

・$m=2$：$(0.14W+0.09W)3\theta=6\times350\theta$：$W_{c2}=3\,040\,[\text{kN}]$

・$m=3$：$(0.14W+0.09W+0.07W)3\theta=6\times500\theta$：$W_{c3}=3\,330\,[\text{kN}]$

・$m=4$：$(2\times0.14W+0.09W)3\theta=(4\times300+6\times350)\theta$：$W_{c4}=2\,970\,[\text{kN}]$

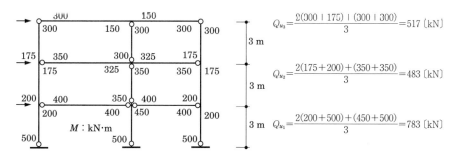

図7・15 節点振分け法と保有水平耐力

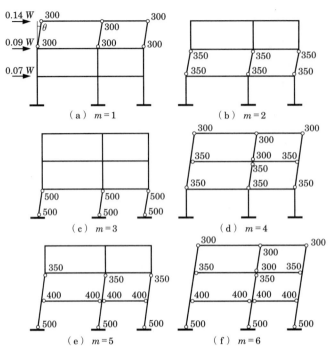

図7・16 メカニズム法の塑性崩壊機構

- $m=5$: $(2\times0.14W+2\times0.09W+0.07W)3\theta=(3\times350+4\times400+3\times500)\theta$:
  $W_{c5}=2\,610$[kN]
- $m=6$: $(3\times0.14W+2\times0.09W+0.07W)3\theta=(4\times300+3\times350+4\times400+3$
  $\times500)\theta$: $W_{c6}=2\,660$[kN]

運動的許容で塑性崩壊機構を総当たりした結果，$W_{c5}=2\,610$ kN が最も小さいので，これが真の塑性崩壊荷重に対する W の値であり，建物全重量 W は 2 610 kN まで許されることになる．節点振分け法ではこれより小さな近似値を与える．

問 7·1 図 7·17(a), (b)に示す集中荷重 P を受ける二つの梁の塑性崩壊荷重を等しくするためには, 二つの梁の全塑性モーメントの割合をいくらにすればよいか.

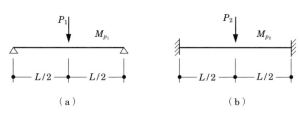

図 7·17

【解答】 二つの梁の塑性崩壊機構は, それぞれ図 7·18 のようになる.

外力仕事と内力仕事が等しい条件から

(a)の場合, $P_1 \times \theta \times L/2 = M_{p1} \times 2\theta$

$$P_1 = 4M_{p1}/L$$

となる.

(b)の場合, $P_2 \times \theta \times L/2 = M_{p2} \times \theta + M_{p2} \times 2\theta + M_{pc} \times \theta$

$$P_2 = 8M_{p2}/L$$

となる.

$P_1/P_2 = 1.0$ とすると, $M_{p1}/M_{p2} = 2$ となる.

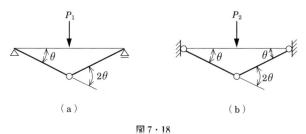

図 7·18

問 7·2 図 7·19(a), (b)に示す柱頭, 柱脚に塑性ヒンジが生じて, 塑性崩壊機構を形成した二つの骨組の, 水平力 H と水平変位 Δ の関係を求めて図示せよ. また, 鉛直荷重 P が骨組の変形挙動に及ぼす影響について考察せよ. ただし, M_{pc} は圧縮力の影響を考慮した全塑性モーメントで $M_{pc} \leqq M_p$ とする.

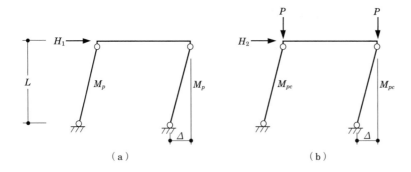

図 7・19

【解 答】 骨組の中の1本の柱について，柱脚でのモーメントの釣合いを考える（図 7・20）．

（a）の場合，$H_1/2 \times L - 2M_p = 0$

$$H_1 = 4M_p/L \cdots\cdots\cdots\cdots\cdots\cdots\cdots\cdots\cdots\cdots\cdots\cdots\cdots (\text{a})$$

（b）の場合，$H_2/2 \times L + P \times \Delta - 2M_{pc} = 0$

$$H_2 = 4M_{pc}/L - 2P\Delta/L \cdots\cdots\cdots\cdots\cdots\cdots\cdots\cdots\cdots (\text{b})$$

H_1，H_2 と Δ の関係は図 7・20（c）のようになる．

P が大きいほど塑性崩壊荷重（水平耐力）H_2 は，$P=0$ のときの H_1 より小さくなり，変形の増加とともに骨組の水平耐力の減少も大きくなる．なお，図中の破線は骨組を弾性体としたときの挙動で，骨組が理想弾塑性体であれば破線から実線に移行して挙動する．

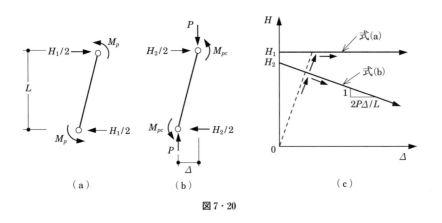

図 7・20

問 7・3　図 7・21 の骨組の塑性崩壊荷重 P を求めよ．ただし，数値は全塑性モーメント M_p〔kN·m〕を表す．

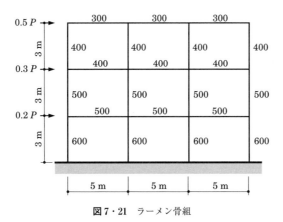

図 7・21 ラーメン骨組

【解 答】

（1） 節点振分け法による場合

図 7·22 を参照のこと.

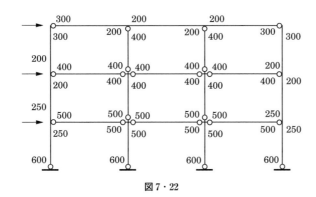

図 7 · 22

・ $Q_{u3} = \dfrac{2(300+200)+2(400+400)}{3} = 867$ 〔kN〕

・ $Q_{u2} = \dfrac{2(200+250)+2(400+500)}{3} = 900$ 〔kN〕

・ $Q_{u1} = \dfrac{2(250+600)+2(500+600)}{3} = 1\,300$ 〔kN〕

・ $P_n = \min\left[\dfrac{867}{0.5} \quad \dfrac{900}{0.5+0.3} \quad 1\,300\right] = 1\,125$ 〔kN〕

（2） メカニズム法による場合

図 7·23 を参照のこと.

・ $m=1$： $0.5P \times 3\theta = (4 \times 300 + 4 \times 400)\theta$： $P_{c1} = 1\,867$ 〔kN〕

・ $m=2$： $(0.5P+0.3P)3\theta = 8 \times 500\theta$： $P_{c2} = 1\,667$ 〔kN〕

・ $m=3$： $(0.5P+0.3P+0.2P)3\theta = 8 \times 600\theta$： $P_{c3} = 1\,600$ 〔kN〕

・ $m=4$： $(2 \times 0.5P+0.3P)3\theta = (2 \times 300 + 8 \times 400 + 4 \times 500)\theta$：

$\qquad P_{c4} = 1\,487$ 〔kN〕

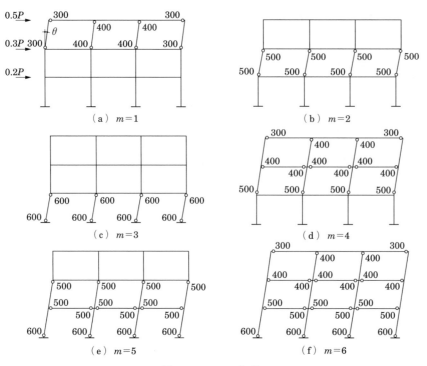

$$(a) \quad m=1$$
$$(b) \quad m=2$$
$$(c) \quad m=3$$
$$(d) \quad m=4$$
$$(e) \quad m=5$$
$$(f) \quad m=6$$

図7・23 メカニズム法

・ $m=5$ ： $(2\times0.5P+2\times0.3P+0.2P)3\theta=(10\times500+4\times600)\theta$ ：

$$P_{c5}=1\,370 \quad [\text{kN}]$$

・ $m=6$ ： $(3\times0.5P+2\times0.3P+0.2P)3\theta=(2\times300+8\times400+6\times500+4$

$$\times600)\theta : P_{c6}=1\,333 \quad [\text{kN}]$$

・ $P_c=\min[P_{c1}, P_{c2}, \cdots, P_{c6}]=1\,333 \quad [\text{kN}]$

参 考 文 献

［ 1 ］ B. G. Neal : The Plastic Methods of Structural Analysis, John Wiley & Sons,
New York （1956）；（邦訳）五十嵐定義，井上一朗：建築構造物の塑性解析法，
丸善（1984）
［ 2 ］ 石川信隆，大野友則：入門・塑性解析と設計法，森北出版（1988）
［ 3 ］ 色部 誠，河角 誠，安達 洋：コンクリート構造物の塑性解析，丸善（1985）
［ 4 ］ 田中 尚：骨組の塑性力学，コロナ社（1973）

引 用 文 献

1） 日本建築学会：鋼構造塑性設計指針（2017）

第8章
軸方向力を受ける部材

▼筋かい材の引張降伏と圧縮座屈（兵庫県南部地震：1995年）

[学習目標]

　建物には，柱材やトラスの構成材，筋かい材など軸方向力のみを受ける部材がある．圧縮力を受ける部材では座屈によって破壊が起こる．引張力を受ける部材では母材が破断するか，あるいは材端の接合部が破壊する．これらの破壊現象を考慮して，部材を安全に設計しなければならない．

　本章では，次のことを学習する．

1. 軸方向力を受ける各種部材の断面形と特徴
2. 引張材の有効断面積と設計法
3. 圧縮材の挙動と曲げ座屈を考慮した設計法
4. 圧縮材の局部座屈に対する幅厚比制限
5. 筋かい材の挙動と材端の保有耐力接合法

8・1　各種引張・圧縮部材の断面形と特徴

1　軸方向力を受ける部材

　鋼構造物内の部材は，一般に軸力と曲げモーメント，せん断力を受けるが，部材の端部がピンのときは，軸方向力のみが部材に作用する．端部をピンとみなせる部材として**図8・1**に示すトラス部材，純**筋かい**構造や骨組中の筋かい，屋根面や床面の剛性を上げるための筋かいやケーブルがあげられる．これらの部材には引張力のみで支えるケーブルを除けば，地震力や風圧力などの繰返し力により引張力と圧縮力が作用する場合が多い．細長い部材の設計では**引張耐力**のみを考え，太短い部材では引張耐力および**圧縮耐力**の両方を設計で考慮する．

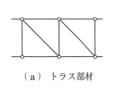 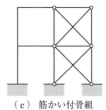

（a）トラス部材　　（b）純筋かい構造　　（c）筋かい付骨組

図8・1　軸方向力を受ける部材

> ⇨**筋かい**
> 　主に地震力や風圧力などの水平力に抵抗させるため骨組内に設ける部材．X型，K型などのさまざまなタイプがあり，一対の部材からなる場合が多い．圧縮力で座屈が生じないように改良された筋かいも実用化されている．
>
> ⇨**耐　力**
> 　抵抗力あるいは最大抵抗力として用いられることが多いが，降伏点が明瞭に生じないときの0.2%の残留塑性ひずみを生じる応力も耐力と呼ぶ．

2　引　張　材

　細長比が大きい軽微な部材は小さい圧縮力で座屈が生じるので，部材の引張抵抗力のみを期待して引張材として設計される．このような引張材として，**図8・2**（a）～（c）に示すような軽微な山形鋼などの形鋼や平鋼，棒鋼が用いられる．部材は単材で使われるほか，大きな引張力が作用するときや2次応力としての曲げモーメントが比較的大きいときには図8・2（d）のように単材を組み合わせて用いる．ただ，最近は加工の手間がかかる組立材に比べて単材が用いられることが多い．

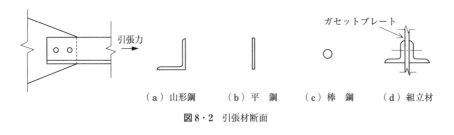

（a）山形鋼　　　（b）平　鋼　　　（c）棒　鋼　　　（d）組立材

図8・2　引張材断面

> ⇨**許容応力度設計**
> 　構造物の部材内の応力度が許容値以下になるようにして，構造物の安全性を確保する設計法であり，現行耐震設計法の1次設計に相当する．固定荷重や積載荷重の常時荷重に対する長期許容応力度設計，常時荷重および地震荷重や風荷重の非常時荷重に対する短期許容応力度設計からなる．

3　圧　縮　材

　軸方向力を受ける部材で圧縮耐力と引張耐力を同時に期待する場合，圧縮力による座屈で部材断面が決まる場合が多い．そこでこのような圧縮材では引張材と

（a）単　材　　　　　　　　　　（b）組立材

図8・3 圧縮材断面

異なり，**軸方向剛性**のみでなく座屈に対する**曲げ剛性**が必要になる．このため圧縮材の断面は引張材に比べて大型となり，**図8・3**のような形鋼，鋼材が単材または**組立材**として用いられる．高層の鋼構造建築物の大規模な筋かいやメガストラクチャーのトラス部材では，軸力のみでなく曲げモーメントが大きくなる場合があり，このような部材は軸力と曲げを受ける部材として設計する必要がある．

⇨組立材
　大きな力が作用する部材断面では，断面せいを大きくして曲げ抵抗力を大きくするとともに，断面積を大きくしてせん断抵抗を大きくする必要がある．H形断面は曲げ，せん断に対する抵抗が大きくかつ鋼材量が少ない有効な断面形である．大きな単材としてのH形鋼を製作できなかった時代では，小さな形鋼を組み合わせて組立材として大断面の部材を製作していた．

4　設　計　法

　弾性設計と呼ばれる**許容応力度設計**では応力度の重ね合せが成立するので，軸力と曲げを受ける部材の設計は，軸力を受ける部材の設計と曲げを受ける部材の設計を組み合わせて行う．8・2，8・3節で述べる軸力を受ける部材の設計法は，第10章の軸方向力と曲げモーメントを受ける柱材の設計でも用いられる．組立材の断面の設計例を図8・3（b）に示すが，組立材の全体の形については類書[1]を参照されたい．

8・2　引張材の挙動と設計

1　引張材の挙動

　部材に引張力が作用するとき，**図8・4（a）**のように部材端部が溶接で十分に接合されていれば，部材は弾性挙動から**塑性挙動**をして最終的に母材の中間で破断を生じるため，靱性のある挙動を示す．一方，部材端部が普通ボルトや高力ボルトで接合されている場合，ボルト孔により部材断面が欠損するため，接合部のボルト孔の位置でまず降伏が生じる．その後，ボルト孔による断面欠損が大きい場合はボルト孔位置で破断し（図8・4（b）），そうでない場合は母材が降伏する（図8・4（c））．部材の大きな**変形能力**を確保するため，現行の耐震設計法では母材の

⇨塑　性
　部材に力を加えて変形が生じた後，力を取り除いても変形が残留する性質を塑性という．残留変形が生じないときの性質は弾性と呼ぶ．塑性変形は金属内部の結晶のすべりや転移によって生じる．
⇨変形能力
　構造物が十分な塑性ヒンジを発生して変形する能力あるいは部材が十分塑性化して変形する能力を指す．最大耐力に達するときまたは最大耐力後定められた量だけ耐力が低下するときの変形を降伏変位で除した塑性率で表すことができる．

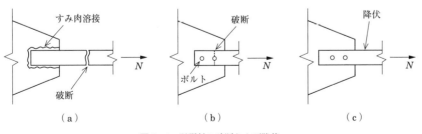

図8・4 引張材の破断および降状

降伏を先行させ，接合部では破断しないように設計することが規定されている．高力ボルトやボルトの中心間距離はその径の 2.5 倍以上とし，縁端距離（ボルト中心から鋼材の縁端部までの最短距離）は建設省（現国土交通省）の告示[2]で定められている．

2 引張材の設計式

日本建築学会「鋼構造許容応力度設計規準」による許容応力度設計では，式(8・1)に示すように，引張材に生じる応力度 σ_t は許容引張応力度 f_t 以下になるように引張材の断面を定める．

$$\sigma_t = \frac{N_t}{A_n} \leqq f_t \tag{8・1}$$

ただし，N_t：引張力

A_n：ボルト孔による欠損を考慮した有効断面積

f_t：F/ν

F：基準強度

ν：安全率＝1.5（長期），1.0（短期）

なお，孔の周囲には**応力集中**により局部的に大きな応力が発生するが，塑性化により応力は均一化されるため，応力集中を設計では考えない．

⇨応力集中

　内部に孔や切欠きがある部材を引張ると，その近傍の応力がそこから離れた場所の応力に比べて著しく大きくなる現象．弾性問題として理論的に最大応力を得ることができる．

3 有効断面積

式(8・1)中の有効断面積 A_n は，ボルト孔の配置形式により式(8・2)および式(8・3)で与えられる．

① 並列配置（碁盤目打ち）

$$A_n = A_g - n\,a_o = A_g - n\,d\,t \tag{8・2}$$

ただし，A_g：ボルト孔を考えない全断面積

a_o：正味欠損断面積

n：一列のボルト孔の数（**図8・5**参照）

d：ボルト孔径

t：板厚

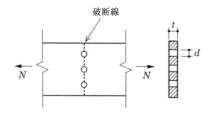

図8・5 有効断面積

② 不規則配置

図8・6に示されるように引張材にボルト孔が不規則に配置される場合，各種の破断線を想定して各々に対する断面積を式(8・3)から計算し，そのうちの最小断

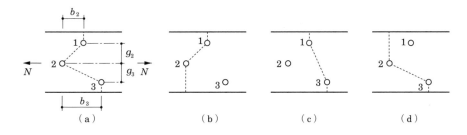

図 8・6　破断線

面積を有効断面積とする.

$$A_n = A_g - \sum a_i \tag{8・3}$$

ここに，$b_i < 0.5g_i$　のとき　　　　$a_i = a_o$

$0.5g_i \leq b_i \leq 1.5g_i$　のとき　$a_i = (1.5 - b_i/g_i)a_o$ $\Big\}$ $\qquad\qquad(8・4)$

$1.5g_i < b_i$　のとき　　　　$a_i = 0$

ただし，i：孔の番号

$\quad a_i$：等価欠損断面積

$\quad b_i$：孔の間隔

$\quad g_i$：ボルト線（ゲージライン）間の距離（ゲージ）

図 8・7 の形鋼の有効断面積は，断面を図のように展開して式(8・3)から得ることができる.

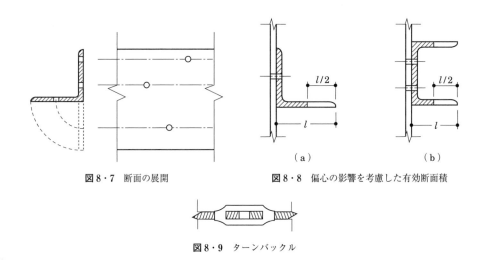

図 8・7　断面の展開　　　　**図 8・8**　偏心の影響を考慮した有効断面積

図 8・9　ターンバックル

4　偏心の影響

　引張材の加力中心である重心位置と抵抗力の中心である接合位置がずれて偏心していると，部材には引張力に加え曲げモーメントが生じる．**図 8・8** のように山形鋼やみぞ形鋼の単材をガセットプレートに取り付けるとき，偏心による曲げモーメントが部材の抵抗力を低下させる．そこで，偏心の影響を考慮して便宜的

に有効断面積から突出脚の1/2の部分を除いた断面で応力度を算定してよい.

5　細長比の制限

　部材の細長比が大き過ぎると自重によるたわみが大きくなり，座屈耐力が低下するため，建築基準法施行令では，圧縮材に対して細長比が主材で200以下になるように，筋かいや2次部材では250以下になるように規定している．一方，引張材に対しても**元たわみ**を防ぐため，同様の細長比制限が望まれる．なお，棒鋼を引張材として有効に働かせるためにたわみをとる必要があり，部材の中間にターンバックル（**図8・9**参照）を設けることが多い.

8・3　圧縮材の挙動と設計

1　圧縮材の挙動

　図8・10(a)の両端ピンの部材の材軸方向に中心圧縮力を加えると，第6章で述べられているように曲げ座屈が生じる．図8・10(b)の部材の座屈強度 σ_{cr} と細長比 λ との関係において示されるように，部材の細長比が大きいときは弾性域で座屈が生じる．そして耐力はほぼ一定のままたわみが増大し，部材中心が塑性化して軸力の低下が生じる．この様子は図8・10(c)の軸力 N-部材中央点の水平変位 δ_h 関係において示されている．一方，部材の細長比が小さいときは，**残留応力**や元たわみなどの影響により部材の応力度が降伏点に達する前に塑性域で座屈が生じる．座屈後，図8・10(c)に示すように耐力は若干増大するが，その後軸力とたわみによる付加曲げモーメント（$P\delta$モーメント）により軸力は低下する.

⇨元たわみ

　部材は，元々持っているたわみ（元たわみ）や載荷点の重心からのずれ（偏心）などの初期不整により，一般に材の中心に力を受けない．この初期不整が力学的挙動に与える影響は，引張材に比べて圧縮材のほうが大きい.

⇨残留応力

　形鋼の製造過程または溶接の熱により生じるひずみを拘束することにより，鋼材内部に生じる応力．降伏点に達している場合もある．圧縮および引張残留応力は，断面全体で釣り合っている自己釣合応力である.

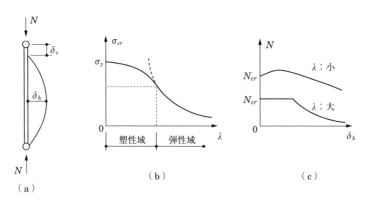

図8・10　圧縮材の座屈挙動

2　圧縮材の設計式

　両端ピンの部材が中心圧縮軸力を受けるときの挙動について述べてきたが，もし端部に拘束がある場合には座屈荷重は上昇し，端部に横移動があるときは低下

する．圧縮材の断面検定のための設計式は，式(8・5)で与えられる．

$$\sigma_c = \frac{N}{A} \leqq f_c \tag{8・5}$$

ただし，σ_c：圧縮応力度

A：全断面積，ボルト孔による欠損は考えない．

f_c：許容圧縮応力度（**図8・11**，**表8・1**，**表8・2** 参照）

ここに，長期応力に対する許容圧縮応力度は式(8・6)，式(8・7)，短期応力に対する許容圧縮応力度は式(8・8)で表される．

$$\lambda \leqq \Lambda \text{ のとき} \quad f_c = \frac{F}{\nu}\left\{1 - 0.4\left(\frac{\lambda}{\Lambda}\right)^2\right\} \tag{8・6}$$

$$\lambda > \Lambda \text{ のとき} \quad f_c = \frac{0.6F}{\frac{13}{6}\left(\frac{\lambda}{\Lambda}\right)^2} = \frac{0.277}{\left(\frac{\lambda}{\Lambda}\right)^2}F \tag{8・7}$$

ただし，ν：安全率 $= \dfrac{3}{2} + \dfrac{2}{3}\left(\dfrac{\lambda}{\Lambda}\right)^2$

Λ：限界細長比 $= \pi\sqrt{\dfrac{E}{0.6F}}$

λ：細長比 $= \dfrac{l_k}{i}$

l_k：座屈長さ

i：断面2次半径

$f_c = 1.5 \times$長期応力に対する許容圧縮応力度 (8・8)

圧縮耐力 σ_{cr}，長期，短期の許容圧縮応力度 f_c と**安全率** ν を図8・11に示す．圧縮耐力の算定の際，細長比として断面の x，y 軸（図8・13(b)参照）に関する値のうち，最大をとる．座屈による部材の抵抗力の低下が大きいことなどを考慮して，圧縮材の安全率 ν は座屈が生じない部材の安全率1.5より大きくとられる．

⇨**安全率**
設計で採用した応力（設計応力）に対する降伏点などの降伏状態における応力の比．設計状態の安全度あるいは余裕度を表す．

3 座 屈 長 さ

座屈長さ l_k の算定の誤りは重大事故につながるので，算定に際しては十分に注意しなければならない．第6章に示されているように，材端の境界条件の違いにより l_k は変化するが，材端の拘束度が明確でないとき設計では安全側に l_k をとらなければならない．

4 補 剛 材

トラスや支柱などの圧縮材の座屈耐力を上げるために，補剛材が用いられる．**図8・12**(a)の圧縮材の座屈荷重を N_{cr} とすると，図8・12(b)のように材の中間部の座屈による移動を補剛材により止めれば，座屈長さが半分になるので弾性座屈荷重は4倍になる．このとき，補剛材は軸力の2%の強度を有するように設計する．筋かいなどにより骨組の水平移動が拘束されている場合，骨組の柱材の座

表 8・1　$F=235\,\mathrm{N/mm^2}$ 鋼材の長期応力に対する許容圧縮応力度 f_c〔$\mathrm{N/mm^2}$〕

（SN400A・B・C, SS400, SM400, STK400, STKR400, SSC400, STKN400, SWH400, $t\leqq 40\,\mathrm{mm}$）[3]

λ	f_c	λ	f_c	λ	f_c	λ	f_c	λ	f_c
1	156	51	134	101	85.1	151	40.9	201	23.1
2	156	52	133	102	84.1	152	40.4	202	22.8
3	156	53	132	103	83.0	153	39.9	203	22.6
4	156	54	132	104	81.9	154	39.3	204	22.4
5	156	55	131	105	80.8	155	38.8	205	22.2
6	156	56	130	106	79.8	156	38.3	206	22.0
7	156	57	129	107	78.7	157	37.8	207	21.7
8	156	58	128	108	77.6	158	37.4	208	21.5
9	155	59	127	109	76.5	159	36.9	209	21.3
10	155	60	126	110	75.5	160	36.4	210	21.1
11	155	61	125	111	74.4	161	36.0	211	20.9
12	155	62	124	112	73.3	162	35.5	212	20.7
13	155	63	124	113	72.3	163	35.1	213	20.5
14	154	64	123	114	71.2	164	34.7	214	20.3
15	154	65	122	115	70.1	165	34.3	215	20.2
16	154	66	121	116	69.1	166	33.8	216	20.0
17	154	67	120	117	68.0	167	33.4	217	19.8
18	153	68	119	118	66.9	168	33.0	218	19.6
19	153	69	118	119	65.9	169	32.7	219	19.4
20	153	70	117	120	64.8	170	32.3	220	19.2
21	152	71	116	121	63.7	171	31.9	221	19.1
22	152	72	115	122	62.7	172	31.5	222	18.9
23	151	73	114	123	61.7	173	31.2	223	18.7
24	151	74	113	124	60.7	174	30.8	224	18.6
25	151	75	112	125	59.7	175	30.5	225	18.4
26	150	76	111	126	58.8	176	30.1	226	18.2
27	150	77	110	127	57.9	177	29.8	227	18.1
28	149	78	109	128	57.0	178	29.4	228	17.9
29	149	79	108	129	56.1	179	29.1	229	17.8
30	148	80	107	130	55.2	180	28.8	230	17.6
31	148	81	106	131	54.4	181	28.5	231	17.5
32	147	82	105	132	53.6	182	28.1	232	17.3
33	146	83	104	133	52.8	183	27.8	233	17.2
34	146	84	103	134	52.0	184	27.5	234	17.0
35	145	85	102	135	51.2	185	27.2	235	16.9
36	145	86	101	136	50.5	186	26.9	236	16.7
37	144	87	100	137	49.7	187	26.7	237	16.6
38	143	88	99.0	138	49.0	188	26.4	238	16.4
39	143	89	98.0	139	48.3	189	26.1	239	16.3
40	142	90	96.9	140	47.6	190	25.8	240	16.2
41	141	91	95.9	141	46.9	191	25.6	241	16.0
42	141	92	94.8	142	46.3	192	25.3	242	15.9
43	140	93	93.7	143	45.6	193	25.0	243	15.8
44	139	94	92.7	144	45.0	194	24.8	244	15.6
45	139	95	91.5	145	44.4	195	24.5	245	15.5
46	138	96	90.5	146	43.8	196	24.3	246	15.4
47	137	97	89.4	147	43.2	197	24.0	247	15.3
48	136	98	88.4	148	42.6	198	23.8	248	15.1
49	136	99	87.3	149	42.0	199	23.5	249	15.0
50	135	100	86.2	150	41.5	200	23.3	250	14.9

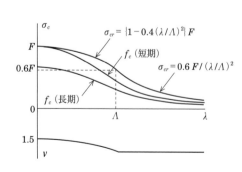

図 8・11　圧縮耐力，許容圧縮応力度および安全率

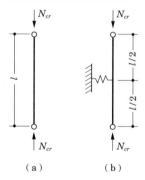

図 8・12　圧縮材の補剛

表8・2 $F = 325 \text{N/mm}^2$ 鋼材の長期応力に対する許容圧縮応力度 f_c〔N/mm²〕
(SN490B・C, SM490, SM490Y, STK490, STKR490, STKN490, $t \leqq 40 \text{mm}$)[3]

λ	f_c	λ	f_c	λ	f_c	λ	f_c	λ	f_c
1	216	51	175	101	91.4	151	40.9	201	23.1
2	216	52	173	102	89.7	152	40.4	202	22.8
3	216	53	172	103	88.0	153	39.9	203	22.6
4	216	54	170	104	86.3	154	39.3	204	22.4
5	216	55	169	105	84.7	155	38.8	205	22.2
6	216	56	167	106	83.1	156	38.3	206	22.0
7	215	57	166	107	81.5	157	37.8	207	21.7
8	215	58	164	108	80.0	158	37.4	208	21.5
9	215	59	163	109	78.6	159	36.9	209	21.3
10	214	60	161	110	77.1	160	36.4	210	21.1
11	214	61	160	111	75.8	161	36.0	211	20.9
12	214	62	158	112	74.4	162	35.5	212	20.7
13	213	63	156	113	73.1	163	35.1	213	20.5
14	213	64	155	114	71.8	164	34.7	214	20.3
15	212	65	153	115	70.6	165	34.3	215	20.2
16	212	66	151	116	69.4	166	33.8	216	20.0
17	211	67	150	117	68.2	167	33.4	217	19.8
18	211	68	148	118	67.0	168	33.0	218	19.6
19	210	69	146	119	65.9	169	32.7	219	19.4
20	209	70	145	120	64.8	170	32.3	220	19.2
21	209	71	143	121	63.7	171	31.9	221	19.1
22	208	72	141	122	62.7	172	31.5	222	18.9
23	207	73	140	123	61.7	173	31.2	223	18.7
24	206	74	138	124	60.7	174	30.8	224	18.6
25	205	75	136	125	59.7	175	30.5	225	18.4
26	205	76	135	126	58.8	176	30.1	226	18.2
27	204	77	133	127	57.9	177	29.8	227	18.1
28	203	78	131	128	57.0	178	29.4	228	17.9
29	202	79	129	129	56.1	179	29.1	229	17.8
30	201	80	128	130	55.2	180	28.8	230	17.6
31	200	81	126	131	54.4	181	28.5	231	17.5
32	199	82	124	132	53.5	182	28.1	232	17.3
33	198	83	122	133	52.8	183	27.8	233	17.2
34	197	84	121	134	52.0	184	27.5	234	17.0
35	196	85	119	135	51.2	185	27.2	235	16.9
36	195	86	117	136	50.5	186	26.9	236	16.7
37	193	87	115	137	49.7	187	26.7	237	16.6
38	192	88	114	138	49.0	188	26.4	238	16.4
39	191	89	112	139	48.3	189	26.1	239	16.3
40	190	90	110	140	47.6	190	25.8	240	16.2
41	189	91	108	141	46.9	191	25.6	241	16.0
42	187	92	107	142	46.3	192	25.3	242	15.9
43	186	93	105	143	45.6	193	25.0	243	15.8
44	185	94	103	144	45.0	194	24.8	244	15.6
45	183	95	101	145	44.4	195	24.5	245	15.5
46	182	96	100	146	43.8	196	24.3	246	15.4
47	181	97	98.4	147	43.2	197	24.0	247	15.3
48	179	98	96.6	148	42.6	198	23.8	248	15.1
49	178	99	94.9	149	42.0	199	23.5	249	15.0
50	176	100	93.2	150	41.5	200	23.3	250	14.9

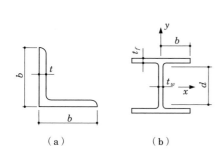

図8・13 幅厚比算定のための寸法

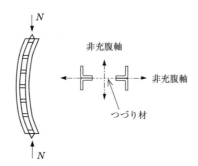

図8・14 組立圧縮材の座屈

屈長さとして階高をとっておけば安全側である．水平移動がある場合は，階高より大きな長さをとる必要がある．骨組の水平移動を拘束する筋かいの強度，剛性は，圧縮力 N の 2% の横力を作用点に加えて設計することにより得ることができる．

5　局　部　座　屈

　圧縮材の断面が薄板で構成されていると，圧縮力により板要素に局部座屈が生じ，抵抗力の低下が生じる．この現象は圧縮材のみならず，軸力と曲げを受ける柱やせん断を受ける部材にも生じ，部材の変形能力に大きな影響を与える．弾性域での局部座屈を防ぐため，板要素の境界条件に応じて式(8·9)により幅厚比 b/t, d/t を制限している[3]．基準強度 F が大きければ，より大きい圧縮応力度に対して局部座屈を防がなければならないため，幅厚比制限がより厳しくなる．

$$
\left.
\begin{aligned}
\text{一端固定・他端自由：} & \frac{b}{t} \leqq 0.53\sqrt{E/F} \quad \text{（H形鋼フランジなど）} \\[6pt]
& \frac{b}{t} \leqq 0.44\sqrt{E/F} \quad \text{（単一山形鋼など）} \\[6pt]
\text{両端支持：} \qquad & \frac{d}{t} \leqq 1.6\sqrt{E/F} \quad \text{（柱のウェブなど）} \\[6pt]
& \frac{d}{t} \leqq 2.4\sqrt{E/F} \quad \text{（梁のウェブ）}
\end{aligned}
\right\}
$$

$$(8 \cdot 9)$$

　ただし，b, d：板要素の幅

　　　　t：板厚（**図 8·13** 参照）

なお，E, F の単位は〔N/mm^2〕である．

　たとえば，SN 400 の H 形鋼フランジの幅厚比の制限値 b/t は 16 であり，柱のウェブの幅厚比制限値 d/t は 48 である．

6　組　立　圧　縮　材

　組立圧縮材の**非充腹軸**回りの座屈荷重（**図 8·14** 参照）は，組立材のせん断変形の影響により，これを考慮しない場合に比べて低下する．この影響は，一体化したときの細長比 λ を式(8·10)により増大することにより考慮される．

$$\lambda_e = \frac{l_k}{i} = \sqrt{\lambda^2 + \frac{m}{2}\lambda_1^2} \tag{8·10}$$

　ただし，λ_e：有効細長比

　　　　m：素材または素材群の数

　　　　λ_1：**つづり材**（**図 8·14** 参照）の形式によって定まる量[3]

⇨**非充腹軸**

　2 個の主軸のうち，断面構成材と交わらない軸を非充腹軸といい，図 8·13（b）の x, y 軸のように断面構成材と交わる軸を充腹軸という．

⇨**つづり材**

　組立圧縮材の弦材をつなぐ部材を指し，帯板，ラチス材，有孔カバープレートなどがある．

8・4 筋かい材の挙動と設計

1 筋かい材の挙動

筋かい材は主に地震力，風圧力などの水平力を負担する部材であり，重要な耐震，耐風要素である．筋かい材は純筋かい構造やトラス構造として用いられたり，ラーメンの中に組み込まれる（**図8·15** 参照）．筋かい単材が圧縮および引張力を繰り返し受けるときの軸力 P-軸変位 δ_v 関係を**図8·16** に示す．筋かい材の細長比が小さいときは，圧縮耐力やループの面積は比較的大きい．しかし，細長比が100程度以上に大きくなると圧縮抵抗力は著しく低下し，変位振幅一定の加力の下でループの面積も極端に小さくなる．引張力，圧縮力に対する筋かい材の設計は，8·2節，8·3節を参照されたい．

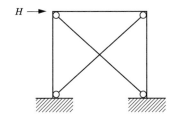

図8·15 ラーメンに組み込まれた筋かい

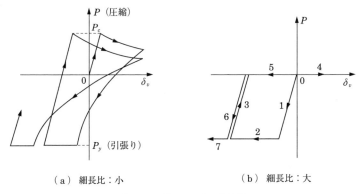

（a）細長比：小　　　　　　（b）細長比：大

図8·16 筋かいの復元力特性

2 保有耐力接合

筋かい材は主に水平力を負担する重要な構造部材であるにもかかわらず，軽微な2次部材とみなされることがあった．そのため不十分な筋かいの接合部の設計がなされ，地震時に筋かいの端部や接合部で破壊する被害が過去の多くの地震で発生した．筋かい材の端部や接合部で破断すると伸び能力がほとんど期待できないため，筋かい端部や接合部が破壊しないことを確かめる規定がある[4]．筋かい材の端部や接合部が破壊する前に母材を降伏させるため，式(8·11)で**保有耐力接**

合の応力検定を行う（ステンレス鋼の場合，1.2 を 1.5 とする）．

$$A_j \sigma_u \geqq 1.2 A_g F \qquad\qquad (8 \cdot 11)$$

ただし，A_j：接合部の有効断面積

σ_u：接合部の材料の破断応力度

A_g：筋かい材の全断面積

F：筋かい材の基準強度

3 破 断 形 式

筋かい材の破断形式として，①筋かい軸部のへりあき破断，②接合部ボルトの破断，③ボルトのはしあき部分の破断，④**ガセットプレート**の破断，⑤溶接部の破断が考えられる（**図 8・17** 参照）．$A_j \sigma_u$ は，これらの破断形式に応じて計算される数値のうち，最小の値をとる．

⇨**ガセットプレート**

部材接合部において，部材をガセットプレートと呼ばれる板を介して接合する．部材とガセットプレートは高力ボルトまたは溶接で接合する．

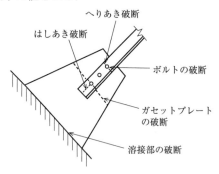

図 8・17 筋かいの破断形式

4 筋かい材の設計

図 8・16 に示したように筋かい材の荷重–変形関係（**復元力特性**）は，逆 S 字

⇨**復元力特性**

筋かいや柱，梁などの部材が繰返し荷重を受けるとき，部材の種類，材の細長比，幅厚比に応じて特有の荷重–変形関係あるいは履歴曲線を示す．この部材特有の履歴挙動を復元力特性という．

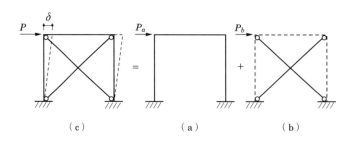

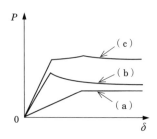

図 8・18 筋かい付骨組の抵抗力

形（スリップ形）を示しており，ループの面積が小さく，耐震性能が劣っている．したがって，終局耐力設計（2次設計）では筋かいを設けた階の筋かいを含めた部材の応力を式(8・12)の数値により割り増して設計を行う[5]．

$$
\left.\begin{array}{l}
\beta \leqq \dfrac{5}{7} \text{ の場合：} 1+0.7\beta \\[2mm]
\beta > \dfrac{5}{7} \text{ の場合：} 1.5
\end{array}\right\} \tag{8・12}
$$

ただし，β：建築物の各階に生じる水平力に対する当該階の筋かいが負担する水平力の比

なお，筋かい付骨組の設計の際，筋かいの剛性と周囲の骨組の剛性の差に注意しておかないと，筋かいと周囲の骨組の抵抗力の和が必ずしも構造物の抵抗力にならない（**図8・18**参照）．

⇨ **逆 S 字形（スリップ形）**
履歴曲線の形状はループと呼ばれる．荷重の増加がほとんどなく変形のみが増大する現象は，すなわち材が滑っている状態は，材がたわんでいる状態を引張るときにみられる．その後，材が真直ぐになると変形の増大とともに荷重も増大する．この間の荷重−変形の形はSを逆さにした形をしている．

5 座屈拘束ブレース

筋かい（ブレース）は，一般に圧縮力を受けると座屈するのに対し，**図8・19**に示すように，心ブレースの回りを拘束材で覆い，心ブレースの座屈を生じさせない座屈拘束ブレースが開発されている。座屈拘束ブレースは，心ブレースと拘束材の付着は絶縁（アンボンド）されている。座屈拘束ブレースは圧縮力に対しても降伏耐力を発揮でき，履歴ループは安定した紡錘形であり（**図8・20**参照），大地震時の揺れなどを抑える制振部材としても利用されている。最近では，心ブレースに，低い降伏点と十分な伸び能力を持つ低降伏点鋼が用いられることが多く，このような座屈拘束ブレースは優れたエネルギー吸収能力および耐震性能を有している。なお，図8・20中の破線の座屈挙動は図8・16を参考にした。

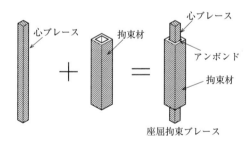

図8・19 座屈拘束ブレース

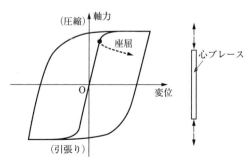

図8・20 履歴ループ

第8章　演習問題

問8·1　図8·21の引張材に長期100 kNの力がかかるとき，引張材の応力検定をせよ．ただし，長期の許容引張応力度を156 N/mm²とする．

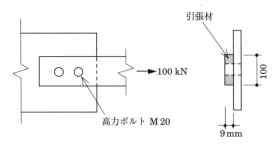

図8·21

【解 答】　高力ボルトM20のボルト孔径を22 mmと仮定する．

引張材の有効断面積　$A_n = 9 \times (100 - 22) = 702\ \text{mm}^2$

引張材の応力度　$\sigma_t = 100 \times 10^3 / 702 = 143\ \text{N/mm}^2$

許容引張応力度　$f_t = 156\ \text{N/mm}^2$

$\qquad \sigma_t < f_t :$ OK

問8·2　長期の引張軸力150 kNを受ける図8·22の組立引張材を2個の山形鋼（SN 400）で設計せよ．使用する高力ボルトはF 10 T -M 16とする．

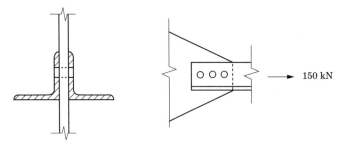

図8·22　組立引張材の設計

【解 答】　①　断面仮定　　偏心が小さいので有効断面積を$0.8 A_g$とする．

$$A_g = \frac{N_t}{0.8 f_t} = \frac{150 \times 10^3\ \text{N}}{0.8 \times 156\ \text{N/mm}^2}$$

$$= 12.0 \times 10^2\ \text{mm}^2$$

2L-65×65×5を仮定（$A_g = 6.37 \times 2 = 12.74\ \text{cm}^2 = 12.74 \times 10^2\ \text{mm}^2$）[3]

②　高力ボルトの本数　　F10T-M16の2面せん断長期許容耐力＝60.3 kN[3]

$$n = \frac{150}{60.3} = 2.49 \to 3\ \text{本}$$

③ 応力検定

$$A_n = A_g - a_1 = 1\,274 - (16 + 2) \times 5 \times 2$$
$$= 1\,094\,[\text{mm}^2]$$

$$\sigma_t = \frac{N_t}{A_n} = \frac{150 \times 10^3}{1\,094} = 137.1 < f_t = 156\,[\text{N/mm}^2] \quad \text{OK}$$

問 8·3 **図 8·23** に示す構造物の弾性座屈荷重 P を求めよ．柱材の断面 2 次モーメントを I，断面積を A，ヤング係数を E とし，梁は剛体とする．

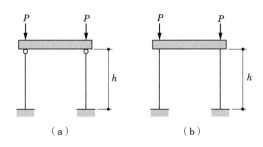

図 8·23

【解 答】

（a） 座屈時，柱頭は水平に移動し，座屈長さは $2h$ である．$P = \pi^2 EI / 4h^2$

（b） 座屈時，柱頭は水平に移動し，座屈長さは h である．$P = \pi^2 EI / h^2$

問 8·4 長期の圧縮軸力 120 kN を受ける長さ 3 m，両端ピン支持の H 形鋼の断面サイズを定めよ（**図 8·24** 参照）．鋼材は SN 400 とし，幅/せい＝1/2 の断面を用いよ．

【解 答】 $\lambda_y = 100$ と仮定する．

$$i_y = \frac{3\,000}{100} = 30\,\text{mm}$$

表 8·1 から $f_c = 86.2\,\text{N/mm}^2$

$$\therefore A_g = \frac{120 \times 10^3}{86.2} = 13.9 \times 10^2\,\text{mm}^2$$

H-200×100×5.5×8 を仮定（$A_g = 26.7 \times 10^2\,\text{mm}^2$, $i_y = 22.4\,\text{mm}$）[3)]

$$\lambda_y = \frac{3\,000}{22.4} = 134$$

$$f_c = 52.0\,\text{N/mm}^2$$

$$\sigma_c = \frac{120 \times 10^3}{26.7 \times 10^2} = 44.9 < 52.0\,\text{N/mm}^2 \quad \text{OK}$$

120 kN

3 m

120 kN

図 8·24 圧縮材の設計

> **問 8·5**　図 8·25 のような長期軸力を受ける柱材の応力検定をせよ. ただし,
> 材質は SN 400, 断面 2 次半径 $i_x = 50$ mm, $i_y = 30$ mm, 断面積 $A = 3000$ mm^2
> とする.

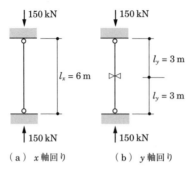

（a）x 軸回り　　　（b）y 軸回り

図 8 · 25

【解 答】

$\quad\quad\quad\quad x$ 軸回り細長比　$\lambda_x = l_x / i_x = 6000/50 = 120$

$\quad\quad\quad\quad y$ 軸回り細長比　$\lambda_y = l_y / i_y = 3000/30 = 100$

　許容圧縮応力度 f_c は, x, y 軸回り細長比のうち, 最大値により得られる.
$\lambda = 120$ のときの f_c は表 8·1 により, $f_c = 64.8$ N/mm^2

　また, $\sigma_c = 1500/3000 = 50$ N/mm^2

$\quad\quad\quad\quad \sigma_c < f_c$: OK

参　考　文　献

［1］　日本建築学会：鋼構造座屈設計指針（2017）
［2］　若林實：鉄骨の設計（増訂 2 版）, 共立出版（1994）
［3］　日本鋼構造協会：わかりやすい鉄骨の構造設計（第三版）, 技報堂出版（2005）
［4］　若林實：鉄骨構造学詳論, 丸善（1985）
［5］　桑村仁：鋼構造の性能と設計, 共立出版（2002）
［6］　井上一朗：建築鋼構造の理論と設計, 京都大学学芸出版会（2003）
［7］　チモシェンコ・ギアー：弾性安定の理論（上）, ブレイン図書（1974）
［8］　STEEL CONSTRUCTION MANUAL（13th Edition）, AISC（2005）

引　用　文　献

1)　日本建築学会：構造用教材, 丸善（2014）
2)　平成 12 年度建設省告示第 1464 号
3)　日本建築学会：鋼構造許容応力度設計規準（2019）
4)　昭和 56 年建設省住宅局建築指導課長通達第 96 号
5)　昭和 55 年建設省告示第 1791 号第 2

第 9 章
曲げモーメントと
せん断力を受ける
梁材

▼曲げモーメントを受けるH形鋼梁の横座屈実験

[学習目標]

　建物を構成する梁材は，荷重・外力に対して，主に曲げモーメントとせん断力で抵抗する．曲げモーメントに対して効果的に抵抗し，また，曲げ変形を小さくするためには，部材の断面2次モーメントは大きいほうがよい．そのため断面は一般に幅に対してせいが大きい形状となる．断面の幅に対してせいが大きいH形鋼などの開断面材は面外の曲げ剛性が小さく，また，ねじれ剛性が閉断面材に比べて著しく小さいため，横座屈が生じやすくなり，耐力と変形能力が低下する．

　本章では，次のことを学習する．

1. 曲げ材に用いられる断面形と特徴
2. 部材断面における曲げ応力とせん断応力の分布形
3. 梁材の挙動と変形能力
4. 横座屈を考慮した設計法

9・1　各種曲げ材の断面形と特徴

1　曲　げ　材

　建築物を構成する部材の中で，主として曲げモーメントとせん断力を受ける部材を梁材という．具体的には，大梁，小梁，工場などのクレーン走行梁，さらには，たるき，母屋，胴縁，根太なども含まれる．**図9・1**には曲げ材の一例として，多層多スパン骨組中の大梁の荷重状態と曲げモーメント図を模式的に示す．図9・1（a）は常時荷重時であり，固定荷重と積載荷重による分布荷重ならびに大梁中央に接続する小梁から伝達される集中荷重を受ける．地震時や暴風時には骨組は水平力も受けることから，常時荷重時曲げモーメントに加え，図9・1（b）の付加曲げモーメントが大梁に作用する．

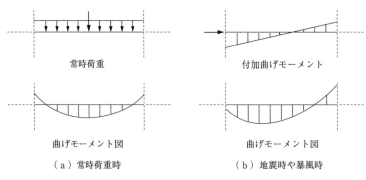

常時荷重	付加曲げモーメント
曲げモーメント図	曲げモーメント図
（a）常時荷重時	（b）地震時や暴風時

図9・1　多層多スパン骨組の梁材に作用する荷重と曲げモーメント

2　曲げ材の断面形

　曲げ材の断面形は多種多様である．支持すべき荷重の大きさ，支持スパンの大きさ，要求される剛性，あるいはデザイン上の条件などからさまざまな断面が採用される．しかし，共通していえることは，同一の鋼材量の下で曲げに対する断面性能を高めるため断面幅に対して断面せいが大きな細長い断面形状となる場合が多いことである．

　図9・2に各種曲げ材の断面形の例を示す．図9・2（a）は**圧延H形鋼**であり，大梁や小梁として多用されるものである．図9・2（b）は鋼板を用いた**溶接組立H形鋼**であり，圧延H形鋼にはない断面寸法の梁材を設計できる．フランジに高張力鋼を用いて曲げ耐力を増大させた**ハイブリッドビーム**も最近では使用されている．図9・2（c）は形鋼梁や溶接組立梁の曲げ強度を増すためにフランジ断面にカバープレートを溶接したタイプである．図9・2（d），（e），（f）のみぞ形鋼，リップみぞ形鋼，山形鋼は主として小梁あるいは母屋や胴縁に使用される．

　図9・2（g）は**ラチス梁**と呼ばれる非充腹の組立梁である．高力ボルトや溶接で組み立てられ，比較的軽微な梁材として用いられる．図9・2（h）は**トラス梁**と呼

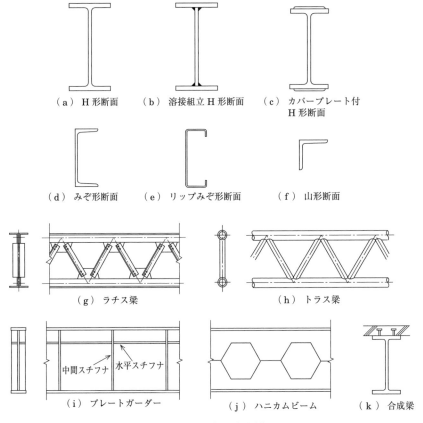

（a）H 形断面　　（b）溶接組立 H 形断面　　（c）カバープレート付 H 形断面

（d）みぞ形断面　　（e）リップみぞ形断面　　（f）山形断面

（g）ラチス梁　　　　　　　（h）トラス梁

中間スチフナ　水平スチフナ

（i）プレートガーダー　　　（j）ハニカムビーム　　（k）合成梁

図 9・2　曲げ材の断面形状

ばれる非充腹組立梁である．弦材や腹材には円形鋼管や角形鋼管が用いられ，弦材と腹材は溶接接合される．軽微な骨組の梁材からスーパーストラクチャーと呼ばれる大規模な骨組の梁材まで幅広く使用される．弦材にはコンクリートを充てんする場合もある．

　図 9・2（i）は**プレートガーダー**と呼ばれる組立梁材である．スパンの大きい梁や，剛性が要求されるクレーン走行梁として用いられることが多い．一般にウェブの幅厚比が大きくなることから，水平スチフナや中間スチフナによって局部座屈に対する補剛を行う．

　図 9・2（j）は H 形鋼のウェブを一定の型に切断し，それをずらして溶接接合した梁であり，梁せいを大きくすることで曲げ耐力を高めたものである．

　図 9・2（k）は形鋼梁と鉄筋コンクリート床板をスタッドを用いて一体化した**合成梁**で，これもよく用いられる．

　その他，最近では図 9・3 に示す**拡幅型**や**ヒューズ型**の変断面 H 形鋼梁が用いられることもある．

3　曲げ材の特徴

曲げ材の断面は，図 9・2 のように，断面幅に比して断面せいが大きく，かつ，

◇**拡幅型およびヒューズ型の梁端を有する変断面梁**

　兵庫県南部地震において梁端接合部破壊が多発したことに鑑み，**図 9・3** に示す拡幅型やヒューズ型といった，梁端を変断面とする接合法が提案されている．これは，梁端に作用する応力度を減らすことによって梁の塑性化領域を梁端から離れた母材に生じさせ，梁端溶接部の塑性化と破断の防止を図ったものである．拡幅型は日本の高層建築に使われることが多く，ヒューズ型は主に米国で使用されている．引用文献 1）に具体的な設計手順と解説が記載されている．

通しダイアフラム
角形鋼管柱
梁端 H 形鋼梁

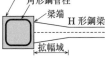
拡幅域
（a）拡幅型の例

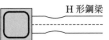
H 形鋼梁
（b）ヒューズ型の例

図 9・3

◇**非充腹材**

　ラチス形式や帯板形式の組立部材やトラス部材のように，ウェブが詰まっていない部材を総称して非充腹材という．一方，圧延 H 形鋼のようにウェブが詰まっている部材のことを**充腹材**という．

137

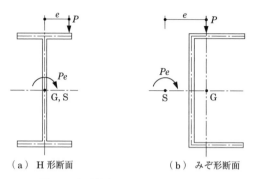

（a）H 形断面　　　　　　　（b）みぞ形断面

図9・4　偏心横力によるねじれモーメント

薄肉の板要素で構成されることが多い．したがって，第6章で解説された**横座屈**や**局部座屈**を起こしやすい．これが曲げ材の大きな特徴であり，曲げ材の耐力や**変形能力**はこれらの座屈現象によって決定されるといっても過言ではない．

　梁材は曲げモーメントとせん断力を受けるが，**図9・4**のように，荷重 P が**せん断中心 S** に対して偏心載荷となることもある．この場合，梁材にはせん断中心 S に大きさ Pe のねじりモーメントが作用し，ねじれ変形を伴うことになる．図中のみぞ形断面のように，断面重心 G とせん断中心 S の位置が異なる断面では，せん断中心位置の確認が必要である．

　曲げ材には耐力や変形能力だけでなく，**剛性**も要求される．これは，剛性が不足することによって生じる梁材の変形が壁材や屋根材などの2次部材に過度の変形を与え，それらの剥離や破壊を助長しかねないこと，ならびに居住性に大きく影響する床の振動特性に関係するためである．このため，現行の設計体系では梁材のたわみの検定が義務づけられている．

断面内に生じるせん断応力の合力がある特定の点を通る場合にのみ部材はねじれない．このような点をせん断中心という．これは断面に固有のものであることから固有ねじり中心ともいう．図9・4（a）の H 形断面のような2軸対称断面においては断面重心位置とせん断中心位置は一致するが，図9・4（b）のみぞ形断面のような1軸対称断面では一致しない．したがって，後者の場合，図9・4のように主軸方向に作用する荷重の作用線が断面重心を通っても，せん断中心を通らない場合には曲げ変形のほかにせん断中心回りのねじれ変形を伴うことになる．

9・2　断面の応力分布

1　1軸曲げを受ける梁断面の応力

　大梁をはじめとする多くの梁材は強軸回りの曲げモーメントを受ける1軸曲げの状態にある．梁材の応力 σ–ひずみ ε 関係をひずみ硬化を無視した**図9・5**のバイリニア型に仮定すると，**図9・6**（a）のように曲げモーメント M を受ける H 形梁断面の応力分布は図9・6（b），（c）のようになる．図9・6（b）は断面の全域のひずみが弾性範囲にある場合であり，断面の圧縮側の縁応力 ${}_c\sigma_b$ と引張側の縁応力 ${}_t\sigma_b$ はそれぞれ式（9・1）で与えられる．

$$
{}_c\sigma_b=\frac{M}{Z_c}\ ,\ \ {}_t\sigma_b=\frac{M}{Z_t} \tag{9・1}
$$

ただし，Z_c, Z_t：圧縮側と引張側の断面係数

　図9・6（c）は最外縁のひずみが降伏ひずみ ε_y より大きくなり，降伏域が現れる弾塑性状態である．曲率が無限大の場合を想定すると応力分布は図9・6（d）の

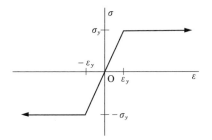

図9・5 応力度-ひずみ度関係

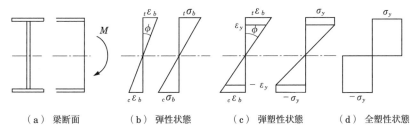

（a）梁断面　　　　（b）弾性状態　　　　（c）弾塑性状態　　　　（d）全塑性状態

図9・6 曲げ応力の分布

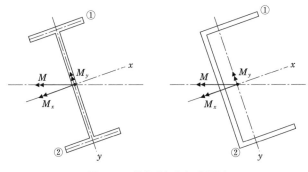

図9・7 2軸曲げを受ける梁断面

ようになり，第7章で解説された全塑性モーメントの応力状態を表す全塑性状態
となる．

2 2軸曲げを受ける梁断面の応力

前述のように多くの梁材は1軸曲げを受ける場合がほとんどであるが，図9・7
に示すように外力モーメント M の作用軸が断面主軸と一致しない場合がある．
このような場合には，梁材は2軸曲げを受けることになる．図のように二つの主
軸回りに作用する曲げモーメントを M_x と M_y とするとき，梁断面の最大圧縮応
力 $_c\sigma_{\max}$ と最大引張応力 $_t\sigma_{\max}$ はそれぞれ①点と②点に生じ，式(9・2)，式(9・3)
で与えられる．

$$_c\sigma_{\max} = {}_c\sigma_{bx} + {}_c\sigma_{by} \tag{9・2}$$

$$_t\sigma_{\max} = {}_t\sigma_{bx} + {}_t\sigma_{by} \tag{9・3}$$

ここで

$$_c\sigma_{bx} = \frac{M_x}{Z_{c_x}}, \quad {}_c\sigma_{by} = \frac{M_y}{Z_{c_y}}, \quad {}_t\sigma_{bx} = \frac{M_x}{Z_{t_x}}, \quad {}_t\sigma_{by} = \frac{M_y}{Z_{t_y}} \tag{9・4}$$

ただし，Z_{cx}, Z_{tx}：圧縮側と引張側の x 軸に関する断面係数

　　　　Z_{cy}, Z_{ty}：圧縮側と引張側の y 軸に関する断面係数

3　せん断応力分布

梁材が図 9·8 に示すように，断面の主軸である y 軸方向のせん断力 Q_y を受けるときの**せん断応力分布**は式 (9·5) で求められる．ただし，この式は，せん断応力は板厚中心線に平行に作用し，かつ，一般に用いられる梁材断面の板厚は薄いことからせん断応力は板厚方向に一定に分布するとの仮定の下に得られたものである．

$$\tau(s) = \frac{Q_y}{I_x t(s)} \int_0^s \{yt(s)\} ds \qquad (9 \cdot 5)$$

ここに，s は図 9·8 に示すように，断面の一端 o 点に原点を持ち，板厚中心線に沿ってとった座標系であり，I_x は x 軸に関する断面 2 次モーメント，$t(s)$ は座標 s 点の板厚である．

この式より，**2 軸対称断面**である H 形断面と **1 軸対称断面**であるみぞ形断面のせん断応力分布を求めると**図 9·9** のようになる．せん断力の大部分はウェブによって分担されることがわかる．最大せん断応力 τ_{max} は両断面とも図 9·9 の記号を使うと式 (9·6) で表せる．

$$\tau_{max} = \frac{Q_y}{I_x} \left(\frac{bh}{2} \cdot \frac{t_f}{t_w} + \frac{h^2}{8} \right) \qquad (9 \cdot 6)$$

2 軸方向のせん断力 Q_x と Q_y を受ける場合には，それぞれについて式 (9·5) を適用すればよい．

なお，9·1 節 3 項で述べたようにせん断中心 S の位置は，2 軸対称断面である H 形断面の場合には断面重心 G と一致するが，1 軸対称断面であるみぞ形鋼の場合には図 9·9 (b) に示すように，x 軸上の点 C から式 (9·7) の距離 e だけ離れた位置となる．

$$e = \frac{3b^2 t_f}{6bt_f + ht_w} \qquad (9 \cdot 7)$$

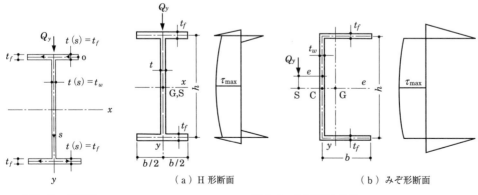

図 9·8　s 座標系　　　　　　　　　　**図 9·9**　せん断応力分布

（a）H 形断面　　　　　　（b）みぞ形断面

9・3　梁 材 の 挙 動

1　梁材の挙動に影響を及ぼす要因

　梁材の挙動に影響を及ぼす要因としては，断面形，断面の板要素の幅厚比，弱軸回りの細長比などの部材の形状，梁材両端の支持条件や中間の横座屈拘束条件，外力モーメントや分布横荷重などの外力条件，残留応力や部材の元たわみなどの初期不整，そして鋼材の機械的性質などがあげられる．これらの要因が相互に複雑に影響し合うため，梁材の弾塑性域にわたる挙動を定量的に把握することは容易ではない．

2　梁材の横座屈

　図9・10 に示すように，梁材が強軸回りに曲げモーメントを受けるとねじれ変形を伴う構面外座屈変形が生じる可能性がある．これが第6章で解説された横座屈と呼ばれる不安定現象である．

　図9・11 に両端に等曲げモーメントを受ける単純支持梁の挙動を模式的に示す．曲線①は梁材に横座屈が生じない場合の挙動を表すもので，最大モーメントが梁断面の全塑性モーメント M_p に到達し，変形能力に優れた挙動を示す．これに対し，曲線②は M_p には達するものの，横座屈の発現によって耐力が低下する場合である．梁材の弱軸回りの細長比が大きくなると曲線③のように弾性範囲で横座屈が生じ，耐力として M_p を期待できないだけでなく，変形能力もほとんど期待できない場合もある．このように，**横座屈現象**は梁材の構造性能を決定づける重要な不安定現象である．

　図9・12 と図9・13 は梁材の横座屈実験結果[2] である．図9・12 は，弱軸回りの細長比 λ_y が 60 の H 形鋼単純梁が，両材端で等曲げを受ける場合と一端曲げを受ける場合の実験を行い，モーメント勾配の影響を調べたものである．等曲げ梁がモーメント勾配のある梁よりも最大耐力と変形能力が小さくなることがわかる．

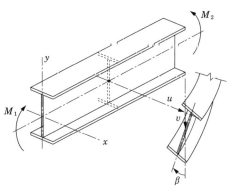

図 9・10　梁材の横座屈

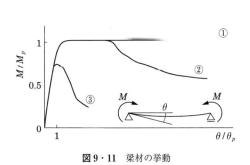

図 9・11　梁材の挙動

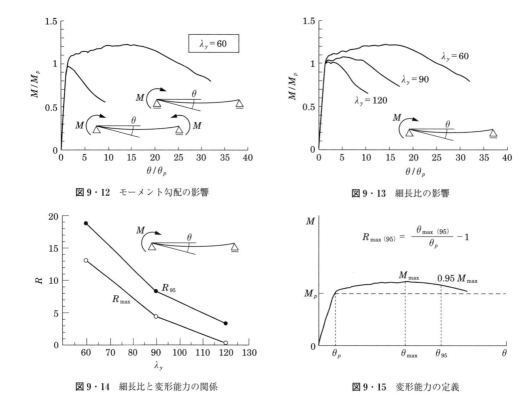

図 9・12　モーメント勾配の影響

図 9・13　細長比の影響

図 9・14　細長比と変形能力の関係

図 9・15　変形能力の定義

　図 9・13 は一端曲げを受ける H 形鋼単純梁において弱軸回りの細長比の影響を調べた結果である．図より，細長比が大きくなるほど最大耐力と変形能力が小さくなることがわかる．**図 9・14** には図 9・13 の結果より得られた変形能力 R_{max} と R_{95} をまとめて比較している．変形能力の定義は**図 9・15** に示すとおりである．細長比の違いにより変形能力に大きな差があることがわかる．

　モーメント勾配や細長比以外の要因によっても梁材の挙動は大きな影響を受ける．鋼構造座屈設計指針[3)] や鋼構造限界状態設計指針・同解説[4)] にはさまざまな荷重条件や支持条件における横座屈耐力式や変形能力評価式が示されている．

3　繰返し曲げを受ける梁材の挙動

　鋼構造骨組の耐震性を確保するためには梁材の繰返し荷重下の挙動を把握しておくことが重要となる．**図 9・16** は弱軸回りの細長比が 120 の H 形鋼片持梁の繰返し載荷実験結果を示す．梁の固定端側は構面内と構面外の曲げ，ならびにねじれ変形に対して固定支持，自由端側は構面外曲げに対しては単純支持，ねじれに対しては固定支持されている．図中の H_p は固定端モーメントが梁材の全塑性モーメント M_p となるときの荷重である．最初のサイクルの載荷時には固定端近傍のフランジに局部座屈が発生し，変位 27 mm でわずかに横座屈変形が発生する．以後はこの変位で正負交番の定変位振幅繰返し載荷を行っている．2 サイクル目までは耐力の上昇がみられるが，3 サイクル以降は横座屈変形がわずかに増加していき，それに伴って耐力は若干低下する．しかし，40 サイクル目では横

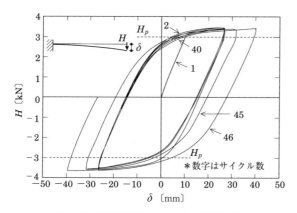

図 9・16 変位振幅 27mm の場合の繰返し挙動

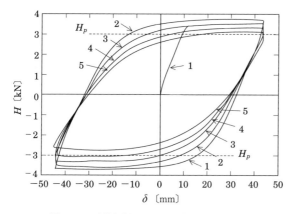

図 9・17 変位振幅 43mm の場合の繰返し挙動

座屈変形の増加はなくなり，荷重変形関係のループは収れんする．

　図 9・17 も同様の実験であるが，第 1 サイクル載荷時に局部座屈が発生した後，横座屈変形がある程度大きくなる変位 43 mm を定変位振幅とした場合の結果である．この場合には前例とは異なり，繰返し数の増加に伴う横座屈変形の増分が大きいため耐力は 1 サイクルごとに低下していく．このように，梁材の繰返し曲げ挙動には耐力を維持できる限界変位振幅が存在するが，これを種々の要因の影響を考慮し，定量的に評価することは難しい問題である．

9・4 梁 材 の 設 計

1 梁材の許容曲げ応力度

　強軸回りの曲げモーメントを受ける H 形鋼梁材は横座屈を生ずるおそれがあることから，鋼構造許容応力度設計規準[5] では梁材断面の圧縮側の許容曲げ応力度 f_b を以下のように与えている．

$$\lambda_b \leqq {}_p\lambda_b \text{ のとき } \quad f_b = \frac{F}{\nu} \tag{9・8}$$

$${}_p\lambda_b<\lambda_b\leqq{}_e\lambda_b \text{ のとき } f_b=\frac{\left\{1-0.4\dfrac{\lambda_b-{}_p\lambda_b}{{}_e\lambda_b-{}_p\lambda_b}\right\}F}{\nu} \tag{9・9}$$

$${}_e\lambda_b<\lambda_b \text{ のとき } f_b=\frac{1}{\lambda_b{}^2}\frac{F}{2.17} \tag{9・10}$$

ここに，F は**基準強度**，λ_b は降伏モーメント M_y に対する曲げ材の**基準化細長比**であり，M_y と弾性横座屈モーメント M_e を用いて次式で与えられる．

$$\lambda_b=\sqrt{\frac{M_y}{M_e}} \tag{9・11}$$

$$M_y=F\cdot Z \tag{9・12}$$

$$M_e=C\sqrt{\frac{\pi^4EI_y\cdot EI_w}{l_b{}^4}+\frac{\pi^2EI_y\cdot GJ}{l_b{}^2}} \tag{9・13}$$

ただし，l_b は圧縮フランジの支点間距離（補剛区間長）であり，たとえば**図9・18**のような架構の場合には図中の l_b がこの長さに対応する．なお，式(9・13)中の断面諸量は第6章6・2節を参照されたい．

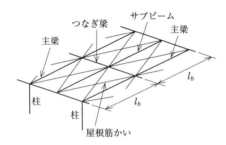

図9・18　横補剛支点間長 l_b

${}_e\lambda_b$ は**弾性限界細長比**であり，次式で与えられる．

$${}_e\lambda_b=\frac{1}{\sqrt{0.6}} \tag{9・14}$$

${}_p\lambda_b$ は**塑性限界細長比**，C は材軸方向に曲げモーメントが変化する場合の弾性横座屈モーメントの補正係数であり，これらは下式で与えられる．ただし，M_1 と M_2 は，それぞれ座屈区間端部におけるモーメントの大きいほうと小さいほうの強軸まわりの曲げモーメントであり，M_2/M_1 の正負は**図9・19**に従う．

ⅰ）補剛区間内で曲げモーメントが直線的に変化する場合ならびに補剛区間内の最大曲げモーメント $|M_0|$ が $|M_1|$ よりも小さい場合

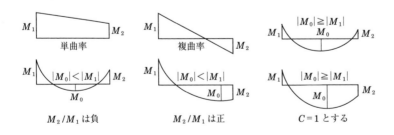

図9・19　M_2/M_1 の符号と C の値

$$_b\lambda_b=0.6+0.3\left(\frac{M_2}{M_1}\right) \qquad (9 \cdot 15)$$

$$C=1.75+1.05\left(\frac{M_2}{M_1}\right)+0.3\left(\frac{M_2}{M_1}\right)^2\leq2.3 \qquad (9 \cdot 16)$$

ⅱ）補剛区間内で曲げモーメントが最大となる場合

$$_b\lambda_b=0.3 \qquad (9 \cdot 17)$$

$$C=1.0 \qquad (9 \cdot 18)$$

式(9·8)と式(9·9)中の ν は安全率であり，次式とする．

$$\nu=\frac{3}{2}+\frac{2}{3}\left(\frac{\lambda_b}{_e\lambda_b}\right)^2 \qquad (9 \cdot 19)$$

式(9·8)〜(9·10)は横座屈のおそれのある梁材の圧縮側の許容曲げ応力度であり，引張側の許容曲げ応力度は，許容引張応力度 f_t とおくことができる．鋼管や箱形断面材および荷重面内に対称軸を有し，弱軸曲げを受ける梁材は横座屈のおそれはないので，圧縮側および引張側の許容曲げ応力度を f_t とおくことができる．

2 充腹梁材の設計

幅厚比の制限[5) を満足する各種形鋼や溶接組立梁ならびにプレートガーダーなどの充腹梁材の曲げ応力の検定は式(9·20)，式(9·21)によって行う．

・1軸曲げの場合

$$圧縮側：_c\sigma_b\leq f_b，\quad 引張側：_t\sigma_b\leq f_t \qquad (9 \cdot 20)$$

・2軸曲げの場合

$$圧縮側：\frac{_c\sigma_{bx}}{f_{bx}}+\frac{_c\sigma_{by}}{f_{by}}\leq1，\quad 引張側：\frac{_t\sigma_{bx}+_t\sigma_{by}}{f_t}\leq1 \qquad (9 \cdot 21)$$

ここに，$_c\sigma_b$，$_t\sigma_b$ は式(9·1)，$_c\sigma_{bx}$，$_c\sigma_{by}$，$_t\sigma_{bx}$，$_t\sigma_{by}$ は式(9·4)で求められる曲げ応力であり，f_{bx}，f_{by} はそれぞれ $_c\sigma_{bx}$，$_c\sigma_{by}$ に対応する許容曲げ応力度である．ただし，断面係数は引張側のボルト孔を控除して求めなければならない．引張側の孔を控除するときは，これに対応する圧縮側の孔を控除してもよい．

せん断応力は式(9·6)で与えられる最大せん断応力 τ_{max} を用いて式(9·22)で検定する．

$$\tau_{max}\leq f_s \qquad (9 \cdot 22)$$

ただし，f_s：許容せん断応力度

H形断面の場合には，せん断応力の大部分がウェブにほぼ均等に作用するとみなせることから，式(9·23)で検定してもよい．

$$\frac{Q}{A_w}\leq f_s \qquad (9 \cdot 23)$$

ただし，A_w：ウェブ断面積

3 梁材の終局曲げ耐力

一般的に使用される H 形断面梁の終局曲げ耐力は，梁部材全体の横座屈かフ

H 形鋼

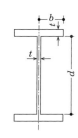

溶接組立 H 形断面

角形鋼管

溶接組立箱形断面

円形鋼管

145

ランジやウェブ板要素の局部座屈，あるいはこれらの連成座屈で決定される．これらのうち，ここでは横座屈によって決定される終局曲げ耐力式（横座屈耐力式）を示す．下式は鋼構造塑性設計指針[6]で与えられている横座屈耐力式である．

$$\lambda_b \leqq {}_p\lambda_b \qquad \text{のとき} \qquad M_{cr}=M_P \qquad\qquad (9 \cdot 24)$$

$$_p\lambda_b < \lambda_b \leqq {}_e\lambda_b \qquad \text{のとき} \qquad M_{cr}=\left(1.0-0.4\cdot\frac{\lambda_b-{}_p\lambda_b}{{}_e\lambda_b-{}_p\lambda_b}\right)\cdot M_P \qquad (9 \cdot 25)$$

$$_e\lambda_b < \lambda_b \qquad\qquad \text{のとき} \qquad M_{cr}=\frac{1}{\lambda_b{}^2}\cdot M_P \qquad\qquad (9 \cdot 26)$$

ただし，$\lambda_b=\sqrt{M_p/M_e}$

$$_e\lambda_b=1/\sqrt{0.6}$$

$$_p\lambda_b=0.6+0.3\cdot\kappa$$

$$M_e=C_b\sqrt{\frac{\pi^2 EI_y\cdot GJ}{l_b{}^2}+\frac{\pi^4 EI_y\cdot EI_W}{{}_kl_b{}^4}}$$

$$C_b=1.75+1.05\cdot\kappa+0.3\cdot\kappa^2 \leqq 2.3$$

上式で M_{cr} は横座屈耐力，λ_b は横座屈細長比，${}_e\lambda_b$ は**弾性限界細長比**，${}_p\lambda_b$ は塑性限界細長比，κ は材両端または横座屈補剛端の曲げモーメント比 $=M_2/M_1$，（$|M_1|\geqq|M_2|$ かつ複曲率曲げのときを正とする．）M_P は全塑性モーメント，M_e は弾性横座屈モーメント，l_b は材長または横座屈補剛間長さ，${}_kl_b$ は材端および補剛点の支持状態に応じて算定される長さであり，ここでは ${}_kl_b=l_b$ とする．C_b はモーメント係数であり，横座屈補剛区間内で曲げモーメントが直線的に変化する場合の略算式．

なお，断面諸量に関しては第 6 章 6・2 節を参照されたい．

4　補剛材の設計

H 形鋼梁材の横座屈曲げ耐力は，式(9・8)〜(9・10)の許容曲げ応力度式と式(9・24)〜(9・26)の横座屈耐力式からわかるように，**横補剛間隔**（横座屈補剛間長さ）l_b の影響を受ける．また，梁材の変形能力にも横補剛間隔が影響する．そこで，建築物の構造関係技術基準解説書[7]では，複曲率曲げを受ける梁材の横補剛間隔を以下の二つのどちらかの方法で設定することとしている．

① 梁材全長にわたって均等間隔で横補剛を設ける場合

400 N 級：$\lambda_y \leqq 170+20n$ $\qquad\qquad\qquad (9 \cdot 27)$

490 N 級：$\lambda_y \leqq 130+20n$ $\qquad\qquad\qquad (9 \cdot 28)$

ただし，λ_y：梁材の弱軸まわりの細長比（$=l/i_y$）

　　　　　l：梁全長

　　　　　i_y：梁断面の弱軸まわりの断面二次半径

　　　　　n：横補剛の箇所数

② 梁端部の塑性ヒンジを含む区間に横補剛を設ける場合

400 N 級：$\dfrac{l_b\cdot H}{A_f} \leqq 250$ 　かつ 　$\dfrac{l_b}{i_y} \leqq 65$ $\qquad\qquad (9 \cdot 29)$

⇨ 第 13 章「ラーメンの設計」における梁材の終局曲げ耐力

式(9・24)，式(9・25)式(9・26)で与えられる横座屈耐力式で算定される．13 章で設計される梁のすべてが，式(9・24)の条件式を満足するため，終局曲げ耐力は全塑性モーメントで与えられる結果となっている．

$$490\,\text{N 級}:\frac{l_b\cdot H}{A_f}\leqq 200 \quad かつ \quad \frac{l_b}{i_y}\leqq 50 \tag{9・30}$$

なお，上記②の場合に対して，鋼構造塑性設計指針[6]では横補剛端の曲げモーメント値を考慮した式が別途与えられている．

上述の横補剛間隔を実現するためには，横補剛材に横座屈防止効果を発揮するための剛性と強度が要求される．第6章で述べられているように，横補剛材はH形断面圧縮フランジの構面外変形が拘束できるように設けることが肝要であり，その場合の補剛モデルは**図9・20**のように表すことができる．この補剛材に要求される強度Fと剛性kを，鋼構造許容応力度設計規準[5]の解説では下式で与えている．これは，梁材の横座屈を圧縮側断面の曲げ座屈現象と捉え，圧縮材の支点補剛の考え方を適用して導かれた式である．

$$F\geqq 0.02\frac{M_c}{h} \tag{9・31}$$

$$k\geqq 4\frac{M_c}{l_b\cdot h} \tag{9・32}$$

ただし，M_c：補剛材を設けた梁材の許容曲げ耐力（$=f_b\cdot Z$）

Z：断面係数

h：梁のせい

一方，鋼構造塑性設計指針[6]では梁材端塑性ヒンジの回転容量を確保する意味から，鋼構造設計規準より若干大きくなる下式を与えている．ここに，F_uは横座屈補剛材の耐力，Cは梁断面に生じる曲げ応力による圧縮側合力であり，全塑性モーメントに達する塑性ヒンジ部では式(9・35)となる．σ_yは梁の降伏応力度，Aは梁の全断面積である．

$$F_u\geqq F=0.02C \tag{9・33}$$

$$k\geqq 5\frac{C}{l_b} \tag{9・34}$$

$$C=\frac{\sigma_y\cdot A}{2} \tag{9・35}$$

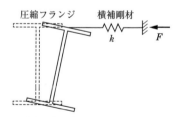

図9・20 圧縮側フランジ補剛モデル

実建築構造物においては，**図9・21**に示すように，上フランジが鉄筋コンクリート構造床スラブとスタッドで緊結された合成梁を形成することが多い．このような梁においては上フランジが圧縮となっても，床スラブによって横補剛に必要となる剛性と強度が十分な大きさで連続的に確保されていると考えられる場合は，上フランジに対する補剛材を別途設ける必要はない．一方，同図で下フランジが

圧縮となる場合は下フランジの横補剛が必要となるが，引用文献8)では，床スラブが存在しない場合も含め，ガセットプレートを介して接合される小梁を下フランジ横補剛材として利用する検討方針と検討事例が示されている．また，下フランジの横補剛法として，**図9·22** に示すように束材を用いる方法もある．この場合の補剛設計法は，鋼構造塑性設計指針6) に設計例が解説されている．

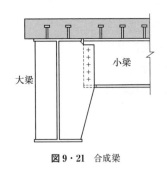

図9·21 合成梁

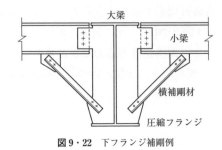

図9·22 下フランジ補剛例

5 非充腹梁材の設計

トラス梁などの非充腹梁材の検定は，トラス材として応力を解析して取り扱う場合と充腹梁材に準じる方法とがある．後者の場合，弦材の曲げ応力度は，上下弦材を一体とみなして断面係数を算定し，式(9·1)で求める．許容曲げ応力度 f_b は圧縮弦材の構面外座屈長さに対して求めた許容圧縮応力度 f_c を用いる．ただし，弦材の応力が節点間ごとに変化する場合の構面外座屈長さは，軸力が変化するトラス弦材の座屈長さ式5) を用いてよい．腹材はせん断力の釣合いからその軸力を求め，引張材あるいは圧縮材として設計する．腹材の座屈長さは通常，節点間距離とする．

6 たわみの制限

鋼構造許容応力度設計規準5) では梁のたわみによる構造的な障害と使用上の障害を考慮し，たわみ δ の制限値を次式で与えている．なお，手動・電動クレーン走行梁ならびに母屋や胴縁の制限値に関しては鋼構造許容応力度設計規準を参照されたい．

① 一般の梁材：$\delta/l \leqq 1/300$

② 片持梁：$\delta/l \leqq 1/250$

第9章　演習問題

問 9・1　図 9・23（a）〜（d）に示すような4種類の強軸まわりの曲げモーメントを受けるH形鋼梁がある. 断面をH −400×200×8×13とするとき, それぞれの曲げ応力分布に対する長期許容曲げ応力度 f_b を求め, （a）〜（c）に対しては長期許容曲げ耐力 $M_1(=f_b Z_x)$, （d）に対しては $M_0(=f_b Z_x)$ を算定せよ. ただし, 横補剛区間長 l_b は6m, 使用鋼材は SN 400, ヤング係数 $E=205\,000$ N/mm², せん断弾性係数 $G=79\,000$ N/mm² とする.

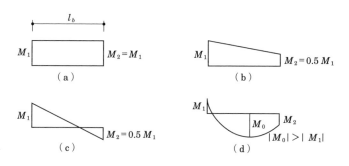

図 9・23　曲げモーメント分布

【解 答】　（1）　許容曲げ応力度 f_b の算定

式（9・12）より $M_y=235\times1\,170\times10^3=2.75\times10^8$ N·mm

式（9・13）より（付録3（5）H形鋼の断面特性表を参照）

$$M_e=C\sqrt{\frac{\pi^4\cdot205\,000^2\cdot1\,740\cdot10^4\cdot651\,000\cdot10^6}{6\,000^4}+\frac{\pi^2\cdot205\,000\cdot1\,740\cdot10^4\cdot79\,000\cdot35.9\cdot10^4}{6\,000^2}}$$

$$=2.52\times10^8\cdot C[\text{N·mm}]$$

式（9・14）より $_e\lambda_b=\dfrac{1}{\sqrt{0.6}}=1.29$

（a）の場合：

$$\frac{M_2}{M_1}=-1$$

$$\therefore {}_p\lambda_b=0.6+0.3\cdot(-1)=0.3$$

$$C=1.75+1.05\cdot(-1)+0.3\cdot(-1)^2=1<2.3$$

$$\therefore M_e=2.52\times10^8\,\text{N·mm}$$

$$\therefore \lambda_b=\sqrt{\frac{M_y}{M_e}}=\sqrt{\frac{2.75\times10^8}{2.52\times10^8}}=1.04$$

$$\therefore {}_p\lambda_b<\lambda_b<{}_e\lambda_b \text{ より}$$

$$\nu = \frac{3}{2} + \frac{2}{3}\left(\frac{1.04}{1.29}\right)^2 = 1.93$$

$$f_b = \frac{\left\{1 - 0.4\dfrac{1.04 - 0.3}{1.29 - 0.3}\right\}235}{1.93} = 85.4\,\text{N/mm}^2$$

（ b ）の場合：

$$\frac{M_2}{M_1} = -0.5$$

$$\therefore {}_p\lambda_b = 0.6 + 0.3 \cdot (-0.5) = 0.45$$

$$C = 1.75 + 1.05 \cdot (-0.5) + 0.3 \cdot (-0.5)^2 = 1.3 < 2.3$$

$$\therefore M_e = 1.3 \times 2.52 \times 10^8 = 3.28 \times 10^8\,\text{N·mm}$$

$$\therefore \lambda_b = \sqrt{\frac{2.75 \times 10^8}{3.28 \times 10^8}} = 0.916$$

$$\therefore {}_p\lambda_b < \lambda_b < {}_e\lambda_b \ \text{より}$$

$$\nu = \frac{3}{2} + \frac{2}{3}\left(\frac{0.916}{1.29}\right)^2 = 1.84$$

$$f_b = \frac{\left\{1 - 0.4\dfrac{0.916 - 0.45}{1.29 - 0.45}\right\}235}{1.84} = 99.4\,\text{N/mm}^2$$

（ c ）の場合：

$$\frac{M_2}{M_1} = 0.5$$

$$\therefore {}_p\lambda_b = 0.6 + 0.3 \cdot 0.5 = 0.75$$

$$C = 1.75 + 1.05 \cdot 0.5 + 0.3 \cdot 0.5^2 = 2.35 > 2.3$$

$$\therefore C = 2.3$$

$$\therefore M_e = 2.3 \times 2.52 \times 10^8 = 5.80 \times 10^8\,\text{N·mm}$$

$$\therefore \lambda_b = \sqrt{\frac{2.75 \times 10^8}{5.80 \times 10^8}} = 0.689$$

$$\therefore \lambda_b < {}_p\lambda_b \ \text{より}$$

$$\nu = \frac{3}{2} + \frac{2}{3}\left(\frac{0.689}{1.29}\right)^2 = 1.69$$

$$f_b = \frac{235}{1.69} = 139\,\text{N/mm}^2$$

（ d ）の場合：

$${}_p\lambda_b = 0.3$$

$$C = 1.0$$

$$\therefore （\text{a}）\text{の場合と同様に } \lambda_b = 1.04$$

$$\therefore {}_p\lambda_b < \lambda_b < {}_e\lambda_b \ \text{より}$$

$$\nu = 1.93$$

$$f_b = \frac{\left\{1 - 0.4\dfrac{1.04 - 0.3}{1.29 - 0.3}\right\}235}{1.93} = 85.4\,\text{N/mm}^2$$

（2）　長期許容曲げ耐力 M_1 および M_0 の算定

　　（a）の場合：$M_1 = 85.4 \times 1\,170 \times 10^3 = 99.9$ kN·m

　　（b）の場合：$M_1 = 99.4 \times 1\,170 \times 10^3 = 116$ kN·m

　　（c）の場合：$M_1 = 139 \times 1\,170 \times 10^3 = 163$ kN·m

　　（d）の場合：$M_0 = 85.4 \times 1\,170 \times 10^3 = 99.9$ kN·m

問 9·2　図 9·24 に示すような強軸まわりに長期の曲げモーメントを受ける H 形鋼梁材がある．C 点に横座屈止めを設ける場合と設けない場合のそれぞれの許容曲げ応力度 f_b を算定せよ．断面は H-400×200×8×13，使用鋼材は SN 400，ヤング係数 E＝205 000 N/mm²，せん断弾性係数 G＝79 000 N/mm² とする．

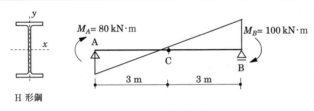

図 9·24　H 形鋼単純梁

【解 答】（1）　C 点に補剛がない場合の許容曲げ応力度 f_b

問 9·1 の結果より

$$M_e = 2.52 \times 10^8 \cdot C\,[\text{N·mm}]$$

$$M_y = 2.75 \times 10^8\ \text{N·mm}$$

$$_e\lambda_b = 1.29$$

$$\frac{M_2}{M_1} = \frac{80}{100} = 0.8$$

$$\therefore {}_p\lambda_b = 0.6 + 0.3 \cdot 0.8 = 0.84$$

$$C = 1.75 + 1.05 \cdot 0.8 + 0.3 \cdot 0.8^2 = 2.78 > 2.3$$

$$\therefore C = 2.3$$

$$\therefore M_e = 2.3 \times 2.52 \times 10^8 = 5.80 \times 10^8\ \text{N·mm}$$

$$\therefore \lambda_b = \sqrt{\frac{2.75 \times 10^8}{5.80 \times 10^8}} = 0.689$$

$$\therefore \lambda_b < {}_p\lambda_b\ \text{より}$$

$$\nu = \frac{3}{2} + \frac{2}{3}\left(\frac{0.689}{1.29}\right)^2 = 1.69$$

$$f_b = \frac{235}{1.69} = 139\ \text{N/mm}^2$$

（2）　C 点に補剛がある場合の許容曲げ応力度 f_b

AC 間よりも CB 間における f_b が小さくなるので，CB 間の f_b を算出すればよい．

$$M_e = C\sqrt{\frac{\pi^4 \cdot 205\,000^2 \cdot 1\,740 \cdot 10^4 \cdot 651\,000 \cdot 10^6}{3\,000^4} + \frac{\pi^2 \cdot 205\,000 \cdot 1\,740 \cdot 10^4 \cdot 79\,000 \cdot 35.9 \cdot 10^4}{3\,000^2}}$$

$$= 8.27 \times 10^8 \cdot C\,[\text{N·mm}]$$

$$\frac{M_2}{M_1}=-\frac{10}{100}=-0.1$$

$$\therefore{}_p\lambda_b=0.6+0.3\cdot(-0.1)=0.57$$

$$C=1.75+1.05\cdot(-0.1)+0.3\cdot(-0.1)^2=1.65<2.3$$

$$\therefore M_e=1.65\times8.27\times10^8=1.36\times10^9 \text{ N}\cdot\text{mm}$$

$$\therefore\lambda_b=\sqrt{\frac{2.75\times10^8}{1.36\times10^9}}=0.450$$

$$\therefore\lambda_b<{}_p\lambda_b \text{ より}$$

$$\nu=\frac{3}{2}+\frac{2}{3}\left(\frac{0.450}{1.29}\right)^2=1.58$$

$$f_b=\frac{235}{1.58}=149 \text{ N/mm}^2$$

> **問 9・3**　図 9・25 に示すような強軸まわりに短期荷重（両端曲げと分布荷重）を受ける H 形鋼梁材を検定せよ．断面は H-350×175×7×11，使用鋼材は SN 400，ヤング係数 $E=205\,000$ N/mm²，せん断弾性係数 $G=79\,000$ N/mm² とする．

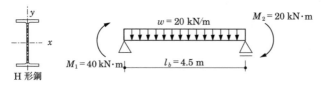

図 9・25　H 形鋼梁

【解 答】　（1）　幅厚比の検定

フランジ：鋼構造許容応力度設計規準（以後，規準と略す）の式（9.1）より

$$\frac{b}{t}=\frac{175/2}{11}=7.95<0.53\sqrt{\frac{E}{F}}=0.53\sqrt{\frac{205\,000}{235}}=15.6：\text{OK}$$

ウェブ：規準式（9.5）より

$$\frac{d}{t}=\frac{350-2\times11}{7}=46.8<2.4\sqrt{\frac{E}{F}}=2.4\sqrt{\frac{205\,000}{235}}=70.9：\text{OK}$$

（2）　最大モーメント $M_{\max}$ と最大せん断力 $Q_{\max}$

曲げモーメント図とせん断力図を描くと **図 9・26** となる．したがって，図より

$$M_{\max}=65.1 \text{ kN}\cdot\text{m}, \quad Q_{\max}=58.3 \text{ kN}$$

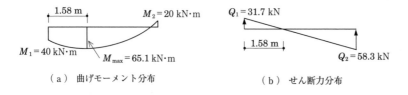

（a）　曲げモーメント分布　　　（b）　せん断力分布

図 9・26　応力図

（3） 許容曲げ応力度 f_b の算定（付録3（5）H形鋼の断面特性表を参照）

$$M_e = C\sqrt{\frac{\pi^4 \cdot 205\,000^2 \cdot 984 \cdot 10^4 \cdot 283\,000 \cdot 10^6}{4\,500^4} + \frac{\pi^2 \cdot 205\,000 \cdot 984 \cdot 10^4 \cdot 79\,000 \cdot 19.4 \cdot 10^4}{4\,500^2}}$$

$$= 2.07 \times 10^8 \cdot C\,[\text{N} \cdot \text{mm}]$$

$$M_y = 235 \times 771 \times 10^3 = 1.81 \times 10^8\,\text{N} \cdot \text{mm}$$

$|M_0| > |M_1|$ より

$$_p\lambda_b = 0.3$$

$$C = 1.0$$

$$\therefore M_e = 2.07 \times 10^8\,\text{N} \cdot \text{mm}$$

$$\therefore \lambda_b = \sqrt{\frac{M_y}{M_e}} = \sqrt{\frac{1.81 \times 10^8}{2.07 \times 10^8}} = 0.935$$

$$_e\lambda_b = \frac{1}{\sqrt{0.6}} = 1.29$$

$\therefore {}_p\lambda_b < \lambda_b < {}_e\lambda_b$ より

$$\nu = \frac{3}{2} + \frac{2}{3}\left(\frac{0.935}{1.29}\right)^2 = 1.85$$

$$f_b = \frac{\left\{1 - 0.4\dfrac{0.935 - 0.3}{1.29 - 0.3}\right\}235}{1.85} = 94.4\,\text{N/mm}^2$$

以上より，短期許容曲げ応力度は

$$f_b = 1.5 \times 94.4 = 142\,\text{N/mm}^2$$

（4） 許容せん断応力度 f_s の算定

$$f_s = 1.5\frac{235}{1.5\sqrt{3}} = 135\,\text{N/mm}^2$$

（5） 断面検定

曲げ応力度の検定

$$\sigma_b = \frac{M_{\max}}{Z_x} = \frac{65.1 \times 10^6}{771 \times 10^3} = 84.4 < f_b = 142\,\text{N/mm}^2 : \text{OK}$$

せん断応力度の検定

$$\tau = \frac{Q_{\max}}{A_w} = \frac{58.3 \times 10^3}{(350 - 2 \times 11) \times 7} = 25.4 < f_s = 135\,\text{N/mm}^2 : \text{OK}$$

なお，以上の検定のほかにたわみの検定（規準8.1（1））と支点ウェブの検定（規準5.1（5））が必要であるが，ここでは省略する．

問 9・4　**図 9・27** に示す鋼管トラス梁が短期荷重（両端曲げ）を受ける場合の弦材と腹材を検定せよ．弦材鋼管は ϕ-139.8×4.5（STK 400），腹材鋼管は ϕ-48.6×2.3（STK 400）とする．

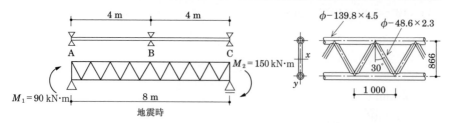

図 9・27　鋼管トラス梁

【解答】　（1）　断面諸量

弦材：ϕ-139.8×4.5，　$A=19.13\,\text{cm}^2$，　$I=438\,\text{cm}^4$，　$i=4.79\,\text{cm}$

腹材：ϕ-48.6×2.3，　$A=3.345\,\text{cm}^2$，　$I=8.99\,\text{cm}^4$，　$i=1.64\,\text{cm}$

（2）　径厚比の検定（規準 9.2）は省略

（3）　トラス梁の断面性能（上下弦材を一体とみなして断面係数を求める）

$$\text{断面 2 次モーメント } I_x=2\times\left\{438+19.13\times\left(\frac{86.6}{2}\right)^2\right\}=72\,610\,\text{cm}^4$$

$$\text{断面係数 } Z_x=\frac{72\,610}{(86.6+13.98)/2}=1\,444\,\text{cm}^3$$

（4）　最大曲げモーメント $M_{\max}$ と最大せん断力 $Q_{\max}$

曲げモーメント図とせん断力図を描くと**図 9・28** となる．したがって，図より

$$M_{\max}=150\,\text{kN·m},\quad Q_{\max}=30\,\text{kN}$$

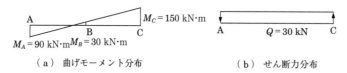

（a）　曲げモーメント分布　　　　　　（b）　せん断力分布

図 9・28　応力図

（5）　許容曲げ応力度 f_b

BC 間の圧縮弦材の許容圧縮応力度がこのトラス梁の許容曲げ応力度となる．

BC 間の y 軸まわり（構面外）の座屈長さ l_{ky} は横方向支点間距離の 400 cm であるが，モーメント勾配があるため弦材軸力が変化する．そこで，規準 11.4 のトラスの圧縮部材の座屈長さ式を用いて座屈長さを算定する．

$$l_{ky}=l\sqrt{\frac{1+0.88(N_2/N_1)}{1.88}}=l\sqrt{\frac{1+0.88(M_2/M_1)}{1.88}}$$

$$=400\times\sqrt{\frac{1+0.88(30/150)}{1.88}}=316\,\text{cm}>0.66l=264\,\text{cm}：\text{OK}$$

したがって，構面外細長比 λ_y は

$$\lambda_y=\frac{l_{ky}}{i}=\frac{316}{4.79}=66.0$$

$$\therefore f_c = 121 \text{ N/mm}^2 \text{（長期）}$$

よって，短期の許容曲げ応力度は

$$f_b = 1.5 f_c = 1.5 \times 121 = 181 \text{ N/mm}^2$$

（6） 弦材断面の検定

$$_c\sigma_b = \frac{M_{\max}}{Z_x} = \frac{150\,000 \text{ kN·mm}}{1\,444\,000 \text{ mm}^3} = 104 \text{ N/mm}^2 < f_b = 181 \text{ N/mm}^2 : \text{OK}$$

（7） 腹材の検定

腹材は，次式で与えられる軸圧縮力 D を受ける圧縮材として設計する．

$$D = \frac{Q}{\cos 30°} = \frac{30}{0.866} = 34.6 \text{ kN}$$

腹材の座屈長さ l_k は節点間距離の 100 cm.

$$\therefore \lambda = \frac{l_k}{i} = \frac{100}{1.64} = 61.0 < 160 : \text{OK} \text{（規準 11.6（3）の構造細則）}$$

このとき，$f_c = 125 \text{ N/mm}^2$ （長期）

よって，短期の許容圧縮応力度 f_c は

$$f_c = 1.5 \times 125 = 187 \text{ N/mm}^2$$

以上より

$$_c\sigma_w = \frac{D}{A} = \frac{34.6 \text{ kN}}{334 \text{ mm}^2} = 104 \text{ N/mm}^2 < f_c = 187 \text{ N/mm}^2 : \text{OK}$$

参 考 文 献

［1］ S. TIMOSHENKO, D. H. YOUNG：材料力学要論，コロナ社（1971）
［2］ S. TIMOSHENKO, J. GERE：弾性安定の理論〈上〉〈下〉，ブレイン図書出版（1974）
［3］ 福本唀士：新体系土木工学 9 構造物の座屈・安定解析，技報堂出版（1985）
［4］ 藤本盛久編著：鉄骨の構造設計，技報堂出版（1982）
［5］ 若林實編著：鉄骨構造学詳論，丸善（1985）

引 用 文 献

1） 日本建築学会：鋼構造接合部設計指針（2021）
2） 木村潤一，友田政陳：H 形鋼部材の曲げねじれ座屈補剛に関する実験的研究（その 2），日本建築学会大会学術講演梗概集（1988）
3） 日本建築学会：鋼構造座屈設計指針（2018）
4） 日本建築学会：鋼構造限界状態設計指針・同解説（2010）
5） 日本建築学会：鋼構造許容応力度設計規準（2019）
6） 日本建築学会：鋼構造塑性設計指針（2017）
7） 国土交通省国土技術政策総合研究所ほか監修：2020 年版建築物の構造関係技術基準解説書（2020）
8） 日本建築センター：ビルディングレター（2010.8）

第10章
軸方向力と曲げモーメントを受ける柱材

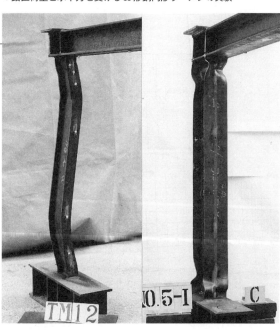

▼鉛直荷重と水平力を受けるH形鋼門形ラーメンの実験

柱の曲げねじれ座屈　　　　柱の局部座屈

[学 習 目 標]

　建物を構成する柱材は，荷重・外力に対して主に軸方向力と曲げモーメントで抵抗する．柱材には，正方形の角形鋼管や円形鋼管，広幅H形鋼など幅とせいの等しい断面が主に用いられる．柱材で曲げモーメントが作用しない場合は第8章の圧縮材の性状を，軸方向力が作用しない場合は第9章の梁材の性状を示す．圧縮材と曲げモーメントを受ける柱材では，圧縮力とたわみによって生じる付加モーメント，部材に生じる曲げねじれ座屈，部材断面に生じる局部座屈が耐力と変形性状に影響する．

　本章では，次のことを学習する．
1. 柱材の断面形と特徴
2. 部材断面における圧縮応力と曲げ応力による分布形
3. 柱材の挙動と変形能力
4. 座屈を考慮した設計法

10・1　各種柱材の断面形と特徴

1 　柱材に作用する荷重

　柱材は，常時荷重のもとで，上部の柱や梁から伝わってくる軸力と曲げモーメント，せん断力を受ける．地震時や暴風時には正負繰返しのせん断力も受ける．柱材は自重を支えているため，鉛直方向の荷重の載荷能力がなくなると落階し，建物全体の崩壊に至ることより，建物の安全性に最も影響を与える重要な部材である．柱材に要求される構造性能は，常時荷重時に鉛直荷重を支持すること，地震時には地震力に抵抗するとともに過大な水平変形を生じないこと，塑性化を許す場合には変形能力やエネルギー吸収能力が大きいことである．

　図 10・1 に，常時および地震時の荷重を受ける骨組の曲げモーメント図，変形図を示している．地震力を受ける場合，中柱は軸力の変動はないのに対して，側柱は梁のせん断力により軸力の変動が生じ，側柱 1，2 はそれぞれ引張り，圧縮の変動軸力 ΔN を受けることとなる．

⇨柱の軸力変動

　梁のせん断力が柱の軸力として伝えられる．したがって，地震時には，下層の柱は上階からの梁のせん断力が累加され，軸力変動の値は大きくなる．ブレースの入った架構では，ブレースの軸力に釣り合う軸力が柱に作用する．

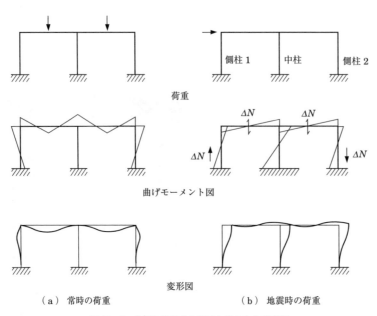

荷重

曲げモーメント図

変形図

（a）常時の荷重　　　（b）地震時の荷重

図 10・1　骨組に作用する荷重と応力および変形

⇨単曲率曲げ，複曲率曲げ

　曲げモーメント図が材の片側だけに出る場合を単曲率曲げ，両側に出る場合を複曲率曲げという．$P\delta$ モーメントの影響は単曲率曲げに対するものが大きい．材長全部にわたり等曲率の曲げを受けるとき，あるいは両端に等しい曲げモーメントが作用するときの曲げを等曲げと呼ぶ．

　骨組の中の柱材に作用する荷重モデルを示すと**図 10・2** のようになる．図 10・2（a），（b）はそれぞれ，柱材の節点に水平移動がない場合とある場合である．すなわち，ブレースや耐震壁が組み込まれて，鉛直荷重を受ける柱材と，水平力を受け水平変位を生じると考えられる場合である．材端の拘束度や柱頭・柱脚の相対水平変位の有無などといった柱材の支持条件や曲げモーメント勾配（**単曲率曲げ・複曲率曲げ**）などの応力状態が柱材の挙動に影響を及ぼすことになる．

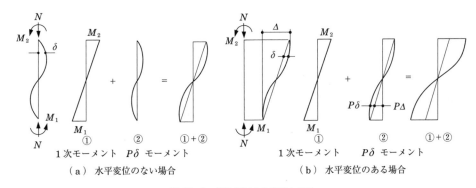

図10・2 柱に作用する荷重と応力

　図には材の曲げ変形の概略図と曲げモーメント図も描いている．曲げモーメント図は変形後の釣合いを考えた付加モーメントも示している．図からわかるように，軸圧縮力と変形を乗じたモーメントが付加モーメントとして加わることとなる．このモーメントは**$P\delta$ モーメント**と呼ばれ，変形をさらに増加させる効果を与える．軸力が卓越する場合には第8章の中心圧縮柱の性状が，曲げモーメントが卓越する場合には第9章の梁の性状が現れてくる．

　現行の設計では骨組を平面骨組に分解して，図10・1に示すような平面骨組として設計を行うが，実際の柱には，常時の荷重の下では隅柱に，地震時にはすべての柱は2軸曲げを受ける．建物の平面が不整形で平面骨組に分解することが不適切なものについては，軸力と2軸曲げを受ける柱として設計する必要がある．

2　柱材の断面形

　柱材の断面形を**図10・3**に示す．

　図(a)の角形鋼管を用いた柱がよく使われている．図(b)の円形鋼管は方向性がないことから，不整形の平面となる場合に使われる場合が多い．以前は図(c)のH形鋼を用いた柱がよく使われていたが，強度および剛性の方向性が大きいために，弱軸方向にはブレースを入れる必要があることなどから，その使用は少なくなっている．図(d)および図(e)は鋼管の中にコンクリートを充填した柱で，コンクリート充填鋼管（CFT）柱と呼ばれる．CFT構造は梁材はH形鋼を用いることが多く，鉄骨構造に類似の性状を持つが，鋼管とコンクリートの相互作用により，柱材の構造性能のよいことがわかっている．

　以上は充腹型の柱であるが，非充腹型の柱材も用いられる．この形式の柱は鋼材量の低減が図れるが，加工の工程が増えることもあり，現在では図10・3に示

⇨ **$P\delta$ モーメント，$P\Delta$ モーメント**
　軸力とたわみの積で表される2次的な付加モーメント．部材のたわみを部材角によるものと材の曲げによるものに分離し，それぞれ$P\Delta$ モーメント，$P\delta$ モーメントと呼ぶこともある．本書では軸力をNと記すが，Pと記す場合もある．変形δ, Δの影響を考慮しないモーメントを1次モーメントという．

(a)　　　(b)　　　(c)　　　(d)　　　(e)

図10・3 柱材の断面

す充腹型の柱が一般的になっている．非充腹型の柱については，その耐力・剛性を確保するために，素材の細長比などに制限が設けられているので注意する必要がある．

10・2　断面の応力分布

1　弾 性 応 力 分 布

柱材の各部が線形弾性状態にある場合には，**重ね合せの原理**が成立する．すなわち，軸力と曲げモーメントの作用による効果は，軸力の作用による効果と曲げモーメントの作用による効果を重ね合わせたものとなる．軸力 N による圧縮応力 σ_c は**図10・4**（a）のようになり，曲げモーメント M による圧縮側応力 $_c\sigma_b$ および引張側応力 $_t\sigma_b$ は図（b）のようになることから，軸力と曲げモーメントが同時に作用したときの断面の応力は図（c）のようになる．圧縮応力 σ_c，圧縮側応力 $_c\sigma_b$ および引張側応力 $_t\sigma_b$ は式(10・1)で計算できる．

$$\sigma_c = \frac{N}{A}, \quad _c\sigma_b = \frac{M}{Z_c}, \quad _t\sigma_b = \frac{M}{Z_t} \tag{10・1}$$

ただし，A：全断面積，Z_c：圧縮側断面係数，Z_t：引張側断面係数．

軸力と2軸曲げを受ける場合にも，1軸曲げを受ける場合と同様に軸力と2軸回りの曲げモーメントに対する応力を足し合わせることにより断面の任意の点の応力を算定できる．

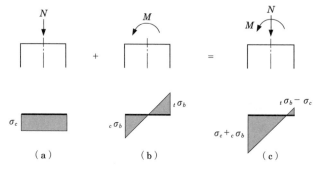

図10・4　柱断面の応力

2　弾 性 限 界

断面の最大応力が降伏応力度 σ_y に達したときを弾性限界という．断面に残留応力がない場合は，圧縮側の応力度（$\sigma_c + {}_c\sigma_b = N/A + M/Z_c$）を降伏応力度 σ_y に等値することにより，弾性限界の M-N 相関関係は式(10・2)となる．

$$\frac{N}{N_y} + \frac{M}{M_y} = 1 \tag{10・2}$$

ただし，N_y：降伏軸力（$= A\sigma_y$），M_y：降伏モーメント（$= Z_c\sigma_y$）．

図10・5に式(10・2)で表される弾性限界に関する曲げモーメント M-軸力 N 相

⇨断　面
その挙動に長さの影響を考える必要のない短い部材．一定軸力の下で曲げモーメントを受ける場合の挙動はモーメント–曲率関係と呼ばれ，断面形と構成材料の応力度–ひずみ度関係だけに依存し，座屈現象は関係しない．

⇨線形弾性体
応力度とひずみ度が線形関係にある材のこと．

⇨重ね合せの原理
「複数の外力によって生じる断面力，変位は個々の外力によって生じる断面力，変位の和に等しい」という原理．線形関係にない場合はたとえ弾性体であっても（これを非線形弾性体という）重ね合せの原理は成り立たない．

⇨M-N 相関曲線
ある状態が生じるときの曲げモーメント M と軸力 N の関係を表した曲線．弾性限界，全塑性状態，終局耐力に関する相関関係などがある．

関関係を示す．図中の（a）は一定鉛直荷重 N^* のもとで曲げモーメント M が増加する場合である．軸力変動のない地震時の中柱の荷重条件に近い．図中の（b）は，偏心圧縮と呼ばれ，偏心量 e で圧縮力を加える場合であり，軸力 N と曲げモーメント $M=Ne$ が作用することとなる．これらの荷重条件のもとでは，M-N 平面上で，それぞれ矢印の経路を進み，○印の点で弾性限界となる．

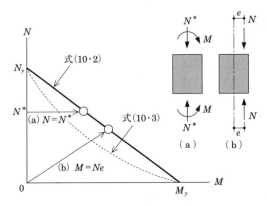

図 10・5 断面の弾性限耐力

　なお，部材として長さを持つとき，**図 10・6** に示すように材端に一定軸力 N と両端に等しい曲げモーメント M を受ける場合は，曲げモーメントの最大値 $M_{\max}$ は材中央点に生じ，曲げ面内のオイラー座屈荷重を N_E とすると，$M_{\max} \fallingdotseq M/(1-N/N_E)$ となる．したがって，式（10・2）の M に $M_{\max}$ を代入することにより，長さの影響を考えた場合の弾性限界耐力は式（10・3）のように得られる．この場合の M-N 相関関係は図 10・5 中に点線で示すような下に凸の曲線となる．

⇨**モーメント拡大係数**
　図 10・6 に示すように，材端モーメント M と最大モーメント $M_{\max}$ の比 $M_{\max}/M$ を示す係数．曲げ勾配のある場合は，曲げモーメント勾配や軸力比を考慮した修正係数を用いることにより，等曲げの場合に置換できる．

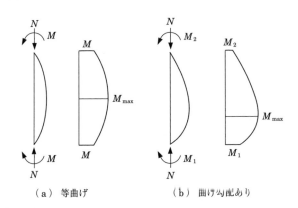

図 10・6 $P\delta$ モーメントによるモーメントの拡大

$$\frac{N}{N_y}+\frac{M}{\left(1-\dfrac{N}{N_E}\right)M_y}=1 \tag{10・3}$$

3 弾塑性応力分布

弾性限界となっても，その後，応力の再配分が生じ，弾性限界以上の抵抗力を

発揮できる．座屈現象が生じないとすれば，鋼材の応力度－ひずみ度関係に従って断面の応力分布は算定できる．軸力と曲げを受ける断面の応力分布は完全弾塑性型の応力度－ひずみ度関係の場合，**図 10・7** のようになる．すなわち図（b）の断面の弾性限界状態以後，圧縮縁降伏・引張縁弾性（図（c）），圧縮縁降伏・引張縁降伏（図（d））という状態を経て全塑性状態（図（e））となる． ⇨第 7 章参照

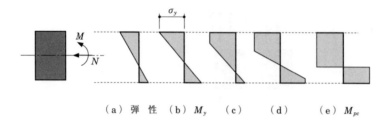

（a）弾　性　　（b）M_y　　（c）　　　　（d）　　　　（e）M_{pc}

図 10・7　弾塑性応力分布

図 10・8（a）に示すように鋼材の応力度－ひずみ度関係をひずみ硬化現象を考慮してバイリニアー型と仮定し，一定軸力下で一定の曲率振幅となるように曲げモーメントを繰り返し載荷した場合のモーメントと曲率の関係を図 10・8（b）に示す．

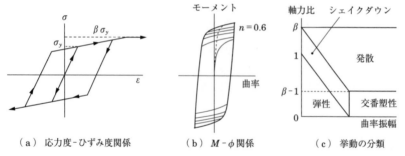

（a）応力度－ひずみ度関係　　（b）M-ϕ 関係　　（c）挙動の分類

図 10・8　一定軸力のもとで定曲率繰返し曲げを受ける断面のモーメント－曲率関係

⇨交番塑性・シェイクダウン

　部材が繰返し曲げを受け，塑性化が引張りと圧縮で交互に起こることを交番塑性という．繰返し曲げを受ける過程で，塑性変形領域が小さくなり，最終的に弾性応答をすることをシェイクダウンあるいは変形硬化という．

　実線で示した軸力 $N(n=N/N_y)$ が存在する場合には，繰り返すたびに抵抗モーメントは上昇し，点線で示した軸力がないときの値に収束する．この場合，断面重心のひずみ度も一定値に収束する．しかし，応力度－ひずみ度関係に上限 $\beta\sigma_y$ が存在するときには，降伏比（$1/\beta$），軸力比 $n(=N/N_y)$，曲率振幅のある組合せのもとでは重心のひずみ度は発散する場合もある．これらの挙動は，図（c）に示すように，軸力比と曲率振幅の関係で，弾性状態，**交番塑性**，**シェイクダウン**，発散の四つのカテゴリーに分類できる．

10・3　柱材の挙動

1　柱材の挙動に影響を及ぼす因子

柱材の挙動は，10・1 節で示した柱材の支持条件や応力状態のほか，鋼材の機

械的性質，部材の特性（断面形，細長比，幅厚比・径厚比），**初期不整**（残留応力，元たわみ，荷重の偏心）などの影響を受ける．

② 単 調 挙 動

図10・9は片持ち柱に一定の鉛直荷重 N を載荷して，地震力に対応する水平力 H を単調に増加させた場合の柱材の挙動の模式図を示している．この図のような荷重と変形の関係を**復元力特性**と呼ぶ．図中の（a）は通常の変形前で力の釣合いを考えた**弾性1次理論**による挙動である．（b）は，軸力の部材剛性に及ぼす影響を考慮し，変形後の釣合いを考えて求めた**座屈たわみ角法**による挙動である．材が細長くなり，また軸力が大きくなると（a）と（b）の差は大きくなるが，通常の柱ではあまり差はない．（c）は固定端が全塑性状態となり，全塑性モーメント M_{pc} を維持しながら回転するときの挙動を表しており，**塑性崩壊機構直線**と呼ばれ，式（10・4）で表される．

$$H=\frac{M_{pc}}{l}-\frac{N}{l}\delta \qquad (10・4)$$

図中の（d）は応力度-ひずみ度関係を完全弾塑性型とした場合の弾塑性解析による挙動で，塑性崩壊機構直線へ漸近する．実際の柱は，残留応力の影響で弾塑性解析の降伏開始荷重より小さな荷重で降伏し，その後，ひずみ硬化現象が影響して塑性崩壊機構直線を上回る耐力を示した後，局部座屈や曲げねじれ座屈で抵抗力を低下させたり（図中の（e）），塑性崩壊機構直線に達する前に，局部座屈や曲げねじれ座屈で抵抗力を低下させる場合（図中の（f））がある．なお，角形鋼管や円形鋼管を用いた柱材では，曲げねじれ座屈は生じず，局部座屈の影響が重要となる．

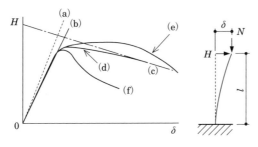

図10・9 水平力 H を受ける柱の挙動

図10・10と**図10・11**は円形鋼管の片持ち柱に一定の鉛直荷重 $N(=nN_y)$ を載荷して，水平力を単調に増加させた場合の柱材の挙動を示している．図の縦軸は柱脚の曲げモーメント $M(=Hl+N\delta)$ を軸力の影響を考慮した全塑性モーメント M_{pc} で，横軸は部材回転角 θ を全塑性モーメントに対応する弾性限界回転角 θ_{pc} で無次元化したものである．図より，断面の径厚比 D/t や軸力比 n が大きくなるにつれて最大耐力および変形能力が小さくなることがわかる．

⇨ 復元力特性
荷重と変形の関係．柱材では，柱に作用する水平力と水平変位の関係や，材端モーメントと材端回転角の関係をいう．

⇨ 弾性1次理論
力の釣合いを変形前で考える弾性理論．変形後で釣合いを考える場合は2次理論と呼ばれる．

⇨ 座屈たわみ角法
軸力の部材剛性に及ぼす影響を考慮したたわみ角法の公式を用いる骨組の解析法．変形後の釣合式を立てることにより，骨組の座屈荷重を算定することができる．

⇨ 塑性崩壊機構直線
塑性崩壊機構を形成しているとして，釣合条件より求めた荷重と変形の関係で軸力が一定のとき直線，軸力が変動するとき曲線となる．メカニズムラインとも呼ばれる．

⇨ 面内不安定
図 10・9 の（c），（d）でわかるように，たとえ局部座屈や曲げねじれ座屈が発生しなくても，水平力は最大値（安定限界と呼ばれる）を持つこととなる．
図 10・6 に示すような水平変位を生じない場合も材中間点が最大モーメントとなる場合，塑性領域の広がりとともに $P\delta$ モーメントの増大により端モーメントは減少し，安定限界となる．この挙動を面内不安定と呼ぶ．

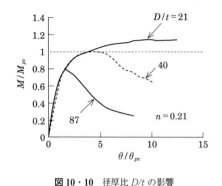

図10・10　径厚比 D/t の影響

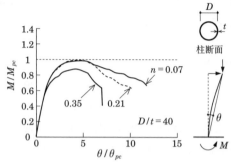

図10・11　軸力比 n の影響

3　繰返し挙動

　繰返し荷重を受ける柱は，圧縮力の存在するときにはひずみ硬化の影響により荷重が繰り返すたびに抵抗力が上昇する場合，局部座屈や曲げねじれ座屈が生じて繰り返すたびに抵抗力が低下する場合，両者が組み合わされる場合がある．

　図10・12は繰返し水平力を受ける円形鋼管を用いた片持ち柱の場合で，一定の軸力比 n（約0.2）のもとで，径厚比 D/t を変化させたときの挙動を示している．

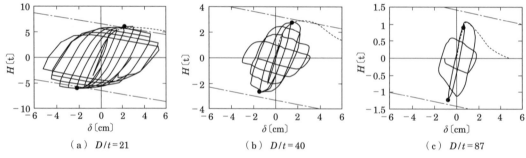

図10・12　繰返し水平力を受ける柱の復元力特性（径厚比 D/t の影響）

●印は局部座屈の発生点を示している．径厚比が大きくなるにつれて，局部座屈後の抵抗力の低下が著しいことが観察できる．

　図10・13は一定鉛直荷重のもとで柱頭が一定の変位振幅となる繰返し水平力を与えた場合の変形形状を示している．図（a）は変位の反転点のたわみの形状が荷重が作用していないときの材軸線に対して対称であるが，図（b）は非対称で，この場合複曲率分布となる2次的なたわみモードが発生・成長し，次第に抵抗力が低下していく．また，1方向に曲げを加えても曲げねじれ座屈しない（たとえば鋼管）柱材が，繰返し曲げを受けると構面外変位を起こす新しい種類の不安定現象も存在する．

　図10・14は繰返し荷重を受ける柱材の復元力特性は，単調載荷を受けるときの荷重-変形関係と対応づけられることを示したものである．すなわち，繰返し荷重下での M-θ 関係の正側あるいは負側を順次つなぎ合わせた関係は，単調載荷の関係におおむね等しくなる場合が多い．

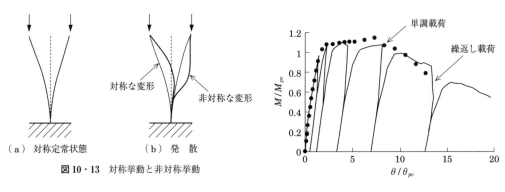

図 10・13 対称挙動と非対称挙動

（a） 対称定常状態　　　（b） 発 散

図 10・14 単調挙動と繰返し挙動

単調載荷

繰返し載荷

4　変 形 能 力

耐震性能を評価する尺度の一つとして，**図 10・15** に示すように最大耐力 M_{max} や最大耐力の後 95% の耐力 $0.95M_{max}$ となったときの変形（回転角）を弾性限変形 θ_{pc} で除した値から弾性変形に相当する1を引いた値で**塑性変形能力** R_{max}，R_{95} を定義している．幅厚比，軸力比，細長比などの因子を考慮した変形能力評価式が提案されている．**エネルギー吸収能力**で変形能力を定義する場合もある．

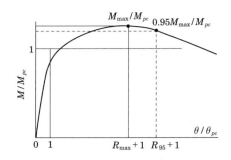

M_{max}/M_{pc}　$0.95M_{max}/M_{pc}$

0　1　$R_{max}+1$　$R_{95}+1$

図 10・15 変形能力の定義

⇨**エネルギー吸収能力**

部材あるいは骨組の荷重–変形曲線と変形軸で囲まれる面積が吸収エネルギーとなる．地震の入力エネルギー以上のエネルギー吸収能力が構造物にあれば，その構造物は崩壊しないことから，耐震性能に関して重要な指標である．

10・4　柱 材 の 設 計

1　設 計 要 件

柱材は荷重，外力に耐え得る十分な耐力と地震時に塑性化を許容する場合には変形能力が必要である．10・3 節で，柱材の挙動は柱材の支持条件，応力状態，細長比，幅厚比・径厚比の影響を受け，曲げ面内での不安定現象，局部座屈や曲げねじれ座屈，新しい種類の不安定現象で崩壊することを示した．現行の**規準・指針**では，耐力の検討は，ひずみ硬化現象による耐力上昇や新しい種類の不安定現象による崩壊は考慮されておらず，単調載荷時の挙動に基づいている．また，要求する変形能力を持たせるために，幅厚比・径厚比や軸力比，細長比の制限をするとともに，地震時には水平変位が大きくならないように剛性を確保すること

⇨**規準・指針**

日本建築学会の鋼構造関連の設計規準・指針として，「鋼構造許容応力度設計規準」，「鋼構造塑性設計指針」，「鋼構造限界状態設計指針・同解説」，「鋼構造座屈設計指針」がある．これらの相互の比較などは日本建築学会の「鋼構造建築物における構造設計の考え方と枠組み」に詳しく書かれている．また，「建築物の構造関係技術基準解説書（2020 年版）」がある．

を要求している.

2　許容応力度設計

⇨設計応力
許容応力度設計（式
(10·5)）における設計
応力 M, N は設計荷重
のもとでの弾性 1 次理
論に基づいて算定す
る. 塑性設計（式(10·
9)）の場合は, 塑性 1
次理論により算定す
る.

　許容応力度設計においては，圧縮力 N と曲げモーメント M の組合せのもとで，最大応力となる断面の曲げ圧縮側の縁応力 ($\sigma_c + {}_c\sigma_b$) と曲げ引張側の縁応力 (${}_t\sigma_b - \sigma_c$) が許容応力度を超えないことを確認することであるが，軸力と曲げを同時に受ける場合の圧縮側の許容応力度は，圧縮材や梁材のように理論式が簡単ではない.

　鋼構造許容応力度設計規準[1] に示されている式(10·5)は曲げ圧縮側の設計式であるが，10·2 節の式(10·2)において，座屈の影響を考慮し，N_y を $f_c A$ に M_y を $Z_c f_b$ に置き換えたもの，あるいは σ_c - ${}_c\sigma_b$ 平面上で中心圧縮材（$M=0$ で $\sigma_c/f_c=1$），梁材（$N=0$ で ${}_c\sigma_b/f_b=1$）の点を直線で補間したものと考えられる.

　したがって，曲げモーメントが作用しない場合には中心圧縮柱の検定式に，軸力が作用しない場合には梁の検定式に一致する. この式は，わが国で通常使われる柱材の細長比は小さいこと，等曲げに近い状態になることはまれなことにより，$P\delta$ モーメントは考慮されていない. 式(10·6)は曲げ引張側の設計式である.

$$\frac{\sigma_c}{f_c} + \frac{{}_c\sigma_b}{f_b} \leqq 1 \tag{10·5}$$

$$\frac{{}_t\sigma_b - \sigma_c}{f_t} \leqq 1 \tag{10·6}$$

ただし f_c：x 軸，y 軸まわりの細長比の大きなほうの許容圧縮応力度（第 8 章参照），f_b：許容曲げ応力度（第 9 章参照）.

　$\sigma_c, {}_c\sigma_b$ および ${}_t\sigma_b$ は式(10·1)で算定する. **図 10·16** は，SM 490 鋼材について，短期応力に対して，式(10·5)を図示したものである. 横座屈は生じない断面を想定し，$f_b = f_t$ としている.

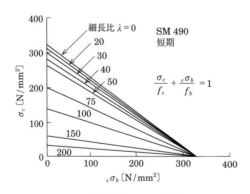

図 10·16　${}_c\sigma_b$-σ_c 関係

　引張力 T と曲げモーメント M を受ける柱材については，引張縁の応力度 ($\sigma_t + {}_t\sigma_b$) が許容引張応力度 f_t 以下であること，圧縮縁の応力度 (${}_c\sigma_b - \sigma_t$) が許容曲げ応力度 f_b 以下になるように式(10·7)，式(10·8)で検定する. 平均引張応力度 σ_t は，引張力を T，有効断面積を A_n として，$\sigma_t = T/A_n$ で求める.

$$\frac{\sigma_t + {}_t\sigma_b}{f_t} \leq 1 \tag{10・7}$$

$$\frac{{}_c\sigma_b - \sigma_t}{f_b} \leq 1 \tag{10・8}$$

3 終 局 耐 力

鋼構造塑性設計指針[2]では，細長い矩形中空断面柱に対して式(10・9)の終局耐力式を示している．

$$\left.\begin{array}{l} \dfrac{N}{N_{cr}} + \varphi\dfrac{4A_2 + A_1}{2A} \cdot \dfrac{M}{M_p} = 1.0 \\[3mm] \dfrac{M}{M_{pc}} \leq 1.0 \end{array}\right\} \tag{10・9}$$

上式で N_{cr} は曲げ面内の曲げ座屈耐力，A は全断面積，A_1 はウェブの断面積，A_2 は片側フランジの断面積，φ はモーメント拡大係数，M_p は軸力が作用しないときの全塑性モーメント，M_{pc} は軸力を考慮したときの全塑性モーメントである．モーメント拡大係数 φ は柱の材端曲げモーメント比，柱の曲げ面内のオイラー座屈耐力に対する柱軸力の比に関係するが，詳細は引用文献2) を参照されたい．

短柱の場合は下式で示す全塑性モーメント M_{pc} が終局耐力となる．

$$\frac{N}{N_y} > \frac{A_1}{A} \quad \text{のとき} \quad \frac{N}{N_y} + \frac{4A_2 + A_1}{2A}\frac{M_{pc}}{M_p} = 1 \tag{10・10}$$

式(10・9)と式(10・10)を比較すると，式(10・9)の上式において $N_{cr} \equiv N_y$，$\varphi \equiv 1.0$ とすると式(10・10)と等しくなる．式(10・9)の上式の意味は，N_{cr} で曲げ座屈の影響に配慮はするものの，本質的には材中間で最大となるときの曲げモーメント φM が全塑性モーメント M_{pc} になるときの M として耐力を評価していることになる．

全塑性モーメントに関する曲げモーメント － 軸力相関関係は断面形に依存する．そのため細長い柱の設計式は矩形中空断面柱，H 形断面柱，円形中空断面柱で異なる．詳細は引用文献2) を参照されたい．

4 座屈長さと幅厚比・径厚比の制限値および区分

式(10・5)，式(10・9)の f_c，N_{cr} の算定のため，柱材の座屈長さを求める必要があるが，骨組の中の柱材の座屈長さは，鋼構造座屈設計指針などで示されている計算図表を用いて算定すればよい．幅厚比の制限値は第8章式(8・9)による．建築物の構造関係技術基準解説書では，変形性能に応じた幅厚比区分を示している．

5 軸力比・細長比の制限

鋼構造許容応力度設計規準では，細長比があまり大きくなると，建方に支障をきたしたり，たわみが大きくなったりするので，柱材の細長比は 200 以下としている．鋼構造塑性設計指針や鋼構造限界状態設計指針では，骨組の不安定現象に

⇨ PΔ 法

鋼構造塑性設計指針の式(10・9)は，モーメント拡大係数を用いることにより，設計用曲げモーメントを評価しているが，PΔ モーメントを考慮した2次理論による骨組の応力解析で設計用曲げモーメントを求める方法．水平変位を仮定し，PΔ モーメントを見かけの水平荷重に置き換えて評価する簡略法もある．

⇨ 節点の水平移動が拘束されている骨組の座屈長さ

柱の座屈長さは階高（節点間距離）以下となる．したがって，筋かいや耐力壁が入って柱頭，柱脚で水平移動がないとみなせる骨組は節点間距離を座屈長さとすれば安全側となる．

⇨ 節点の水平移動が拘束されていない骨組の座屈長さ

筋かいなどがついていない限り座屈長さは階高以上となり，階高を座屈長さにとると危険側となる．骨組内の柱材の座屈長さは座屈たわみ角法を用いれば算定できるが，かなり煩雑な計算が必要であるため，座屈長さを求めるための算定図表が用意されている．本書では，第13章図13・6に算定図表を示している．

対する配慮や塑性ヒンジの変形能力の確保の観点から，細長比 λ と軸力比 (N/N_y) の制限を**図 10・17** に示すようにしている．

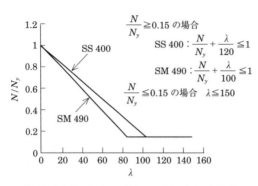

$\dfrac{N}{N_y} \geqq 0.15$ の場合

SS 400 : $\dfrac{N}{N_y} + \dfrac{\lambda}{120} \leqq 1$

SM 490 : $\dfrac{N}{N_y} + \dfrac{\lambda}{100} \leqq 1$

$\dfrac{N}{N_y} \leqq 0.15$ の場合　$\lambda \leqq 150$

図 10・17　塑性設計指針の細長比・軸力比の制限（引用文献 2）の 2010 年版）

6　層間変形角の制限

建築物の構造関係技術基準解説書では，1 次設計用の層間変形角を 1/200 以下に抑える必要がある．ただし，2 次部材の損傷がないことを確認できれば，1/120 まで緩和できる．

◇**骨組・柱の安定性と安全性**

鋼構造塑性設計指針[2]には，骨組全体の安定性確保のため，①圧縮軸力比と曲げ座屈細長比の組合せ，②最大軸力比，③塑性ヒンジを形成する柱の制限，の三つの条件を示している．本書の第 13 章での 2 層 1 スパンラーメンの骨組・柱は，これらの条件を十分に満足している．また，柱の終局耐力式（10·9）も十分に満たしていて，骨組は塑性崩壊機構を形成する．

◇**層間変形角**

建物の各階の変形角で，その層の柱材の部材角となる．柱頭と柱脚の相対水平変位を階高で除して算定する．

第 10 章　演習問題

問 10·1　**図 10·18** に示すように，短期応力として圧縮力 500 kN と x 軸まわりに曲げモーメント 250 kN·m を受ける柱材を，H-496×199×9×14（SN 400）で検討せよ．材の中央点（C 点）では x 方向，y 方向の移動とねじれを拘束しているものとする．

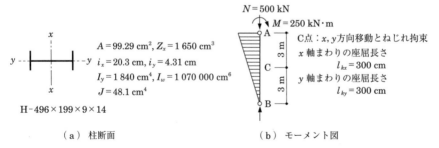

$A = 99.29 \text{ cm}^2$, $Z_x = 1\,650 \text{ cm}^3$
$i_x = 20.3 \text{ cm}$, $i_y = 4.31 \text{ cm}$
$I_y = 1\,840 \text{ cm}^4$, $I_w = 1\,070\,000 \text{ cm}^6$
$J = 48.1 \text{ cm}^4$

H-496×199×9×14

（a）柱断面

$N = 500 \text{ kN}$
$M = 250 \text{ kN·m}$

C 点：x, y 方向移動とねじれ拘束
x 軸まわりの座屈長さ
　$l_{kx} = 300 \text{ cm}$
y 軸まわりの座屈長さ
　$l_{ky} = 300 \text{ cm}$

（b）モーメント図

図 10・18　柱断面と荷重条件

【解答】

（a）断面の諸量

断面の諸量は図 10·18 に示している．幅厚比の検討は省略する．

（b） 許容圧縮応力度 f_c

x 軸, y 軸まわりの細長比 λ_x, λ_y は $\lambda_x=300/20.3=14.8$, $\lambda_y=300/4.31=69.6$, したがって許容圧縮応力度 f_c は λ_y によって決まり

$$f_c=\frac{1-0.4\left(\frac{69.6}{120}\right)^2}{\frac{3}{2}+\frac{2}{3}\left(\frac{69.6}{120}\right)^2}\times235\times1.5=177\text{ N/mm}^2$$

（c） 許容曲げ応力度 f_b

修正係数 C は, M_1, M_2 をそれぞれA点, C点のモーメントとして $M_1=250\text{ kN}\cdot\text{m}$, $M_2=250/2=125\text{ kN}\cdot\text{m}$ より, $M_2/M_1=-0.5$ となり

$$C=1.75+1.05\times(-0.5)+0.3\times(-0.5)^2=1.3$$

また, 第9章より

$$_p\lambda_b=0.6+0.3\frac{M_2}{M_1}=0.6+0.3\times(-0.5)=0.45$$

$$M_e=C\sqrt{\frac{\pi^4EI_yEI_w}{l_b{}^4}+\frac{\pi^2EI_yGJ}{l_b{}^2}}$$

$$=1.3\sqrt{\frac{\pi^4\cdot205\,000\cdot1\,840\cdot10^4\cdot205\,000\cdot1\,070\,000\cdot10^6}{3\,000^4}+\frac{\pi^2\cdot205\,000\cdot1\,840\cdot10^4\cdot79\,000\cdot48.1\cdot10^4}{3\,000^2}}$$

$$=1\,395\,000\,000\text{ N}\cdot\text{mm}=1\,400\text{ kN}\cdot\text{m}$$

$$M_y=Z_x\cdot F=1\,650\times10^3\times235=388\,000\,000\text{ N}\cdot\text{mm}$$

$$=388\text{ kN}\cdot\text{m}$$

したがって

$$\lambda_b=\sqrt{\frac{M_y}{M_e}}=\sqrt{\frac{388}{1\,400}}=0.526$$

また

$$_e\lambda_b=\frac{1}{\sqrt{0.6}}=1.29$$

なお, 略算で λ_b を求めると, 下式となり, 多少大きめの値が得られる.

$$\lambda_b=\frac{1}{\sqrt{C}}\frac{1}{\pi}\sqrt{\frac{F}{E}}\frac{l_b}{i_y}\left[1+0.05\left(\frac{t_f}{h}\right)^2\left(\frac{l_b}{i_y}\right)^2\right]^{\frac{1}{4}}$$

$$=\frac{1}{\sqrt{1.3}}\frac{1}{\pi}\sqrt{\frac{235}{205\,000}}\frac{300}{4.31}\left[1+0.05\left(\frac{14}{496}\right)^2\left(\frac{300}{4.31}\right)^2\right]^{\frac{1}{4}}$$

$$=0.629$$

$_p\lambda_b(=0.45)<\lambda_b(=0.526)<_e\lambda_b(=1.29)$ なので, 短期応力に対する許容応力度 f_b は

$$f_b=\frac{\left\{1-0.4\frac{\lambda_b-_p\lambda_b}{_e\lambda_b-_p\lambda_b}\right\}F}{\frac{3}{2}+\frac{2}{3}\left(\frac{\lambda_b}{_e\lambda_b}\right)^2}\times1.5$$

$$=\frac{\left\{1-0.4\frac{0.526-0.45}{1.29-0.45}\right\}235}{\frac{3}{2}+\frac{2}{3}\left(\frac{0.526}{1.29}\right)^2}\times1.5=211\text{ N/mm}^2$$

169

（d）　断面算定

圧縮応力度 σ_c は

$$\sigma_c = 500\ \text{kN}/99.3\ \text{cm}^2 = 50.4\ \text{N/mm}^2$$

$$_c\sigma_b = {}_t\sigma_b = 250\ \text{kN·m}/1\ 650\ \text{cm}^3 = 152\ \text{N/mm}^2$$

したがって式(10·5)，(10·6)より

$$\frac{\sigma_c}{f_c} + \frac{_c\sigma_b}{f_b} = \frac{50.4}{177} + \frac{152}{211} = 1.01 > 1$$

$$\frac{_t\sigma_b - \sigma_c}{f_t} = \frac{152 - 50.4}{235} = 0.432 < 1$$

より曲げ圧縮側の検定がわずかではあるが，NG となる．

> **問 10·2**　図 10·19 に示す一定の圧縮力 P と変動する水平力 H を受ける曲げ剛性が EI の片持ち柱がある．このとき，$P\varDelta$ モーメントの分布を直線と仮定して，軸力 P の存在による柱頭の変位の増分の近似値と全変位 $\varDelta$ を近似的に算定せよ．

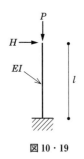

図 10·19

【解答】　水平力 H のみが作用するときの柱頭の水平変位 $\varDelta_1$ は，公式より下式で表現できる．

$$\varDelta_1 = \frac{Hl^3}{3EI}$$

変位 $\varDelta_1$ により，柱脚では $P\varDelta_1$ の付加モーメントが加わる．この付加モーメント分布を柱頭で0，柱脚で $P\varDelta_1$ となる直線分布とすると，この曲げモーメント分布を作る仮想の水平力 $\widetilde{H}_1$ が $\widetilde{H}_1 = \dfrac{P\varDelta_1}{l}$ として作用していると考えてよい．仮想の水平力 $\widetilde{H}_1$ により生じる柱頭の水平変位 $\varDelta_2$ は下式で表せる．

$$\varDelta_2 = \frac{\widetilde{H}l^3}{3EI} = \frac{l^3}{3EI} \cdot \frac{P\varDelta_1}{l} = \frac{Pl^2}{3EI} \cdot \varDelta_1$$

全変位 $\varDelta$ の近似値は，下式で表せる．

$$\varDelta \fallingdotseq \varDelta_1 + \varDelta_2 = \varDelta_1\left(1 + \frac{Pl^2}{3EI}\right)$$

上記と同様に考えると，柱頭の水平変位が $\varDelta_2$ だけ増えるので，柱脚のモーメントがさらに $P\varDelta_2$ だけ増加する．対応する仮想の水平力 $\widetilde{H}_2$ が $\widetilde{H}_2 = \dfrac{P\varDelta_2}{l}$ として作用していると考えると，水平力 $\widetilde{H}_2$ により生じる柱頭の水平変位 $\varDelta_3$ は下式で表せる．

$$\varDelta_3 = \frac{\widetilde{H}_2 l^3}{3EI} = \frac{l^3}{3EI} \cdot \frac{P\varDelta_2}{l} = \left(\frac{Pl^2}{3EI}\right)^2 \cdot \varDelta_1$$

同様なことを続けると，全変位 $\varDelta$ の近似値は，下式で表せる．

$$\varDelta \fallingdotseq \varDelta_1 + \varDelta_2 + \varDelta_3 + \cdots\cdots = \varDelta_1\left\{1 + \frac{Pl^2}{3EI} + \left(\frac{Pl^2}{3EI}\right)^2 + \left(\frac{Pl^2}{3EI}\right)^3 + \cdots\cdots\right\}$$

$$= \frac{\varDelta_1}{1 - \dfrac{Pl^2}{3EI}} = \frac{\varDelta_1}{1 - \dfrac{P}{\dfrac{3EI}{l^2}}} = \frac{\varDelta_1}{1 - \dfrac{P}{P_{E*}}}$$

　上式より，圧縮力 P の存在により，水平力だけが作用する場合に比較して，柱頭の水平変位が大きくなっていることがわかる．前式の P_{E*} は近似的なオイラー座屈荷重を表している．より正確な解析の近似が式(6·26)や式(10·3)となるが，本演習の解においても，モーメント拡大係数に相当する項 $\dfrac{1}{1-\dfrac{P}{P_{E*}}}$ が出てきている．

> **問 10·3**　圧縮力 $500\,\mathrm{kN}$ と x 軸まわりに曲げを受ける H 形断面，H-$496\times199\times9\times14$（SN 400）について，降伏軸力 N_y，軸力比 $n(=N/N_y)$，降伏モーメント M_y，弾性限界モーメント M_{yc} を算定せよ．

【解答】

　　　　降伏軸力 $N_y=99.3\times10^2\times235=2\,330\,000\,\mathrm{N}=2\,330\,\mathrm{kN}$

　　　　軸力比 $n=N/N_y=500/2\,330=0.215$

　　　　降伏モーメント $M_y=Z_xF=1\,650\times10^3\times235=388\,000\,000\,\mathrm{N\cdot mm}$
　　　　　　　　　　　$=388\,\mathrm{kN\cdot m}$

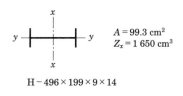

$A=99.3\,\mathrm{cm^2}$
$Z_x=1\,650\,\mathrm{cm^3}$

H-$496\times199\times9\times14$

図 10·20

弾性限界モーメント M_{yc} は式(10·2)より

$$M_{yc}=M_y\left(1-\frac{N}{N_y}\right)=388(1-0.215)=305\,\mathrm{kN\cdot m}$$

> **問 10·4**　圧縮力 $500\,\mathrm{kN}$ と両端に等モーメント M_1 を x 軸まわりに受ける材長 $6\,\mathrm{m}$ および $12\,\mathrm{m}$ の H 形鋼 H-$496\times199\times9\times14$（SN 400）の柱材がある．曲げ面内のオイラー座屈荷重 N_E，材が弾性限界に達するときの曲げモーメント M_1 を長さの影響を考慮して算定せよ．降伏モーメント M_y は問 10·3 の答えを使用すること．

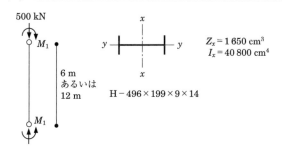

$500\,\mathrm{kN}$
M_1

$6\,\mathrm{m}$
あるいは
$12\,\mathrm{m}$

M_1

$Z_x=1\,650\,\mathrm{cm^3}$
$I_x=40\,800\,\mathrm{cm^4}$

H-$496\times199\times9\times14$

図 10·21

【解 答】

（ⅰ）材長 6 m の場合

曲げ面内のオイラー座屈荷重 N_E は

$$N_E = \frac{\pi^2 E I_x}{l_k^2} = \frac{\pi^2 \cdot 205\,000 \cdot 40\,800 \cdot 10^4}{6\,000^2} = 22\,900 \text{ kN}$$

長さの影響を考慮した材が弾性限界に達するときの曲げモーメント M_1 は式
(10·3) より

$$M_1 = \left(1 - \frac{N}{N_E}\right)\left(1 - \frac{N}{N_y}\right)M_y = \left(1 - \frac{500}{22\,900}\right) \cdot (1 - 0.215) \cdot 388$$
$$= 298 \text{ kN} \cdot \text{m}$$

この場合，問 10·3 の断面の弾性限界モーメント M_{yc} の値 305 kN·m と大きな
差はない．

（ⅱ）材長 12 m の場合

曲げ面内のオイラー座屈荷重 N_E は

$$N_E = \frac{\pi^2 E I}{l_k^2} = \frac{\pi^2 \cdot 205\,000 \cdot 40\,800 \cdot 10^4}{12\,000^2} = 5\,730 \text{ kN}$$

長さの影響を考慮した材が弾性限界に達するときの曲げモーメント M_1 は式
(10·3) より

$$M_1 = \left(1 - \frac{N}{N_E}\right)\left(1 - \frac{N}{N_y}\right)M_y = \left(1 - \frac{500}{5\,730}\right) \cdot (1 - 0.215) \cdot 388 = 278 \text{ kN·m}$$

この場合，問 10·3 の断面の弾性限界モーメント M_{yc} の値 305 kN·m と 10% 程
度の違いが出ている．

参 考 文 献

［1］　日本建築学会：鋼構造座屈設計指針（2018）
［2］　日本建築学会：鋼構造物の座屈に関する諸問題 2022（2022）
［3］　日本建築学会：鋼構造限界状態設計指針・同解説（2010）
［4］　日本建築学会：鋼構造建築物における構造設計の考え方と枠組（1999）
［5］　仲威雄ほか：建築学大系 12 座屈論，彰国社（1968）
［6］　土木学会編：新体系土木工学 9 構造物の座屈・安定解析（1982）
［7］　Friedrich Bleich：Buckling Strength of Metal Structures，McGRAW‐HILL
　　　（1952）
［8］　Stephen P. Timoshenko：Theory of Elastic Stability，McGRAW‐HILL（1961）
［9］　Theodore V. Galambos：Guide to Stability Design Criteria for Metal Structures，
　　　Fifth Edition，John Wiley & Sons（1998）
［10］　Theodore V. Galambos：Structural Members and Frames，Prentice‐Hall
　　　（1968）

引 用 文 献

1)　日本建築学会：鋼構造許容応力度設計規準（2019）
2)　日本建築学会：鋼構造塑性設計指針（2017）

第11章
接合部

▼柱梁接合パネル部の座屈変形

［学習目標］

建物は柱，梁などの部材とそれら部材の接合部で構成される．接合部としては，同種の部材と部材の継手，柱材と梁材の接合部（仕口），柱材と基礎の柱脚などがある．接合部に用いられる接合法としては，第4章のボルト接合法，第5章の溶接接合法がある．部材の性能を発揮させ，建物の構造安全性を確保するためには，それらの接合部が部材の耐力発揮前に破壊しないようにする必要がある．

本章では，次のことを学習する．

1. 骨組における各種接合部，継手・仕口　柱脚の構成と特徴
2. 継手における高力ボルトと溶接による設計法
3. 柱梁接合部および仕口パネルにおける応力状態と設計法
4. 各種の柱脚形式における応力伝達機構と設計法
5. 引張筋かい接合部の設計法
6. 保有耐力接合の設計法

▼トラス柱の接合部の破壊（兵庫県南部地震：1995年）

11・1　各種接合部の構成と特徴

　事務所建築や住宅建築は形鋼を各部で接合し骨組とするが（**図11・1**），各部材を組み立てて骨組を構成できるように加工する工程は一般に工場で行われる．建築構造物の接合部は大別すると，**継手，仕口，柱脚**である．接合法として継手では高力ボルト接合あるいは溶接接合が用いられ，仕口では溶接接合が用いられることが多い．柱脚は鉄骨造とRC造との接合となり，鉄骨柱脚の応力をRC造基礎梁へ伝達させる．

⇨**継手・仕口・柱脚**

　接合部のうち継手は同種部材を延長するための接合部，仕口は異種部材（たとえば柱と梁）の接合部であり，柱脚は鉄骨柱とRC造基礎梁の接合部である．

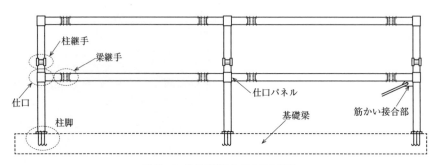

図11・1　鉄骨構造における接合箇所

　設計法としては**存在応力設計，保有耐力設計**，および**全強設計**がある．剛性・耐力が急変することは好ましくないので全強設計が望ましいが，許容応力度設計の場合でも接合部の耐力は母材耐力の50%以上とすることが望ましい．**図11・2**は地震時の曲げモーメント分布を模式的に示したものである．靱性が要求される骨組では梁材端などに塑性ヒンジ（関節）が形成され骨組がその耐力に達することが必要である．継手の強度が不十分であると，材端に塑性ヒンジが形成される前に継手位置で破断が起こり，**図11・3**の破線で示すように設計で期待する耐力・変形能力を骨組が発揮できない．

⇨**存在応力設計**

　構造計算によって得られる接合部位置での応力を設計応力として用いる設計法．

⇨**保有耐力設計**

　骨組（母材）がその塑性耐力を発揮する前に接合部が破断しないように設計する設計法．

⇨**全強設計**

　存在応力にかかわらず使用部材の許容耐力を接合部の設計応力として用いる設計法．

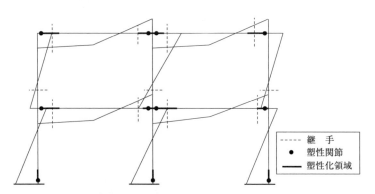

------- 継手
● 塑性関節
―― 塑性化領域

図11・2　水平荷重下の曲げモーメント分布

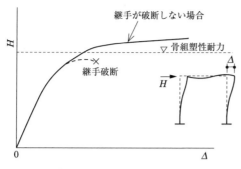

図11・3　骨組の荷重変形関係

⇨図11・3 の説明

　耐力低下の原因として，継手破断のほかに局部座屈，横座屈などがある．

11・2　継手の挙動と設計

　H形鋼柱の場合について高力ボルト継手の例を**図11・4**に，溶接継手の例を**図11・5**に示す．ブレースの継手では軸力 N，ブレースが取り付かない梁の継手では曲げモーメント M とせん断力 Q，柱継手およびブレースが取り付く梁では M，N，Q が設計応力である．ここでは，柱継手について記述するが，梁継手では $N=0$ として設計すればよい．

⇨骨組の塑性耐力について

　骨組塑性耐力は第7章7・4節「塑性崩壊」でラーメン材の求め方が記述されている．引張ブレースあるいは座屈拘束ブレース付骨組の場合は骨組の塑性耐力に保有耐力接合されたブレースの降伏耐力の水平成分を加算できるが，圧縮ブレースの場合でブレース座屈後耐力低下が生じる場合は圧縮ブレースの座屈耐力を加算できない．

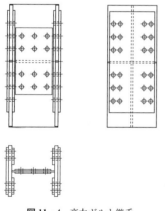

図11・4　高力ボルト継手

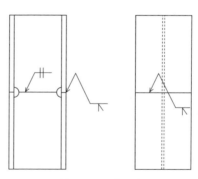

図11・5　溶接継手

1　高力ボルト接合

　梁の継手を高力ボルト接合とした場合の荷重‐変形関係の例を，**図11・6**に示す．図中▽印はすべりが生じた点である．

（a）　存在応力設計の場合

　曲げモーメント M，軸力 N，およびせん断力 Q に対して抵抗する断面量は，それぞれ断面2次モーメント，断面積，およびウェブ断面積であるから，M，N，Q を同時に受ける継手部のフランジの設計応力 M_f，N_f（**図11・7**参照）およびウェブの設計応力 M_w，N_w，Q_w はそれぞれ式(11・1)，式(11・2)となる．

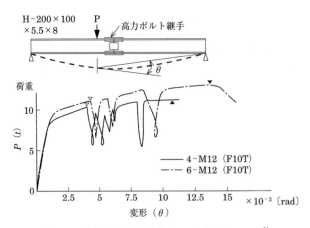

図11·6 高力ボルト継手を有する梁の荷重-変形関係[1]

⇨図11·6の説明
　荷重が急激に低下している部分は，摩擦抵抗が一時的に減少することと，試験機の特性（慣性）が関係している.
　荷重が低下した後は，ボルトの支圧も外力に対する抵抗に関与している．支圧抵抗については第4章図4·2（b）参照.

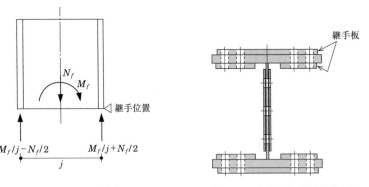

図11·7 フランジ応力　　　　図11·8 有効断面（図中網掛け部）

$$M_f = M\frac{I_f}{I}, \quad N_f = N\frac{2A_f}{A} \tag{11·1}$$

$$M_w = M\frac{I_w}{I}, \quad N_w = N\frac{A_w}{A}, \quad Q_w = Q \tag{11·2}$$

ただし，I_f, I_w, I：それぞれ断面欠損を考慮したフランジ部，ウェブ部および断面の断面2次モーメント

　　　　A_f, A_w, A：それぞれ断面欠損を考慮したフランジ部（1枚），ウェブ部および断面の断面積

(1) フランジの設計　　H形鋼のような対称断面材での各フランジ軸力T_fは，式(11·3)で示される.

$$T_f = \frac{N_f}{2} \pm \frac{M_f}{j} \tag{11·3}$$

ただし，j：フランジ重心間距離

高力ボルト本数n_fおよび継手板の**必要有効断面積**A_{fe}（図11·8）は

$$n_f = \frac{T_f}{R}, \quad A_{fe} = \frac{T_f}{{}_bf_t} \tag{11·4}$$

ただし，${}_bf_t$：継手板の許容引張応力度

　　　　R：ボルト1本当りの許容耐力

⇨必要有効断面積
　ボルト孔による断面欠損を考慮した断面積.

有効断面積は破断線を想定して求める（**図11・9**）.

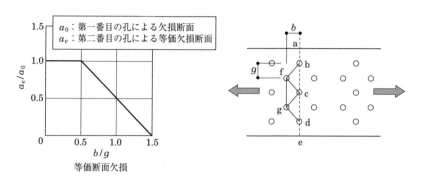

図11・9 想定破断線と等価欠損断面

⇨**図11・9の説明**

破断線として，abc-de，abfcgde，abfgde の3種類が想定される．破断線はゲージ間隔(g)とピッチ(b)が関係する．bfの破断線を想定するとき，fの孔についてはa_e/a_0の欠損率とする．$b/g >$ 1.5の場合，想定破断線は abcde となる.

⇨**局所的な破断**

破断形式としては図 11・9のほかに図11・10 に示す局所的な破断がある.

（2）**ウェブの設計** ウェブ継手位置には M_w, N_w, および Q が作用し，それらから受ける力の方向は**図11・11**(b)であるから，これらのベクトル和に抵抗できるようにボルトを配置する．軸力，せん断力については各ボルトに均等な力が作用するとしてよい.

$$R_n = \frac{N_w}{n}, \quad R_q = \frac{Q}{n} \tag{11・5}$$

ただし，R_n, R_q：それぞれ軸力およびせん断力によるボルト応力（せん断力）

n：ウェブ片側に配置されるボルト本数

曲げモーメントに起因する力は，ボルト群の中心からの距離に比例し，その方向は円周方向となる．各ボルト断面を離散断面としたときの極断面2次モーメント I_p がこの回転に対する抵抗に関係するので，各ボルトが受ける力は，式(11・6)で表される.

$$R_i = \frac{M_w + Qe}{I_p} r_i a_i, \quad I_p = \sum r_i^2 a_i \tag{11・6}$$

ただし，　a_i：i番目のボルトの断面積（一般には$a_i = a$）

$M_w, \ Q$：継手位置での設計曲げモーメントおよびせん断力

e：継手位置からボルト群重心までの距離

r_i：ボルト群の重心からi番目のボルト中心までの距離

ボルト群の中心から最も遠い位置にあるボルトに最も大きな力が作用する．このせん断力を R_m とすると，ウェブに配置したボルトに対しては

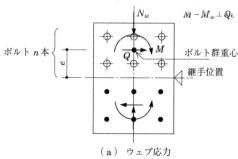

（a）ウェブ応力　　　（b）ボルトに作用する応力

図11・11 ウェブ継手応力

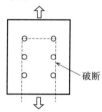

（a）中抜け破断

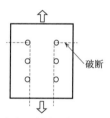

（b）中外抜け破断

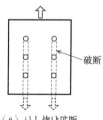

（c）はし抜け破断

図11・10

$$|\vec{R}| > |\vec{R}_m + \vec{R}_q + \vec{R}_n| \quad (\text{ベクトル和}) \tag{11・7}$$

R_{mx}, R_{my} をそれぞれ R_m の x (材軸), y (材軸に直交) 方向成分とすれば

$$R > \sqrt{(R_{mx} + R_n)^2 + (R_{my} + R_q)^2} \tag{11・8}$$

を満たすボルト耐力が必要である.

継手板に関しては継手板の耐力がウェブの耐力より大きければよいから

$$_wA_e f_t < {}_pA_e\, {}_pf_t \tag{11・9}$$

ただし，f_t：ウェブ板の許容引張応力度

$\quad\quad {}_pf_t$：継手板の許容引張応力度

$\quad\quad {}_wA_e$：ウェブの有効断面積

$\quad\quad {}_pA_e$：ウェブ継手板の有効断面積

なお，${}_wA_e, {}_pA_e$ はボルト孔の欠損を考慮して算定するが，板厚を 75% に減じた値を用いてもよい.

（b） 全強設計の場合

フランジに対しては式(11・10)を，ウェブに対しては式(11・11)を設計応力として高力ボルトおよび継手板の設計を行う.

$$T = {}_fA_e F \tag{11・10}$$

$$N = {}_wA_e F \tag{11・11}$$

ただし，${}_fA_e, {}_wA_e$：それぞれボルト孔を控除したフランジおよびウェブ断面積

$\quad\quad F$：フランジあるいはウェブ鋼材の基準強度

なお，フランジ部，ウェブ部とも孔あき部が断面欠損により早期に破断することを避けるために，断面欠損量は母材断面の 25% 以下とする.

2 溶 接 継 手

一般にはフランジ部は突合せ溶接，ウェブ部はⅠ形溶接とする (図11・5 参照).十分な溶接管理がなされる場合，溶接部の許容応力度は母材と等しいから完全溶込みの突合せ溶接部に関しては特別な設計は不要であるが，フランジ部を突合せ溶接とするためには，一般には**図11・12**のように**裏当て金**あるいは**裏はつり**が必要で**スカラップ**を設ける必要がある. スカラップ部はウェブ部に大きな断面欠損を生じさせ，形状が適切でないと応力集中発生の原因となるので，近年はスカラップを設けない**ノンスカラップ工法**が開発されている. ウェブ部はせん断力に対して全強設計をする.

日本建築学会「鋼構造設計規準」では，次のように記述されている.

① 継手位置で断面に引張応力が生じるおそれがなく，接合部端面を削り仕上げなどにより密着させることができる構造とした場合は，圧縮力および曲げモーメントの1/4は接触面により直接伝達するものとみなしてよい.

② 柱の継手は暴風時，地震時の応力の組合せの場合に，積載荷重を無視したことによって生じる引張応力についても安全なように設計する.

> **⇨断面欠損率を 25% 以下にする理由**
>
> 建築で使われる鋼材の降伏比（降伏強度／引張強さ）は 0.60〜0.75 のものが多いので，断面欠損率を 75% 以下に抑えておけば，部材の降伏に先行して継手部が破断するのを避けることができる.
>
> **⇨裏当て金**
>
> 第一層目の溶接欠陥が生じないように溶接部に設ける鋼版.

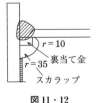

図 11・12

> **⇨裏はつり**
>
> 裏当て金を設けない場合 欠陥の多い第一層目をはつり取ること.
>
> **⇨スカラップ**
>
> 裏当て金を H 形鋼のウェブ部を貫通させて裏当て金を設けることができるようにウェップ部に設けた切欠き.

11・3　柱梁接合部の挙動と設計

図 11・13 は柱梁接合部を含む骨組の荷重-変位関係の模式図である[4]．同図中↑で示した変位時にパネルに座屈が観察されている．この試験体では柱降伏軸力の 30％の軸力を作用させているが，軸力が小さい場合は最大荷重後の荷重の低下は小さい．

⇨ **図 11・13 について**
　文献 4）に示される荷重-変位関係をもとに特徴をとらえて描いたものである．

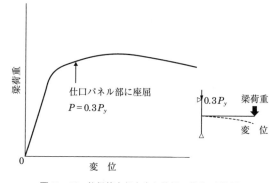

図 11・13　柱梁接合部を含む骨組の荷重-変位図

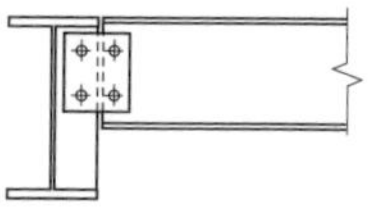

図 11・14　大梁と小梁の接合部

柱梁接合部（仕口）は柱-梁間の応力伝達を確保することが肝要で，主な設計事項は次のようである．

① 梁材端部の設計

② 柱の局部支圧に対する設計

③ 柱梁接合パネルの設計

わが国では地震荷重が大きいので，純ラーメンでも水平力に抵抗できるように柱・梁は**剛接合**とすることが多いが，水平力を筋かいに抵抗させる骨組では柱梁接合部をピン接合とすることも多い．柱梁がピン接合の場合は**図 11・15（b）**のフランジ部の**スプリット T** が省略される．大梁と小梁の接合部は**図 11・14** に示すような接合部とし，**ピン接合**として検定される．

⇨ **ピン接合**
　図 11・14 の接合部では回転に対する拘束があるが，フランジも接合されている場合に比べて曲げモーメントの伝達が小さいので，実務設計ではピン接合と仮定される．

1　仕 口 の 設 計

剛接合では梁の軸力，せん断力，および曲げモーメントが柱に伝達されるが，一般には曲げモーメントが卓越する．仕口は柱と梁を接合する部分（梁材端部）と接合部パネルに分けられる．柱が H 形鋼のように開断面材である場合はスチフナ補強が容易であるが，鋼管のように閉断面材の場合は補強に工夫がいる．

図 11・15 は H 形鋼柱-梁接合部の例で，**図 11・16** は角形鋼管柱と梁接合部の例である．

⇨ **剛接合**
　図 11・15 や図 11・16 のように柱と梁が接合された仕口．

（a）溶接接合の場合

梁材端を柱フランジに溶接する場合，フランジは突合せ溶接，ウェブはすみ肉溶接とすることが多い．この場合，突合せ溶接部の有効断面積をすみ肉溶接に換

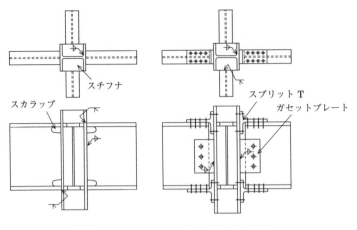

（a）　溶接仕口　　　　　　（b）　高力ボルト仕口

図11・15　H形鋼柱仕口の例

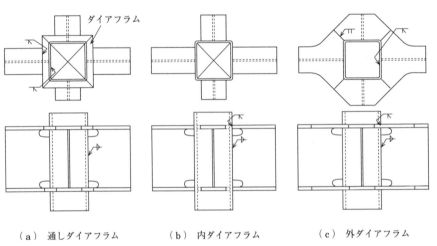

（a）　通しダイアフラム　　　（b）　内ダイアフラム　　　（c）　外ダイアフラム

図11・16　角形鋼管柱仕口の例

算（溶接長さを $\sqrt{3}$ 倍）したうえで検定する（**図11・17**参照）．

（b）　フランジ部溶接，ウェブ部高力ボルト接合の場合

　フランジ部を完全溶込み溶接とする場合はフランジ部は特別な検定は不要である．ウェブ部は継手部の設計同様，ウェブが負担する応力に対して設計を行う．

（c）　スプリット T を用いた高力ボルト接合の場合

　図11・15（b）に示したようにフランジ部はスプリット T，ウェブ部はガセットプレート（あるいはクリップアングル）とする場合，次の接合部の検定が必要である．

① 　スプリット T と柱の接合部

② 　スプリット T と梁フランジの接合部

③ 　ウェブ接合部

②③については継手の設計と同じである．スプリット T の強度に応じて図11・18（a）～（c）に示す変形を受け，耐力が異なる．

⇨**各ダイアフラムの特徴**

通しダイアフラム形式：鋼管柱を梁フランジ位置で切断する必要がある．

内ダイアフラム形式：鋼管の切断は不要であるが，閉鎖断面の内部に溶接するので特殊な溶接技術を必要とする．ダイアフラムはコンパクトである．

外ダイアフラム形式：鋼管の切断が不要であり，溶接も特殊な技術を要しないが，ダイアフラムの外径が大きくなる．

⇨**クリップアングル**

　図11・15（b）のガセットプレートの代わりに，ウェブをアングル（山形鋼）で挟み込むようにして接合するためのアングル．

⇨**スプリット T を用いた接合部の特徴**

　溶接接合を用いないので熟練工を必要としない．また建物を解体する場合，作業が容易である．

　溶接接合に比べ剛性が低い．

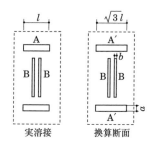

A部：のど厚aの突合せ溶接
B部：のど厚bのすみ肉溶接
A′部：換算溶接長さを$\sqrt{3}$倍とする部分

図11・17 溶接断面の換算

2 パネル部の設計

地震時応力下では**接合部パネル**には梁・柱材端曲げモーメントにより大きなせん断力が生じる．**図11・19**はパネル部に作用する梁および柱の材端の合応力を示している．パネルに生じるせん断力Q_pは同図を参考にして式(11・12)で得られる．

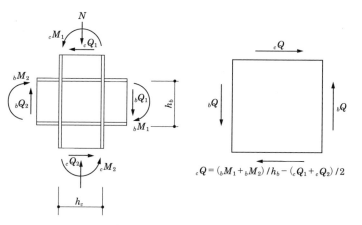

$$_cQ = (_bM_1 + _bM_2)/h_b - (_cQ_1 + _cQ_2)/2$$

図11・19 仕口パネルの応力

$$Q_p = \frac{(_bM_1 + _bM_2)}{h_b} - \frac{_cQ_1 + _cQ_2}{2} \tag{11・12}$$

式(11・12)の両辺をパネル部のウェブ断面積（＝$h_c t_w$, t_w：ウェブ板厚, h_c：柱フランジ重心間距離）で割ればパネル部のせん断応力度が得られるが，パネル部では降伏以後も耐力上昇が期待できること，一般の構造物では柱あるいは梁を貫通させるのでパネル部のみの補強（増厚）は容易でないこと，大地震時に対してまでパネル部を弾性範囲にとどめることは経済的でないことなどを理由に，日本建築学会「鋼構造設計規準」の解説では式(11・13)を検定式としている．

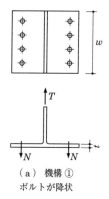

（a） 機構①
ボルトが降状

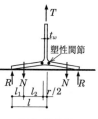

（b） 機構②

（c） 機構③
フランジが降状

図11・18 スプリットT
に作用する応
力と変形

図11・18(b)，(c)の場合，T形鋼フランジの先端が支点となるため，ボルトにはてこ作用による応力Rが加わる．

⇨接合部パネル

図11・19で柱・梁フランジで囲まれた長方形部分．梁材端曲げモーメントを梁フランジ間距離で割ったせん断力は柱せん断力と逆方向となる．式(11・12)に示すように接合部パネルにはこの両者の差がせん断力として作用する．

$$\frac{(_bM_1+_bM_2)}{V_e}\leqq 2f_s \tag{11・13}$$

ただし，$_bM_1$，$_bM_2$：接合部に集まる左右の梁の短期材端曲げモーメント

　　　　f_s：長期許容せん断応力度

　　　　V_e：接合部パネルの有効体積

　　　　　　　H形断面（強軸方向）のとき，$V_e=h_bh_ct_w$

　　　　　　　正方形等厚の箱形断面のとき，$V_e=\dfrac{16}{9}h_bh_ct_w$

　　　　　　　円形鋼管断面のとき，$V_e=\dfrac{\pi}{2}h_bh_ct_w$

　　　h_b，h_c：それぞれ梁フランジおよび柱フランジ板厚中心間距離

　　　　t_w：H形断面柱のウェブ厚または箱形断面柱・円形鋼管柱の
　　　　　　　板厚

■3　局部支圧の検定

　H形鋼柱に梁フランジが取り付く位置では，梁フランジの集中力 C_f が作用する．図11・20に示す応力の拡散を想定し，柱ウェブが破壊しないように設計する．

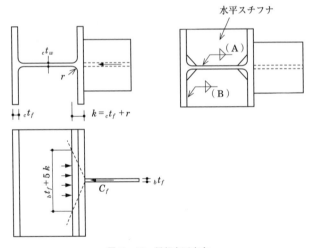

図11・20　局部支圧応力

　建築学会「鋼構造設計規準」ではAISCに示される規定を紹介している．この規定に基づいて，柱がH-400×400シリーズ，梁がH-600×300およびH-600×200シリーズの場合について，$A_{st}/{_f}A_b-{_c}t_w/{_b}t_f$ 関係（ここに，A_{st}：必要スチフナ断面積，${_f}A_b$：梁フランジ断面積，${_c}t_w$，$_bt_f$：それぞれ柱ウェブ厚と梁フランジ厚）を図示すると図11・21が得られる．ただし，計算上スチフナが不要な場合でも，接合部パネル部に形成される**斜張力場**を確実なものとするためには，梁フランジ位置に水平スチフナを設けることが望ましい．

⇨式(11・13)の説明

　右辺を単純に短期許容応力度とすると$1.5×f_s$であるが，適切な塑性変形範囲に制限できるように，$(4/3)×1.5×f_s=2f_s$としている．

　また鋼構造接合部設計指針では接合部パネルモーメント$_bM$を接合部に作用するせん断力を考慮して式(11・12)の両辺にh_bを掛けた式で与えている．式(11・12)と式(11・13)の比較から理解できるように，式(11・13)は柱のせん断力を無視しているためにパネルモーメントを過大に与えている．このことが式(11・13)の右辺を$2f_s$としている理由の一つである．

⇨AISC

　American Institute of Steel Construction. 米国の鋼構造に関する学会．

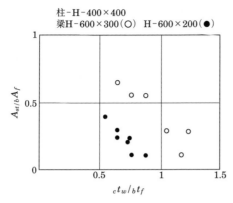

柱-H-400×400
梁H-600×300（○）　H-600×200（●）

図11・21　必要スチフナ断面積（A_{st}）-板厚関係

11・4　引張ブレース接合部の設計

第8章8・4節「筋かい材の挙動と設計」で保有耐力接合についても記述されている．ここでは，**ガセットプレート，ブラケット**および軸部材の接合部の設計について記述する．

図11・23に示すように 60° に広がる範囲をガセットプレートの有効範囲とする．片側に 30° を確保できない場合は，少ないほうの角度で対称の範囲を有効な領域とみなす．

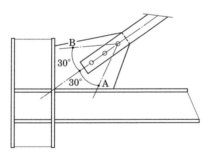

図11・23　筋かい接合部の例

山形鋼，溝形鋼を用いた場合の有効断面積

$$A_1 = A_g - A_d' - h_n \cdot t \tag{11・14}$$

ただし，A_g：筋かい材の断面積

A_d'：筋かい材の**ファスナー**（ボルトなど）孔による断面欠損

h_n：**突出脚**の無効長さ（**表11・1**参照）

t：突出脚の板厚

◇斜張力場

　図11・19に示す応力を受ける仕口パネルには，対角線方向に圧縮および引張力が生じる．パネル板が薄いと圧縮抵抗は小さく，引張抵抗が卓越する．この斜め応力が形成される場のこと．
（本章の章扉の写真参照）

図11・22

表 11·1　突出脚の無効長さ

筋かい材の断面形	筋かい材を結合しているファスナーの数（応力方向）			
	2 本	3 本	4 本	5 本
山形鋼	$0.7h_1$	$0.5h_1$	$0.33h_1$	$0.25h_1$
溝形鋼	$0.7h_1$	$0.5h_1$	$0.25h_1$	$0.20h_1$

h_1：筋かい材の突出脚の高さ

座屈拘束ブレースでは端部ガセットプレートが座屈しては，圧縮ブレースの降伏が保証できないので端部（ガセットプレート）が座屈しないように種々工夫がなされている．

たとえば参考文献［7］の p.588 に設計例が示されている．

11·5　柱脚の挙動と設計

柱脚は骨組を支える重要な部位で，柱下端部の応力（軸力 N，曲げモーメント M，せん断力 Q）を基礎や基礎梁へ伝える．このうち N と Q のみを伝達するとしたものがピン柱脚である．柱脚の形式として，**露出型，根巻型，埋込型**があるが，**図 11·24, 11·25** に露出型柱脚の例を，**図 11·26** に荷重–変形関係の例を示す．

◇座屈拘束ブレース
　軸力を受けないように工夫された鋼管やコンクリートで補剛し軸材が座屈しないように工夫されたブレースのこと（詳しくは第8章参照）．

◇露出柱脚
　ベースプレートが露出している柱脚で，柱脚応力はアンカーボルトの引張力ならびにベースプレートとコンクリート礎盤間の支圧で伝達される．

◇根巻柱脚
　露出柱脚で柱脚の固定度を上げるためには，ベースプレートにリブ補強などを必要とし，また大きくなるので，コンパクトな柱脚で固定度を確保するために柱下端部を RC で補強した柱脚．

◇埋込柱脚
　地中に十分埋め込まれている電柱が倒壊しないことを応用した柱脚．ただし，側柱では地中梁が取り付かない面が存在するので，側柱については RC 基礎梁仕口の設計が不可欠である．

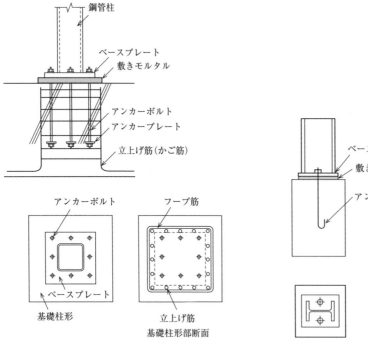

図 11·24　露出型柱脚の例

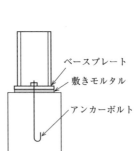

図 11·25　露出型柱脚（ピン柱脚）

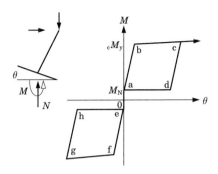

図 11・26 露出型柱脚復元力特性モデル[2]

⟳ **図 11・26 の説明①**

繰り返し水平力を受ける場合の模式図である．0a，0e 間ではアンカーボルトには引張りが生じていないが，ab 間では引張りが生じ剛性が小さくなる．b 点はアンカーボルトが降伏する点である．ad 間および eh 間はアンカーボルトは抵抗に寄与せず，軸力による支圧で曲げに抵抗する領域である．

⟳ **図 11・26 の説明②**

繰り返し載荷を受けるときの経路は 0abc，c 点で除荷を行い負方向に載荷を行うと cda0efg，g 点で除荷載荷を行うと ghe0adc の経路となる．

1 露 出 柱 脚

（a） 応力伝達機構

曲げモーメント M と軸力 N はアンカーボルトの引張りおよびコンクリート礎盤における支圧で，せん断力 Q はベースプレート下面におけるコンクリートとの摩擦抵抗（摩擦係数 0.4）で基礎に伝達される．摩擦による抵抗が不足する場合はアンカーボルトに負担させる．あるいはベースプレート下面に突起（シアーキー）を付けて処理する．アンカーボルトの引張力は**立上げ筋**を介して基礎梁に伝達させる方法が一般的である．曲げに関しては基礎梁仕口部に**図 11・27**（b）中に示す圧縮束が形成され，アンカーボルトの引張力とベースプレート下面の支圧圧縮力とが釣り合う．主な破壊形式として，① アンカーボルトの降伏，② ベースプレートの降伏，③ コンクリート礎盤の圧縮破壊，④ アンカーボルトの抜け出し，⑤ RC 基礎梁接合パネル部のせん断破壊（コーン破壊），⑥ 柱形部の割裂がある（図 11・27）．

⟳ **立上げ筋**

アンカーボルトの引張力を基礎梁下部へ伝えるために挿入する鉄筋．コーン破壊に対する抵抗力も増大する．アンカーボルトが基礎梁下端部に達していれば力学的には不要である．

⟳ **アンカーボルト固定用ナットについて**

ゆるみが生じないように二重ナットとするかベースプレートに溶接する．

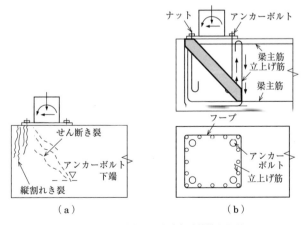

図 11・27 露出柱脚の応力伝達機構とき裂

（b）　コンクリート礎盤およびアンカーボルトの設計

（1）　存在応力設計（弾性設計）　ベースプレート直下の応力分布は以下の場合に分けられる．いずれの場合も圧縮側アンカーボルトは寄与しない．各ケースともコンクリートの許容応力度を超えないように設計し，次に示す（ⅲ）の例ではアンカーボルトに対しても許容応力度を超えないように設計する．

⇨弾性設計

　ベースプレートを剛とみなし，平面保持を仮定して得られるひずみ分布に基づいてコンクリート礎盤の応力，アンカーボルトの応力を求める．

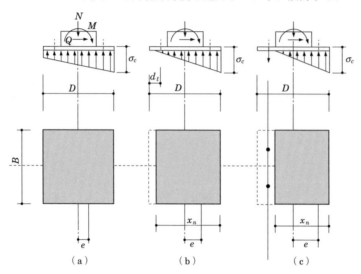

図 11・28　コンクリート礎盤の応力分布

（ⅰ）　ベースプレート下面が全面圧縮（$e \leqq D/6$）のとき（**図 11・28（a）**）:

$$\sigma_c = \frac{N}{BD}\left(1+\frac{6e}{D}\right) \leqq f_c, \quad e = \frac{M}{N} \tag{11・15}$$

ただし，　　f_c：コンクリートの許容応力度

　　　　　B, D：それぞれベースプレートの幅およびせい

（ⅱ）　アンカーボルトが引張りを受けない（$D/6 \leqq e \leqq D/6 + d_t/3$）場合（図 11・28（b））:

$$\sigma_c = \frac{2N}{3B(D/2-e)} \leqq f_c \tag{11・16}$$

（ⅲ）　アンカーボルトが引張りを受ける（$e > D/6 + d_t/3$）場合（図 11・28（c））: ベースプレートをRC柱外形とし，アンカーボルトを引張鉄筋とする単筋柱として設計する．中立軸位置を圧縮側最外縁から x_n とすると，曲げと軸力の釣合いより最外縁圧縮応力度 σ_c および引張アンカーボルトの合引張力 T はそれぞれ

$$\sigma_c = \frac{2N\{e+(D/2)-d_t\}}{Bx_n\{D-d_t-(x_n/3)\}} \leqq f_c \tag{11・17}$$

$$T = \frac{N\{e-(D/2)+(x_n/3)\}}{D-d_t-(x_n/3)} \leqq T_a \tag{11・18}$$

ただし，T_a：引張側アンカーボルト群の許容引張耐力

なお，中立軸位置 x_n は式（11・19）から得られる．

日本建築学会「鋼構造設計規準」の付録には次式による x_n が計算図表として示されているのでこれを利用してもよいが，設計では x_n 以外は既知量であるの

で式(11・19)を満たす x_n は試錯法でも容易に得られる（第13章図13・10参照）.

$$x_n^3+3\left(e-\frac{D}{2}\right)x_n^2-\frac{6na_t}{B}(D-d_t-x_n)\left(e+\frac{D}{2}-d_t\right)=0 \qquad (11・19)$$

ただし，n：コンクリートに対する鋼材の**ヤング係数比**

a_t：引張側アンカーボルト群の断面積

（2）終局設計　軸力 N のもとでの終局曲げモーメント M_u はコンクリート礎盤の圧縮応力分布を長方形分布とし，アンカーボルトが引張りを受けるときはアンカーボルトが降伏している（**図11・29**）として求める.

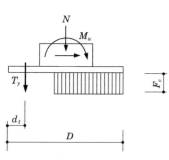

図11・29 終局時応力分布の仮定

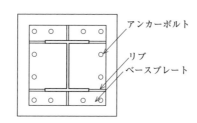

図11・30 $M\text{-}N$ 耐力曲線

（c）その他の部位の設計

（1）ベースプレート　ベースプレートの曲げ剛性を上げるためにリブが設けられることがある．リブ，フランジ，ウェブ位置で支持されたスラブとして板厚を設計する．このとき，コンクリートからの支圧力は等分布としてよい．

リブが設けられた柱脚の例を**図11・31**に示す.

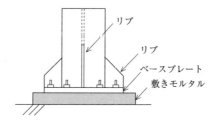

図11・31 リブが設けられた柱脚

➪**ヤング係数比 n**

ヤング係数に関する鋼とコンクリートの比．コンクリート強度に依存するが普通コンクリートの場合15が用いられることが多い.

➪**終局設計**

アンカーボルトは降伏，コンクリート支圧応力分布は長方形と仮定し，軸力および曲げの釣合いから曲げ耐力を求める方法．コンクリートの支圧応力として $0.8F_c\sim F_c$ が仮定されることが多い.

➪**終局曲げモーメント**

問11・3の柱脚についてコンクリート支圧応力を $0.85F_c$ として終局 $M\text{-}N$ 耐力曲線を求めると**図11・30**が得られる.

（2）　**アンカーボルトの定着**　　定着長さは RC 規準に従えばよい．定着長さが確保できない場合あるいは**アンボンド型アンカーボルト**を用いる場合は定着板によって定着を確保するが，**定着板位置**でコンクリートが局部支圧破壊しないよう定着板の面積を確保する．

（3）　**コーン破壊**　　定着板や定着フックを設けてアンカーボルトの抜出し抵抗を大きくしても埋込深さが少ないときにはコーン破壊が生じるのでこれに対する検討が必要である（**図 11・32**）．

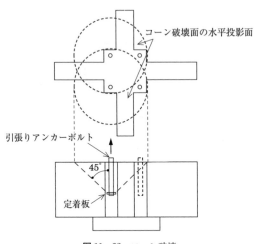

コーン破壊面の水平投影面

引張りアンカーボルト

45°

定着板

図 11・32　コーン破壊

（d）　**回 転 剛 性**　　根巻高さあるいは埋込深さが不十分な場合を除き，根巻柱脚および埋込柱脚では柱脚は基礎（基礎梁）に剛接されているとみなすことができるが，露出柱脚ではベースプレートがコンクリート礎盤から離間する状態が生じ，アンカーボルトに引張力が作用する段階（図 11・28（c））では図 11・26 中の ab の挙動となり，柱脚が基礎に剛接されていると仮定できなくなる．この状態での回転剛性（柱脚に作用する曲げモーメント/ベースプレート回転角〔rad〕）として次式が提案されている[4]．

$$K_m = \frac{E_b A (D_t + D_c)^2}{2 L_b} \tag{11・20}$$

ただし，$_bA$：引張りアンカーボルト群の断面積

$D_t,\ D_c$：それぞれベースプレート中心から引張合力中心，および圧縮合力中心までの距離

L_b：アンカーボルト長さ

② 根 巻 柱 脚

鉄骨柱下部の応力を根巻部を介して基礎に伝達させる．根巻部は RC 柱として設計する．根巻部主筋は RC 梁に定着させる．根巻部では鉄骨柱から RC 柱へ応力伝達がなされる．

⇨アンボンド型アンカーボルト

コンクリートとアンカーボルト間の付着を切ったアンカーボルト．

柱脚の回転剛性が付着の影響を受けないので安定した回転剛性が得られる特徴がある．

⇨定着板

アンカーボルトの定着長不足を補うためのプレートで，アンカーボルト下端部に設けられる（図 11・32 参照）．

⇨定着板の設計

定着板の大きさ

$T \leqq A F'_c$

ただし，

T：アンカーボルトの引張力

F'_c：コンクリートの局部支圧強度

A：加圧面（定着板）の面積

終局局部支圧強度として次式が提案されている[1]．

$F'_c = F_c \sqrt{\dfrac{A_0}{A}}$

$\leqq 12 F_c$

ただし，

F_c：コンクリート強度

A_0：コンクリート柱形部の断面積

⇨コーン破壊

埋込（定着）長が短いとき鉄筋が降伏（破断）することなく鉄筋が抜け出す現象で，コーン状のコンクリートが鉄筋に付着した状態で破壊するのでこのように呼ばれる．コーン破壊の耐力計算に用いられる断面積は，図 11・32 の例では，二つの円の部分のコンクリートの面積である．

図 11・33（b）は柱反曲点-ベースプレート間の曲げモーメント分布および応力伝達機構を模式的に示したもので，このモデルに従えば根巻部頂部およびベースプレート位置で応力伝達に伴う集中力が生じる．したがって，根巻部は図 11・33（b）に示す応力のうち RC 部の応力に対して設計する．

破壊形式として頂部集中力による**支圧破壊**，中間部での**せん断破壊**，および下部での曲げ破壊などがある．立上げ筋は根巻底部の RC 断面における曲げモーメント M_{rc} に対して配筋し，**頂部補強筋**および RC 部のせん断補強筋は，ともに式（11・21）で与えられるせん断力に対して設計する．

⇨ **頂部補強筋**
　図 11・33（b）に示すように，鉄骨-RC 間で Q_c の応力移行が必要である．この応力移行を確保するために挿入される．

$$Q_c = \frac{M_{rc}}{L} \qquad (11 \cdot 21)$$

ただし，M_{rc}：ベースプレート位置で RC が負担する曲げモーメント

　　　　L：ベースプレートから頂部補強筋の重心までの距離

アンカーボルトおよびベースプレートはベースプレート位置で鉄骨が負担する曲げモーメント M_s およびせん断力 $(Q_c - H)$ に対して設計する．

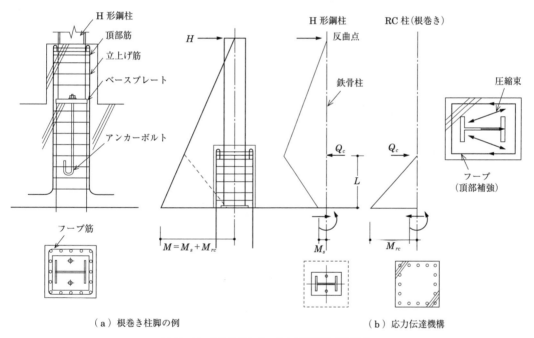

（a）根巻き柱脚の例　　　　　　　　　（b）応力伝達機構

図 11・33　根巻柱脚とその応力伝達機構（模式図）

3　埋込柱脚

基礎梁部での応力分布を模式的に示すと**図 11・34** のようで，鉄骨の曲げモーメントは支圧により基礎に伝達される．鋼柱のフランジにおける支圧応力分布を**図 11・35** に示す．鋼フランジの曲げ剛性が小さいので H 形鋼ではフランジ先端，角形鋼管ではフランジ中央部での支圧応力が小さくなる．フランジ幅に一様な支圧応力を期待するためには**水平スチフナ（ダイアフラム）**（図 11・38（a）参照）

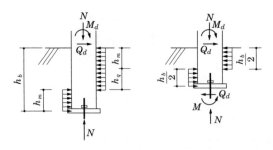

（ａ）埋込みが十分な場合　　　（ｂ）埋込みが浅い場合

図11・34　埋込柱脚の応力伝達機構（概念図）

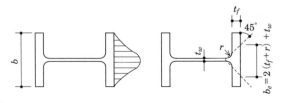

図11・35　支圧応力とその有効幅

が必要である．

　鋼管柱では埋込部にコンクリートを充填することも支圧有効幅を大きくする効果がある．埋込深さが深い場合はベースプレート位置での曲げモーメントは0になる．この条件は埋込深さの1/2点での曲げモーメントの釣合いより

$$M_d+\frac{Q_dh_b}{2}<b_eh_mf_B(h_b-h_m), \quad f_B=\sqrt{(b/b_e)}f_c \leqq 12f_c \tag{11・22}$$

　ただし，　b：鉄骨柱フランジ幅

　　　　　　b_e：有効幅（図11・35参照）

　この条件を満たさない場合はベースプレート位置で，軸力Nのほか，Q_dおよび式(11・23)で与えられる曲げモーメントMに対して設計する．

$$M=M_d+2Q_dh_b-\frac{b_ef_B}{4}h_b{}^2 \tag{11・23}$$

　側柱では基礎梁が取り付かない面が生じ，図11・34に示した応力伝達機構を保証するためには**水平アンカー筋**（**図11・36**参照）が必要となる．水平アンカー筋は式(11・24)，式(11・25)のTおよびCを設計応力（**図11・37**参照）とする．

$$T=H\left(1+\frac{1}{\alpha}\right) \tag{11・24}$$

$$C=\frac{H}{\alpha} \tag{11・25}$$

　ただし，　H：柱に作用するせん断力

　　　　　　αh：基礎梁応力重心間距離

　　　　　　h：柱反曲点から基礎梁上端主筋までの距離

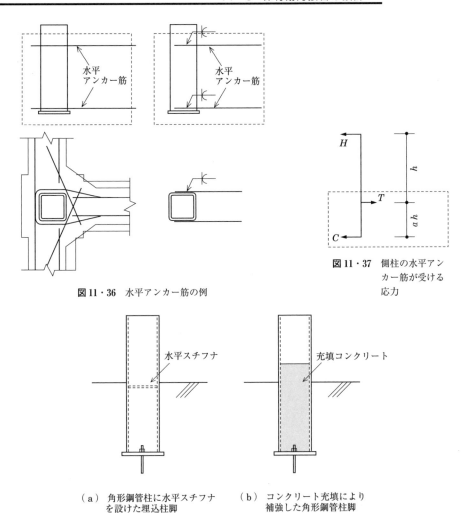

水平アンカー筋

水平アンカー筋

図 11・36　水平アンカー筋の例

図 11・37　側柱の水平アン
カー筋が受ける
応力

⇨図 11・36 中の溶接記
号について

　この溶接を**フレア溶
接**といい，鉄筋（円弧）
と角形鋼管表面（平
面）で自然にできる開
先部分に行う溶接．溶
接継目はすみ肉溶接継
目として扱う．このフ
レア溶接は鉄筋筋かい
と羽子板の接合部でも
使われる．

（a）　角形鋼管柱に水平スチフナ
を設けた埋込柱脚

（b）　コンクリート充填により
補強した角形鋼管柱脚

水平スチフナ

充填コンクリート

図 11・38　水平スチフナあるいは充填コンクリートで補強した埋込柱脚の例

　図 11・38 に水平スチフナあるいは充填コンクリートで補強した埋込柱脚の例を
示す．

　水平スチフナはコンクリート上端面近傍に設ける．充填コンクリートは基礎コ
ンクリートの上端面より上まで充填する．

11・6　保有耐力接合の設計

　仕口や継手は断面欠損が存在する．母材が降伏する前に接合部や仕口が破断し
た場合その挙動は脆性的である．

　鉄骨構造で骨組に靭性があることを前提にする設計では，母材の降伏に先行し
て接合部や仕口が破断しないように設計される．

1 　柱・梁の継手と仕口

継手および仕口に対しては式(11·26)を満たすように設計する.

$$M_u \geqq \alpha \cdot M_p \qquad (11 \cdot 26)$$

ただし, α：**接合部係数**

M_p：柱・はり母材の全塑性曲げモーメント （$=Z_p \cdot F$, F：基準強度）

M_u：仕口部および継手部の最大曲げ強度

溶接接合の場合 M_u は接合される母材の引張強さ σ_u を用いる.

ボルト接合の場合はファスナーの引張強さ $_f\sigma_u$ および鋼板の引張強さ σ_u を用いて計算する.

> ⇨ 式(11·26)中の α の値
>
> 400N 級の場合
>
> $\alpha = 1.3$
>
> 490N 級の場合
>
> $\alpha = 1.2$

2 　ブレースの継手と仕口

第8章8·4節2「保有耐力接合」の項に記述されている.

3 　柱　　　　脚

柱母材の降伏（塑性化）が先行するように設計する

アンカーボルトに伸び能力がある場合とない場合に分けられる.

（a）　アンカーボルトに伸び能力がある場合

$$柱脚の M_u > \alpha \times 柱材の M_{pc} \qquad (11 \cdot 27)$$

ただし, α：安全率

M_{pc}：軸力による低減を考慮した柱材の全塑性モーメント

式(11·27)が満たされる場合：柱にヒンジを仮定して保有水平耐力を確認する.

式(11·27)が満たされない場合：1階の D_s を 0.05 割り増して保有水平耐力を確認する. ただし, 柱および梁の**部材群としての種別**が D の場合は割増ししない.

（b）　アンカーボルトに伸び能力がない場合

$$柱脚 M_y > \alpha \times 柱 M_{pc} \qquad (11 \cdot 28)$$

式(11·28)が満たされる場合：柱にヒンジを仮定して保有水平耐力を確認する.

式(11·28)が満たされない場合：1階の柱および梁の部材群として種別が D に相当する D_s で保有水平耐力を確認する.

> ⇨ D_s および部材群としての種別について
>
> 各階の構造特性を表すものとして, 建築物の構造耐力上主要な部分の構造方式に応じた減衰性および各階の靭性を考慮して国土交通大臣が定める方法により算出した値. 詳細は第12章12·5節を参照のこと.

第11章　演習問題

問 11·1　H-400×400×13×21 (SN 400) の柱材の継手を全強設計せよ.

【解答】　H-400×400×13×21, SN 400($F = 235$ N/mm², フランジ厚：21 mm, ウェブ厚 13 mm, ウェブフィレット r：22 mm)

高力ボルト：F 10 T, M 20(2 面摩擦　短期許容耐力 $R = 141$ kN, 孔径 21.5 mm)

継手板：SS 400 （$F=235\,\mathrm{N/mm^2}$）

高力ボルト

フランジ部ボルト4列，ウェブ部3列とすると有効断面積は

　フランジ部　$_fA_e=(400-21.5\times4)\times21=6\,594\,\mathrm{mm^2}$

　断面欠損率：$1-6\,594/(400\times21)=1-0.785<0.25$：OK

　ウェブ部　$_wA_e=(400-21\times2-21.5\times3)\times13=3\,815\,\mathrm{mm^2}$

　断面欠損率：$1-3\,815/((400-21\times2)\times13)=1-0.820<0.25$：OK

フランジ

　降伏軸力　$_fT_y=235\times(400-21.5\times4)\times21=1\,550\,\mathrm{kN}$

　必要本数　$_fn=\dfrac{_fT_y}{R}=1\,550/141=11.0$ 本 →4×3 本

ウェブ

　必要本数　$_fn=_wT_y/R=235\times(400-21\times2-21.5\times3)/141=6.4$

　少し不足するが全強設計であるので3×2本とする.

継手板の設計

フランジおよびウェブの有効断面積を下回らないようにする.

フランジ：PL-12 （SS 400）を用いる.

　外側：幅 400 mm

　内側：幅 $400-13-22\times2=343 \to 170$ mm 2枚

　有効断面積$=(400-21.5\times4)\times12+(170-21.5\times2)\times12\times2$

　　　　　　　$=6\,816>6\,594\,\mathrm{mm^2}$：OK

ウェブ：PL-9 （SS 400）を用いる.

　幅　$400-(21+22)\times2=314 \to 300$ mm

　有効断面積　$(300-21.5\times3)\times9\times2=4\,239>3\,815\,\mathrm{mm^2}$：OK

　上記の計算より，**図 11·39** のようにボルトを配置する.

⟜ウェブフィレット

　フランジとウェブの交差部に設けている丸味のこと（図 11·20 参照）.

⟜ボルト孔径

　ボルト径が 12～24 mm の範囲では

　ボルト径 + 1.5～2.0 mm

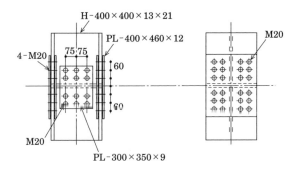

図 11 · 39　問 11·1 の図

問 11·2　図 11·40 に示す溶接仕口部の短期許容曲げ耐力を求めよ.

　条件　フランジ部：突合せ溶接

　　　　ウェブ部：すみ肉溶接, サイズ 12 mm, のど厚＝$12/\sqrt{2}$＝8 mm

　　　　鋼材質　SN 400　$F=235$ N/mm², $f_w=F/\sqrt{3}$

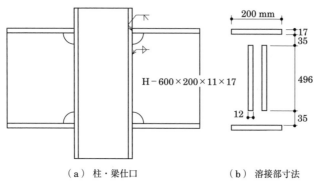

（a）柱・梁仕口　　　　　（b）溶接部寸法

図 11 · 40　問 11·2 の図

【解 答】　フランジ部をすみ肉溶接に換算：等価溶接長さ $B_e=200\times\sqrt{3}$ mm

　　溶接部の等価断面 2 次モーメント I_e および等価断面係数 Z_e：

$$I_e=t_f\cdot B_e\cdot l_f{}^2+2a_w\cdot l_w{}^3=17\times200\times\sqrt{3}\times583^2+2\times8\times496^3/12$$
$$=2\,164\times10^6 \text{ mm}^4$$
$$Z_e=I_e/H=2\,164\times10^6/600=361\times10^6 \text{ mm}$$
$$\therefore \text{短期許容曲げ耐力 } M=Z_e\times f_w=361\times10^6\times235/\sqrt{3}=490\times10^6 \text{ N}\cdot\text{mm}$$
$$=490 \text{ kN}\cdot\text{m}$$

⇦l_f：フランジ重心間
距離＝600−17
⇦l_w：ウェブ部の長さ
＝496

問 11·3　図 11·41 に示す柱脚の安全性を検定せよ.

　ただし,

　　　　短期応力　$N=1\,000$ kN, $M=400$ kN·m

　　　　コンクリート礎盤　$F_c=21$ N/mm²

　　　　ベースプレート　650×650×50 mm

　　　　鋼材質 SS 400　$F=215$ N/mm²

　　　　アンカーボルト　SS 400　M 24　$F=235$ N/mm²

　　　　　$a_t=2\,388$ mm²

　　　　　$d_t=50$ mm

　　　　　$n=15$（ヤング係数比）

⇦SS 400 の F 値
　$t\leqq40$ mm　$F=235$
　$t>40$ mm　$F=215$

【解 答】　$e=M/N=400\times10^3/1\,000=400$ mm

　　　　　$D/6+d_t/3=650/6+50/3=125$ mm$<e$（アンカーボルトは引張りを受ける）

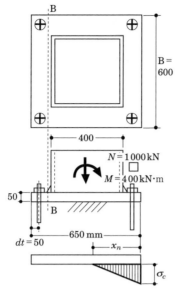

図 11・41 問 11・3 の図

式 (11・19) を満たす x_n を試錯的に (あるいは計算図表より) 求めると

$x_n = 330\ \text{mm}$

式 (11・17) より

$\sigma_c = 12.8\ \text{N/mm}^2 < 2F_c/3 = 14\ \text{N/mm}^2$: OK

式 (11・18) より

$T = 378\ \text{kN}$

アンカーボルトの短期許容耐力 $T_a = a_t \cdot F = 2\,388 \times 235 = 561 \times 10^3\ \text{N}$

$T < T_a$: OK

ベースプレートの検定

設計方針 溶接余盛 脚長 10 mm

B-B 線で固定の片持ち梁で支圧応力 σ_c を等分布荷重として受ける.

片持ち梁の長さ：$l = (650 - 400)/2 - 10 = 115\ \text{mm}$

コンクリートからの支圧応力 $\sigma_c = 12.8\ \text{N/mm}^2$ が等分布荷重として作用する.

$M = B\sigma_c \cdot l^2/2 = 650 \times 12.8 \times 115^2/2 = 55.2\ \text{kN·m} = 55.0 \times 10\ \text{N·mm}$

ベースプレートの断面係数 $Z = B \cdot t^2/6 = 650 \times 50^2/6 = 271 \times 10^3\ \text{mm}^3$

$\sigma/F = M/(Z \cdot F) = 55.0 \times 10^6/(271 \times 10^3)/215 = 0.94 < 1.0$: OK

ベースプレートの変形を抑えるためにリブを設ける場合のリブ長設計条件 (仮定)

リブは 4 枚，すみ肉溶接 $f_w = 235/\sqrt{3} = 136\ \text{N/mm}^2$

突出部のコンクリート支圧応力を 2 枚のリブで受ける

合支圧応力 $P = (400 \times 125 + 125 \times 125/2 \times 2) \times 12.8 = 843 \times 10^3\ \text{N}$

必要リブ長さ l_w：

$l_w = P/(4a_w \cdot f_w) = 843 \times 10^3/(4 \times 6 \times 136) = 259\ \text{mm} \rightarrow 260\ \text{mm}$

問 11·4　軸力 $N＝1\,000$ kN を受ける □-400×400×16(STKR 400) 柱の柱脚を埋込柱脚として終局設計せよ．ただし埋込深さは 1 200 mm．コンクリート強度は $F_c＝20$ N/mm²，柱形は 1 200×1 200 mm とする．

【解　答】　柱　□-400×400×16

　　　材質　SN 400，$F＝235$ N/mm²

　　　反曲点高さ $L_o＝2\,000$ mm

　　　断面積 $A＝24\,576$ mm²，ウェブ断面積 $A_w＝11\,776$ mm²

　　　塑性断面係数 $Z_p＝3\,540$ mm³

　　基礎コンクリート $F_c＝20$ N/mm²

　　柱形　1 200×1 200 mm

　　埋込深さ　$h_b＝1\,200$ mm

（1）　軸力に対する検討

ベースプレートの大きさ：400×400 mm

コンクリートの局部支圧強度

　　$A_o＝1\,200×1\,200＝1\,440×10^3$ mm²

　　$A＝400×400＝160×10^3$ mm²

　　$f_B＝\sqrt{1\,440/160}\,F_c＝3.0×20＝60$ N/mm²

ベースプレート下面での支圧耐力

　　$f_B A＝60×160＝9\,600$ kN＞1 000 kN：OK

（2）　曲げに対する検討

a)　中柱の場合（図 11·42（a）中柱参照）

設計応力の計算

　　降伏軸力 $N_y＝AF＝24\,576×235＝5\,775$ kN

　　$N/N_y＝1\,000/5\,775＝0.173＜A_w/A＝0.479$

　　∴M_p の低減は考えなくてよい．

　　設計曲げモーメント $M_d＝M_p＝Z_p F＝3\,450×235×10^3$ N·mm＝811 kN·m

　　設計せん断力 $Q_d＝M_d/L_o＝406$ kN

コンクリート局部支圧強度の計算

　　$b＝400$ mm

　　$b_e＝(16＋36)×2＝104$ mm

　　$b/b_e＝400/104＝3.85$

　　$f_B＝\sqrt{3.85}×20＝39$ N/mm²＜$12F_c$

埋込部に作用する外力の計算

　　$h_b＝1\,200$ mm

　　$h_q＝Q_d/(f_B b_e)＝406×10^3/(39×104)＝100$ mm

　　$h_m＝(h_b-h_q)/2＝550$ mm

　　$M_d＋Q_d h_b/2＝811＋406×1.2/2＝1\,055$ kN·m

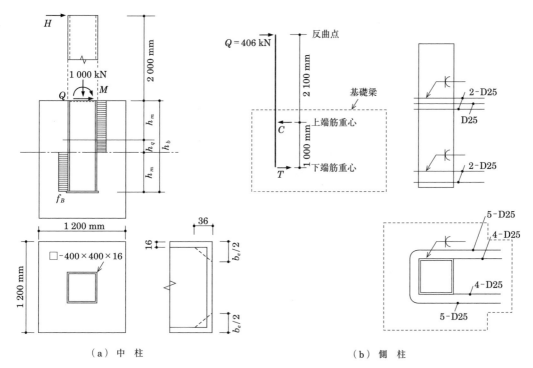

図 11・42 問 11・4 の図

埋込部の抵抗力の計算

$$f_B b_e h_m (h-h_m) = 39 \times 10^4 \times 550 \times (1\,200-550) = 1\,450\ \text{kN·m} > 1\,055\ \text{kN·m}$$

埋込部に作用する外力より抵抗力のほうが大きいので OK

b) 側柱の場合（図 11・42（b）側柱参照）

水平アンカー筋 D25（SD 235, $a_t = 507\ \text{mm}^2$）を挿入する．

水平アンカー筋に作用する応力の計算

　柱反曲点から上端アンカー筋重心までの距離 $L = 2\,100\ \text{mm}$

　上下アンカー筋重心間距離　$j = 1\,000\ \text{mm}$

　設計せん断力　$Q_d = 406\ \text{kN}$

下端筋重心応力

$$T = \frac{Q_d L}{j} = \frac{406 \times 2\,100}{1\,000} = 853\ \text{kN}$$

上端筋重心応力

$$C = Q_d \frac{L+j}{j} = 406 \times \frac{2\,100 + 1\,000}{1\,000} = 1\,260\ \text{kN}$$

必要本数 $n = \dfrac{C}{a_t f_t} = \dfrac{1\,260 \times 10^3}{507 \times 235} = 10.6$（上部），　$\dfrac{T}{a_t f_t} = \dfrac{853 \times 10^3}{507 \times 235} = 7.2$（下部）

コンクリートの抵抗力もあるので埋込部の上部に 10-D25，下部に 8-D25 で補強する．

　上下各 4 本は鋼管に溶接する．

謝辞

溶接に関して，高枝新伍氏（元川崎重工業）からご指導をたまわりました．

参 考 文 献

[1] 日本建築学会：鋼構造接合部設計指針（2012）
[2] 秋山宏：鉄骨柱脚の耐震設計，技報堂出版（1985）
[3] （社）鋼材倶楽部：わかりやすい鉄骨の設計（第二版），技報堂出版（1998）
[4] （社）鋼材倶楽部：紙模型でわかる鋼構造の基礎，技報堂出版（2001）
[5] 山田修：やさしい建築の構造設計計算 RC構造・S構造，オーム社（2002）
[6] 金田勝徳ほか：建築の耐震・耐風入門 地震と風を考える，彰国社（1999）
[7] 国土交通省住宅局建築指導課ほか監修：2007年版 建築物の構造関係技術基準解説書（2008）

引 用 文 献

1) 田中淳夫，高梨晃一：保有耐力接合された高力ボルト接合はり継手の挙動，日本建築学会構造系論文報告集，第346号（1984）pp. 101-110
2) 三谷 勲，大谷恭弘，藤永 隆，山田展敬，伊藤倫夫，田中秀宣：アンボンド型アンカーボルトを用いた露出柱脚の構造性能，神戸大学都市安全センター研究報告第5号（2001）pp. 279-298
3) 田中秀宣，三谷 勲，嶋村洋子，伊藤倫夫：変動軸力を受ける露出型柱脚を有する鋼構造骨組の弾塑性挙動，鋼構造論文集第12巻第45号（2005）pp. 171-184
4) 河野昭雄：接合部パネルの力学的構成が鋼骨組の耐震性能に与える影響について，日本建築学会構造系論文報告集第435号（1992）pp. 151-163

第12章

骨　組

▼建方中のトラス梁-角形鋼柱の骨組

[学習目標]

　建物には，その用途，規模などに応じて種々の構造形式（構造システム）が用いられる．各種の構造システムの特徴，荷重・外力に対する抵抗機構と挙動，破壊形式，耐震設計方法の考え方などを理解しておき，建物に与えられた設計条件に対して最適な構造システムを選び，適切な設計を行う必要がある．

　本章では，次のことを学習する．

1. 各種の骨組形式の特徴
2. トラスの座屈を考慮した設計法
3. ラーメンおよびブレース付ラーメンの挙動と耐震性能
4. 耐震構造，制振（震）構造，免震構造の特徴
5. 骨組の必要保有水平耐力

12・1　骨組の種類と特徴

1　骨組の種類と特徴

　骨組の種類はたくさんあるが，代表的な骨組として，**図12・1～図12・5** に示すようなトラス，ラーメン，アーチ，シェル，サスペンション（吊り）がある．これらは，建物の用途，規模，形態（意匠），施工法や力の伝わり方などを考え，それぞれの特徴に応じて使用される．

◇骨組の種類

　軸力系，曲げ系，せん断力系，複合力系，面内応力系など，外力に対する抵抗方法の違いを理解しておくことが重要である．

　骨組の種類はほかに，ドーム，スペースフレーム，ケーブル，タワー，チューブ構造，メガストラクチャー，膜構造がある．第1章1・2節を参照．

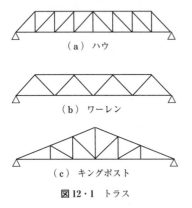

（a）ハウ

（b）ワーレン

（c）キングポスト

図12・1　トラス

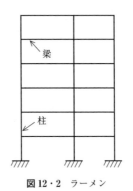

梁

柱

図12・2　ラーメン

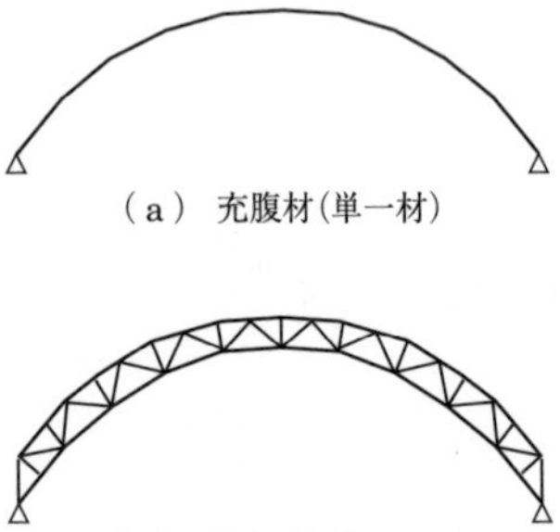

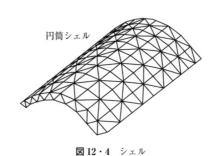

（a）充腹材(単一材)

（b）非充腹材(トラス)

図12・3　アーチ

円筒シェル

図12・4　シェル

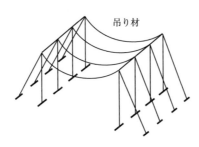

吊り材

図12・5　サスペンション

　トラスは，大劇場，スポーツ施設など広い空間や大きな開口部を必要とする建物の屋根などに用いられる．トラスは，主として軸力を受ける部材で構成される．建物が軽くなる場合が多いので，設計荷重のうち地震力が相対的に小さくなり，固定荷重や風圧力が支配的となる．

　ラーメンの利用は，工場建屋，集合住宅，オフィスビルなど低層から高層まで幅広い．梁と柱とが剛接合されるラーメンでは，梁が曲げモーメント，柱は軸力と曲げモーメントを主に受ける．梁には通常，細幅 H 形鋼が用いられる．柱に広幅 H 形鋼が用いられる場合，断面性能が方向で異なり，低い性能の方向では，ブレースを設けることが多い．近年では，梁間方向，桁行方向ともに同じ剛性や強度を有する角形鋼管，円形鋼管を柱に使用する場合が多い．ラーメンでは鉛直荷重に加えて，地震力，風圧力など水平力が大きくなるので水平方向の剛性や変形能力，強度の確保が重要となる．

　アーチは，航空機格納庫，工場建屋，体育館など大スパンの屋根に用いられる．用途上，低層の建物となるが，アーチは円弧状であるので，石造のアーチ橋と同じく，鉛直荷重に対し特に優れた圧縮抵抗力を発揮する．アーチには，H 形鋼など単一材を曲線加工する充腹材と，曲げ加工した円形鋼管や角形鋼管を上下弦材に用いてトラスを構成する非充腹材とがある．

　シェルは，容器としての貯蔵タンク，広い内部空間が必要なスポーツスタジアムの屋根などに用いられる．シェルには円筒シェル，球形シェル，HP シェルがあり，いずれも曲面構造である．曲面構造は，鋼板や鉄筋コンクリート板でつくることもあるが，面外方向の外力を面内応力によって支持部へ伝達するので，鉄骨トラスで構成することも多い．

　サスペンションは，大規模な体育館や大スパンのスポーツスタジアムなどの屋根を支持したり，通常のオフィスビルで床を吊るとき用いられる．吊り材に，ワイヤロープ，形鋼，鋼管などが使用され，引張強度の高い鋼材の特徴を生かすものである．

2　骨組の複合化

　近年，建物に複合化した機能や形態，より高い力学的合理性などを与えることが社会から求められるようになっている．このため，上述のような単一の骨組形式に加えて，異なる構造要素や形式による複合化された骨組が用いられる．たとえば，剛性や強度を確保するための鋼板耐震壁とラーメン，超大スパンを構成するために軽量の空気膜とトラス，意匠要素を強調するためなどのシェルとケーブル，のような種々の骨組の組合せである．

　また，純鉄骨だけではなく，コンクリートと組み合わせた骨組も多い．従来より知られている鉄骨鉄筋コンクリート骨組（**SRC 構造**，**図 12・6** 参照）のほかに，**図 12・7** のように角形や円形の中空鋼管柱にコンクリートを充填する**コンクリート充填鋼管構造**（**CFT 構造**），**図 12・8** に示すような柱を鉄筋コンクリート，梁を鉄骨とする鉄筋コンクリート柱-鉄骨梁構造（**RCS 構造**）などがある．これら

◇**混合構造**
　異種構造の部材を組み合わせた構造や異種の構造システムを組み合わせた構造を混合構造（ハイブリッド構造）という．高層の建物などで，コア部分を鉄筋コンクリート構造，周辺の骨組を鉄骨ラーメン構造とするものなども含まれる．

201

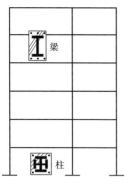

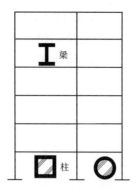

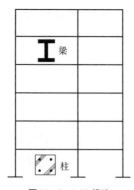

図 12・6　SRC 構造　　　　図 12・7　CFT 構造　　　　図 12・8　RCS 構造

は**合成構造**と呼ばれることもある．いずれも鋼とコンクリートの，それぞれの力学的な長所を生かし，短所を補うためのものである．

12・2　トラスの挙動と設計

1　トラスの接合部と個材

　トラスには平面トラスと立体トラスとがある．いずれも複数の部材による三角形状を基本としたユニットを用いて連続的に構築する．トラスを構成する 1 本 1 本の部材を個材という．個材同士の接合部（ジョイント）では，溶接や高力ボルトなどを用いて接合される．

　立体トラスはスペースフレームと呼ばれ，全体として平面または曲面の形をとる．接合部では多数の個材が集まるので，接合方法にいろいろな工夫がなされることが多い．**図 12・9** に示すボールジョイント，リングジョイントなどは工場での大量生産や耐力確保の確実さなどを考慮した接合部の構造要素である．

⇨**CFT 構造**

　鋼管によって充填コンクリートを拘束して耐力を上昇させたり，充填コンクリートによって鋼管に局部座屈を生じにくくしたりなど，力学性能の相乗効果を活用するもので，concrete filled tubular structure（CFT 構造）という．

⇨**トラスの接合部**

　トラスを解析するとき，個材同士をピン接合モデルとすることがほとんどである．しかし，実際の接合部ではピンであることは少ない．接合部の剛性によっては 2 次応力である曲げモーメントやせん断力が無視できない場合がある．

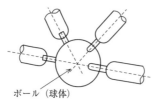

（a）ボールジョイント

（b）リングジョイント

図 12・9　ボールジョイント，リングジョイント

　平面トラスや立体トラスに外力が作用すると，個材には曲げモーメントやせん断力，軸力が生じる．一般には曲げモーメントとせん断力は小さく，軸力の値が相対的に大きい．したがって，トラス全体の挙動は軸力による個材の挙動に影響される．1 本の個材が抵抗力を失うと，通常，応力の再配分が生じないのでトラス全体も抵抗力を失う．

　また接合部が破壊する場合も，三角形のユニットが消滅するためトラス全体の破壊となる．接合部では個材より先に接合部が破壊しないように十分な耐力を有する**保有耐力接合**を行う．

　引張軸力を受ける個材では，弾性域から塑性域に至る鋼材の力学的性質によって耐力が決まる．個材断面内の応力が鋼材の降伏応力度の大きさのとき，引張抵抗力は最大である．

　圧縮軸力を受ける個材では，細長比が極端に小さくない場合には，弾性域あるいは塑性域の座屈によって挙動が支配される．個材が座屈するときの圧縮軸力が，最大の抵抗力である．

　トラスでは，個材の座屈のほか，トラス全体が座屈するときがある．トラスの全体座屈という．全体座屈は個材で構成された部材としての座屈である．

⇨**保有耐力接合**
　正確には，耐力と変形を同時に考慮した耐震設計において，部材が十分に塑性変形能力を発揮するまで，その接合端部が破壊しない接合方法を指す．広くかつ簡単に解釈すると，部材より先に接合部が破壊しない接合方法である．本章演習問題，問 12·1 を参照．

2　平面トラスの挙動と設計

　平面トラスは，梁トラスや柱トラスである．平面トラスの設計では，**構面内座屈**と**構面外座屈**の両方について考えなければならない．**図 12·10** に示すように，構面内座屈，構面外座屈はいずれも**全体座屈**あるいは**個材座屈**のどちらかが生じる．

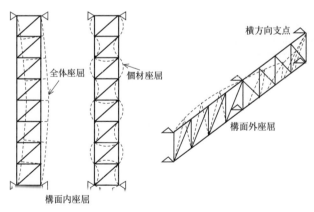

図 12・10　平面トラスの座屈

　個材の座屈に先立って構面内の全体座屈が生じるときには，トラスを断面性能が等価な部材とみなし，座屈耐力を求められる．このとき，せん断変形の影響が大きくなるので考慮する．構面外の全体座屈は圧縮軸力が生じている弦材が対象となる．圧縮弦材の座屈耐力は，腹材（ウェブ材）の曲げやねじれによる**補剛効果**が期待できるときや弦材の中で軸力の大きさが変化しているときには，これらを考慮して計算できる．

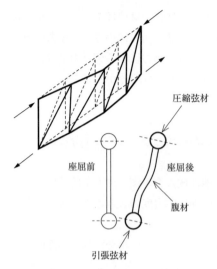

図 12・11 構面外の座屈後変形

個材，特に腹材の座屈耐力は，構面内あるいは構面外について，腹材の両端部の材端拘束を考慮できる．設計における弦材や腹材の座屈耐力は，それぞれの座屈長さを用いて計算する．

図 12・12 に示すように，屋根材の平面梁トラスにおいて節点以外に母屋が存在する場合，節点間の上弦材に中間荷重が作用する．また天井を吊るとき下弦材に中間荷重が作用する．このようなとき，軸力に加えて**付加的な曲げモーメント**が個材に生じるため，これらを同時に考慮して設計する必要がある．

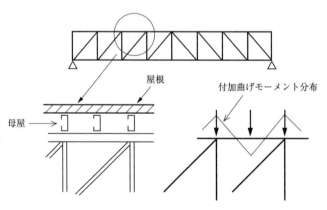

図 12・12 平面梁トラスの中間荷重

また，**図 12・13** のように各個材の断面重心軸が接合部で一点に会さない場合，接合部には**偏心による曲げモーメント**が生じる．接合部の設計ではこの曲げモーメントを考えると同時に，各個材の設計では，これを外力モーメントとして各個材に生じる曲げモーメントを計算する．

⇨**腹材の補剛効果**
　個材が角形や円形の鋼管の場合，閉鎖断面であるためねじれ抵抗が大きい．例えば圧縮弦材が構面外座屈を起こすとき閉鎖断面である腹材がその移動を拘束するように働く（図12・11参照）．

⇨**個材の付加曲げモーメント**
　トラスの個材は基本的には軸力部材である．しかし，トラスの実施設計では，外力の作用状態によって個材に曲げモーメントが生じる場合が非常に多い．個材の断面算定に際しては，軸力と曲げを同時に受ける部材として計算しなければならない．

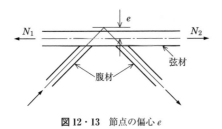

図 12・13　節点の偏心 e

12・3　ラーメンの挙動と設計

1　ラーメンの挙動と設計

　ラーメンの設計では，地震の多いわが国では地震力に対する安全性の確保が重要である．想定される地震動の大きさに対して，基本的には，ラーメンに十分な耐力を与えておけばよい．

　しかし，耐力のみを考えると柱や梁の断面が大きくなり不経済となるので，ラーメンの変形能力を同時に考慮する設計が行われている．

　ラーメンの変形能力は，構成する柱や梁など部材の変形能力に依存する．部材ではその耐力が十分に発揮され，かつ耐力が劣化することなく変形することが必要である．変形するラーメンの中の多数の部材のうち，たとえば，最初に最大耐力に達した部材は，ラーメンが必要な変形量へ至るまで，変形し続けることが求められるためである．**図 12・14** に示すような抵抗力と変形の関係を**復元力特性**という．

> ⇨**復元力特性**
> 　地震力は繰返し荷重であるので，ラーメンの復元力特性も繰返し変形履歴となる．繰返し荷重下の復元力特性は，累積塑性変形の考え方に従うと，単調荷重下の復元力特性に置換できる．また，その逆も可能である．

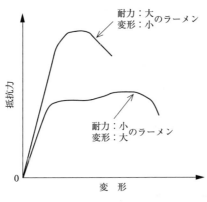

図 12・14　単調荷重下の復元力特性

　部材の変形能力が低下する原因には，局部座屈や曲げ座屈，曲げねじれ座屈の不安定現象あるいは引張破断や脆性破壊などがある．部材断面の板要素の幅厚比や部材の細長比，横補剛間隔を小さくして不安定現象を避ける，降伏比の小さい材料を用いて伸び能力を確保する，接合方法を工夫し応力集中を回避するなど適切な配慮を行うと部材の変形能力は大きくなる．

変形能力の大きさを表す指標に**塑性率**や**累積塑性変形倍率**がある．ラーメンの耐力と変形との積で与えられる量を**エネルギー吸収量**という．作用する地震の入力エネルギー量以上のエネルギー吸収量（エネルギー吸収能力）をラーメンに与えておくとラーメンの耐震性は保証される[2]．

この考え方に基づくとき，**図 12・15** に示すように，ラーメンの変形量 δ_1 のとき抵抗力 Q_1 である場合と等価な耐震性能を期待するとき，さらに大きな変形能力 δ_2 に応じて抵抗力 Q_2 を小さくできる．

ラーメンの抵抗力の最大値を，設計では**保有水平耐力**[3]という．

⇨**累積塑性変形倍率**

繰返し荷重下の復元力特性において，新たな塑性変形が生じた変形の累積値を累積塑性変形量といい，これを降伏変形量で除した値を累積塑性変形倍率という．

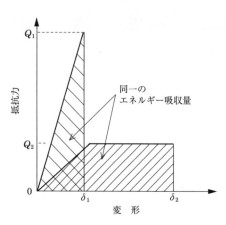

図 12・15　変形能力とエネルギー吸収量

2　ラーメンの崩壊形

ラーメンの設計では，必要保有水平耐力を確保すると同時に，終局的な**崩壊形式**を明確にしておく必要がある．ラーメンの崩壊形には，柱崩壊，梁崩壊，パネル崩壊がある．

柱崩壊のラーメンでは地震の際に限定された層のみに損傷が集中する性質がある．したがって，多層ラーメンで各階の柱が同時に崩壊することは起こりにくい．すなわち，**図 12・16** に示すように柱崩壊は局部的な層崩壊となり，地震によ

⇨**崩壊形式**

ラーメンの崩壊形式あるいは降伏形式という．いずれも，地震力が作用したとき終局的にどの構造要素を塑性化させてエネルギー吸収を期待するかを定めておくものである．

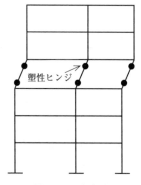

図 12・16　柱崩壊

る入力エネルギーを建物全体の柱で効果的に吸収することは困難となる場合が多い．柱は建物自身の重さを支えているので，柱崩壊は建物の倒壊をもたらし人命を失う危険性が高くなる．

梁崩壊形は，柱は弾性とし，梁のみが塑性化する形式である．いくつかの層において梁崩壊となる場合があるが，通常，**図 12・17** に示すような全階の梁と最下層の柱脚部が塑性化する全体崩壊となる．すべての階の梁が塑性化するので，建物全体で地震入力エネルギーを吸収し，柱が弾性であるので落階もなく望ましい崩壊形である．

実際のラーメンでは，**梁崩壊**を実現するために，柱に十分な耐力を与えて梁のみ降伏するように部材を設計する．このとき，梁では H 形鋼と鉄筋コンクリート床を一体化し合成梁として耐力が上昇したり，地震力が建物構面に対して斜め方向から作用すると，柱の応力が大きくなったりする．このようなことから，柱の耐力を梁の耐力より十分に大きくしておき，梁崩壊が確実に実現できるような柱と梁の耐力比を与えておく必要がある．

パネル崩壊は，**図 12・18** に示すように柱梁接合部パネル（パネルゾーン）が塑性化するもので，柱を弾性にとどめるので，梁崩壊形の拡張形と考えられる．ラーメンに地震力が作用すると，パネルゾーンに大きなせん断力が作用し，そのせん断降伏による大きな塑性変形能力を活用する．柱や梁に対するパネルゾーンの耐力を相対的に小さくしておくが，他の崩壊形と同様にラーメンの保有水平耐力を適切に確保しておく．

⇨損傷集中

　多層ラーメンに地震動が作用するとき，特定層のみの変形が増大しないように骨組の高さ方向に与えるべきいくつかの水平耐力分布が求められている．設計ではいわゆる A_i 分布があるが，これも損傷集中を避けるために定められたものである．

図 12・17 梁崩壊

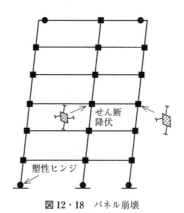

図 12・18 パネル崩壊

12・4 耐震要素付ラーメンの挙動と設計

1 耐震要素の目的

鉄骨ラーメンの中に地震力に抵抗する要素すなわち耐震要素を組み込む構造形式がある．耐震要素を用いる目的は，大別すると

① 建物の剛性や耐力と変形能力の確保

⇨制振(震)構造

　建物の揺れをコントロールする構造要素や装置を組み込んだ構造をいう．受動型と能動型があり，基本的な違いはエネルギーを投入する（能動型）か，投入しない（受動型）かで定義される場合がある．

②　建物の応答量の低減

である.

一般には，①では**耐震構造**といい，②では**制振(震)構造**と呼ぶ.

2　ブレース付ラーメンの挙動と設計

耐震要素の代表的なものに**筋かい**（ブレース）がある．ラーメンの弾性剛性や耐力を補う部材として，低層から高層の建物まで幅広く用いられる．ブレースの断面は丸鋼，山形鋼，H形鋼，円形鋼管，角形鋼管などである．ブレースをラーメンに組み込む形式には**図12·19**に示すX型などがよく用いられる．ブレース付ラーメンの耐力，変形は，**図12·20**に示すように，基本的にはラーメン部とブレース部とに分けて同一変位での抵抗力を合成して得られる挙動となる[1]．ラーメンが繰り返し水平力を受けると，ブレースには引張力や圧縮力が繰り返し作用する．

⇨**ブレース構造**
　ブレースを用いる構造には，地震力などの水平力をすべてブレースで負担する架構と，ブレース架構とラーメン架構とを併用するブレース付ラーメンとがある．前者は低層，後者は中高層に適用される．

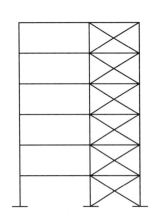

図12·19　X型ブレース付ラーメン

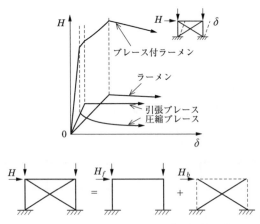

図12·20　ブレース付ラーメンの耐力や挙動の評価法

ブレースには細長比が大きい引張ブレース，細長比が十分に小さい圧縮ブレース，これらの中間の引張圧縮ブレースがある．引張ブレースは引張力のみに抵抗し，圧縮力に対しては抵抗しない．

引張ブレースではブレースの降伏に先立って端部接合部が引張破断しない保有耐力接合が必要である．ブレースが引張降伏すると大きな変形能力が期待できる．

細長比が小さい圧縮ブレースでは，座屈した後も耐力が低下することは少なく変形能力がある．引張圧縮ブレースの挙動では，座屈後の耐力の劣化や繰返し変形に伴う断面の破断が生じる場合がある．

ブレース架構とラーメン架構を併用したブレース付ラーメンでは，剛性が大きいブレース架構のみに地震力が集中して作用したり，ブレース架構が塑性化してもラーメン架構が弾性にとどまり耐力が発揮されないことがあるので注意する．**図12·21**のように，高層のブレース架構の上層部で**逆せん断力**が生じる場合があるので設計時に配慮が必要である．

⇨**ブレース架構の逆せん断力**
　ブレース付ラーメンでは高層の場合，水平力が作用するとブレース架構では全体曲げ変形が大きく，ラーメン架構ではせん断変形が大きい．これらの架構の水平変形の適合性によって，ブレース架構の上層部では水平方向外力の向きと逆向きの水平せん断力が生じる．これを逆せん断力という．

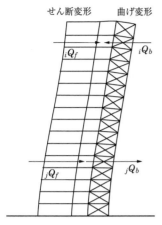

図 12・21　逆せん断力

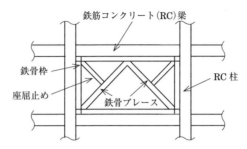

図 12・22　既存 RC ラーメンへの K 型ブレースによる補強

　枠付ブレースを，耐震補強の目的で，既存の鉄筋コンクリート造ラーメン架構の中へ組み込むことがある．自重をあまり大きくしないで，ラーメンの剛性，耐力，変形能力を適切に増加できる．**図 12・22** のような K 型ブレースでは，RC 梁からのせん断力がブレースへ伝達されると同時に，圧縮側と引張側のブレースの耐力がいずれも十分に発揮できるように設計される．

3　耐震要素付ラーメンの種類

　鋼板耐震壁をラーメンの中に組み込む形式がある．ラーメンが地震力を受けて変形したとき，鋼板耐震壁では，斜め方向の圧縮力によって面外座屈が生じても逆斜め方向の引張力に対しては抵抗できる．鋼板耐震壁が斜張力場を形成して地震力に抵抗するので，変形能力がある．見付け面積の大きい鋼板耐震壁では，**図 12・23** のように補剛リブを取り付けて耐力の調整を行うことがある．

　ラーメンの中に**制振要素**を組み込む形式が最近用いられている[4]．これは制振構造といわれ，地震力や風圧力に対し，ラーメンの小さい変形領域から振動減衰効果を図る．この構造形式の目的は，構造安全性の確保，機能性の保持，居住性の向上を満足させようとするものである．制振要素には**図 12・24** のような極低降伏点鋼を用いた**座屈拘束ブレース**，間柱，シアパネルなどが開発され，安定した

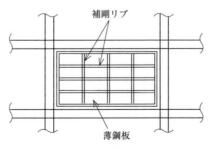

図 12・23　鋼板耐震壁

⇨**座屈拘束ブレース**
　鋼ブレースのまわりに，座屈を防止してエネルギー吸収性能を高める目的で，鋼ブレースとは縁が切れた状態で鉄筋コンクリートを用いて被覆したり，鋼管で覆ったりする．

209

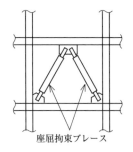
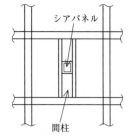

図 12・24　各種の制振要素

繰返し弾塑性変形履歴によって地震入力エネルギーなどを吸収する．これは受動型の制振方法であり，このほかに摩擦ダンパーやオイルダンパー，粘弾性ダンパーなどにより摩擦や粘性によって減衰を期待する制振要素も考えられている．制振要素として建物の振動を制御する装置がラーメンに組み込まれることがある．付加質量（チューンドマスダンパー），液体の揺動（スロッシング）などがある．センサーと制御コンピュータとを組み合わせて建物の揺れを制御する方法も開発され，これは能動型の制振方法である．

　制振構造のひとつである免震構造では，積層ゴムアイソレーターを，建物と地盤の間に入れて地震時の地盤の動きを建物へ直接に伝えないようにする．これは基礎免震である．基礎免震にはボールベアリング支承などを用いて地盤と建物を機械的に絶縁する考え方などもある．建物の用途，構造的な特徴などから建物の中間階位置に免震層を設ける場合がある．これは中間層免震と呼ばれる．

12・5　骨組の必要保有水平耐力

1　保有水平耐力と必要保有水平耐力

　鉄骨骨組の耐震安全性を確保するために，**法令など**に基づき，まず中地震を対象にした一次設計と呼ばれる許容応力度設計を行う．次に，大地震を対象にした二次設計においてルート 1，ルート 2，**ルート 3** と呼ばれる**計算手順**のいずれかに準拠して設計が行われる．いずれの設計ルートを採用するかは設計者の判断による．このうちルート 3 は，高さ 31 m を超える建物または高さ 31 m 以下の建物でルート 1，ルート 2 によらない場合に適用される．具体的には骨組の各層ごとに，次式を満足するように行う．

$$Q_u \geqq Q_{un} \tag{12・1}$$

　Q_u を**保有水平耐力**という．保有水平耐力の求め方は第 7 章 7・5 節で説明されている．Q_{un} は**必要保有水平耐力**と呼ばれ，骨組に要求される水平方向の抵抗力である．この必要保有水平耐力は次式で与えられる．

$$Q_{un} = D_s \cdot F_{es} \cdot Q_{ud} \tag{12・2}$$

　ここに，F_{es} は骨組の高さ方向や各層の平面における水平剛性の偏在による必

⇨**法令など**

　建築基準法，建築基準法施行令および国土交通省告示などを指す．

⇨**計算手順**

　構造計算のフローが第 2 章に説明されている．ルート 1，ルート 2，ルート 3 のほかに，骨組の規模などに応じて限界耐力計算，エネルギー法など一般化した特別な検証法，時刻歴応答解析（大臣認定）がある．

要保有水平耐力の割増係数であり，**形状係数**と呼ばれる．これは骨組の高さ方向の**剛性率**に応じた数値 F_s と**偏心率**に応じた F_e の積により計算される．D_s については次項で述べる．

また，Q_{ud} は骨組を弾性状態にとどめる場合，骨組に与えなければならない層せん断力（水平抵抗力）であり，次式によって算定される．

$$Q_{ud} = Z \cdot R_t \cdot A_i \cdot C_0 \cdot \sum W \tag{12・3}$$

ただし，右辺中の C_0 は**標準せん断力係数**で，ルート3では1.0以上の値が要求される．地震地域係数 Z のほか R_t，A_i，$\sum W$ は第2章2・2節で述べられている．

⇨**剛性率と偏心率**
　第2章2・4節を参照.

2　構造特性係数 D_s

骨組が大地震に対して崩壊しないために，地震入力エネルギーより骨組のエネルギー吸収能力を大きくすることによって耐震性能が確保される．このために大地震時に骨組を弾性状態にとどめるか，あるいは塑性変形を生じても急激な水平抵抗力の低下がなく，粘り強く変形することが必要である．具体的には，標準せん断力係数 C_0 を1.0以上とする骨組の弾性応力解析によって許容応力度設計を行う，あるいは必要な塑性変形を確保することを条件にした水平抵抗力を骨組に与える，のいずれかを行う．後者が式(12・1)〜(12・3)である．

式(12・2)は，$Q_{un}/Q_{ud} = D_s$（$F_{es} = 1.0$ のとき）である．D_s は骨組各層の**構造特性係数**と呼ばれる．D_s の評価法の一つとして

$$D_s = D_h / \sqrt{(2\mu - 1)} \tag{12・4}$$

ここに，　μ：骨組各層の**塑性率**（塑性変形能力）

　　　　　D_h：骨組の**減衰定数**で計算される値

が与えられている．この関係は，**骨組の振動減衰**の効果 D_h を除くと，図12・15に示されたように同一のエネルギー吸収量が同一の耐震性能を有するので，弾性剛性が同一の骨組において，大地震時に必要な骨組の弾性エネルギー量と塑性率 μ を有する弾塑性エネルギー吸収量とを等置することによって得られたものである．塑性変形能力を表す μ の値が大きいほど，D_s の値は小さくできる．つまり，Q_{ud} は標準せん断力係数 C_0 を1.0以上とする水平抵抗力を表すので，構造特性係数 D_s は各層の塑性変形能力の大きさに応じて必要保有水平耐力 Q_{un} を低減させる係数である．

⇨**骨組の振動減衰と D_h**
　実際の骨組には必ず振動を減衰させる作用があるが，そのメカニズムは複雑で多様である．この D_h は，骨組の減衰定数 h を用いて $D_h = 1.5/(1 + 10h)$ とされる.

3　ラーメンの変形能力確保

地震力を受ける鉄骨ラーメンでは，柱や梁部材が曲げ耐力（全塑性モーメント）に達する場合には，一般には塑性変形能力に富んだ挙動を示す．しかし部材の変形性能が低下する要因に，急激な耐力低下を伴う引張破断や脆性破壊，不安定現象がある．このため設計では，降伏比の小さい鋼材料を用いて伸び能力を確保すること，仕口や継手には十分な強度を確保すること（**保有耐力接合**），部材断面の板要素の**幅厚比**，**径厚比**の値を制限すること，梁には横座屈を生じないように

⇨**保有耐力接合**
　保有耐力接合と保有耐力設計は同義である．第11章11・1節および本章演習問題，問12・1を参照.

所要の**横補剛間隔**を確保することなどが要求される.

　上記のうち,法令上の幅厚比または径厚比による柱および梁の種別の例を**表12·1**に示す.幅厚比,径厚比の値が小さくなるほど塑性変形能力は大きく,種別がFD〜FAに区分されている.この種別が構造特性係数 D_s の値に反映される.

⇨**幅厚比,径厚比の規定値**

　部材断面の板要素の幅厚比(板幅 b と板厚 t との比 b/t),鋼管断面の径厚比(鋼管の外径 D と管厚 t との比 D/t)は小さい値であるほど,局部座屈が発生しにくく,変形能力が大きい.建築構造用圧延鋼材(SN 400 B,C,SN 490 B,C)を用いた H 形断面部材の種別では,表 12·1 によるほか,別途に指定された方法で区分してもよいことが,法令上認められている.

⇨**梁の横補剛間隔**

　端部が全塑性モーメントに達する梁では,十分に塑性回転変形するまでに横座屈を生じないようにするために横補剛によって変形能力を確保する.第 9 章 9·3 節を参照.

表 12·1　柱および梁の種別(400N 級鋼の場合)

部材	柱および梁の区分						柱および梁の種別
断面形状	H 形鋼		角形鋼管	円形鋼管	H 形鋼		
部位	フランジ	ウェブ	–	–	フランジ	ウェブ	
幅厚比または径厚比	9.5	43	33	50	9	60	FA
	12	45	37	70	11	65	FB
	15.5	48	48	100	15	71	FC
	FA,FB および FC のいずれにも該当しない場合						FD

表 12·2　ブレースの種別(400N 級鋼の場合)

ブレースの細長比　λ	ブレースの種別
$\lambda \leqq 32$	BA
$32 < \lambda \leqq 58$　または　$\lambda \geqq 129$	BB
$58 < \lambda < 129$	BC

4　ブレース付ラーメンの変形能力確保

　ブレースとラーメンを混用したブレース付ラーメンでは,ブレースがラーメンに比べて水平剛性が高く,小さい水平変位で骨組は終局耐力に達する.変形能力はブレースの細長比の大きさに支配される.法令では個々のブレースの種別が,その細長比 λ の値に応じて**表 12·2**のように区分されている.細長比が小さい圧縮ブレースは座屈後も耐力低下は少なく変形能力があるので種別 BA である.細長比が中間的な引張圧縮ブレースは座屈後の耐力の劣化などの挙動を伴うので,D_s の考え方からすると最も不利な種別 BC とされている.

　個々のブレース,個々の柱や梁の集合として部材群が骨組の層を構成する.したがって層に属しているブレースや柱および梁の耐力の割合に応じて部材群としての種別が,法令では A,B,C および D に区分される.具体的な区分方法はブレースの種別,柱や梁の種別の組合せに基づく.

　さらに,部材群としての種別および各層の保有水平耐力に対するブレースが分担する保有水平耐力の比 β_u の値に対して,**表 12·3**のように,構造特性係数 D_s の値が 0.25〜0.5 の範囲で適用される.$\beta_u = 0.0$ はブレースのない純ラーメンである.ブレース付ラーメンの変形能力は,骨組の中において柱,梁,ブレースそれぞれの種別による組合せによって大きく変化するので,D_s の算定には慎重な配慮が必要となる.

また，ラーメン，ブレース付ラーメンのいずれも，D_s の値が各層（各階）ごとに定められるので，限定された層のみに損傷が集中しないように，A_i **分布**から逸脱しない抵抗力（耐力）分布を骨組に与えておくことにも留意する必要がある．

表 12・3 構造特性係数 D_s の値

			柱および梁の部材群としての種別			
			A	B	C	D
ブレースの部材群としての種別		A または β_u の場合	0.25	0.3	0.35	0.4
	B	$0<\beta_u\leqq0.3$ の場合	0.25	0.3	0.35	0.4
		$0.3<\beta_u\leqq0.7$ の場合	0.3	0.3	0.35	0.45
		$\beta_u>0.7$ の場合	0.35	0.35	0.4	0.5
	C	$0<\beta_u\leqq0.3$ の場合	0.3	0.3	0.35	0.4
		$0.3<\beta_u\leqq0.5$ の場合	0.35	0.35	0.4	0.45
		$\beta_u>0.5$ の場合	0.4	0.4	0.45	0.5

β_u は，ブレースの水平耐力の和を保有水平耐力の値で除した値．

第 12 章　演習問題

問 12・1　保有耐力接合のための設計条件は，具体的にはどのようなものか．

【解答】　部材より先に接合部が破壊しないために，設計上の便法として，部材の全塑性耐力よりも溶接部あるいは高力ボルト，その他の最大耐力を十分に大きくすることによって，部材の塑性変形能力を確保する．すなわち

$$M_j \geqq \alpha \cdot M_p$$

ここに，M_j：接合部（仕口，継手）の最大耐力

M_p：部材の全塑性耐力

α：**接合部係数**

を満足するように，M_j を定める．α は，部位，部材の降伏比など多くの要因によって決められるが，1.1〜1.3 がとられる．

問 12・2　中地震時の地震力に対して，ルート 2，ルート 3 では骨組の**層間変形角**が 1/200（あるいは 1/120）を超えないことを設計時に確認する理由は何か．

【解答】　過去の震害例において，骨組の破壊はなくても骨組の変形に内装材や外装材が追随できず，損傷を生じたものが多くみられ，外壁の脱落，落下による人命への危険性が高いため，この変形制限が設けられている．**層間変形角**を制限することにより剛性を確保すると，固有周期が小さくなるので振動論的に地震応答変位が小さくなるためである．

問 12・3 制振構造の建物の例をあげよ.

【解答】 1980 年代の半ば頃から,タワーやビルディングなど高層から中低層まで制振構造の建物が非常に多数ある.一例として,2005 年に完成した Taipei101(台北市,台湾)について述べる.この建物は高さ 508 m,101 階の超高層建築である.台湾では,日本と同様に,台風や地震が多いため,建物の耐風設計,耐震設計が重要であり,この建物はそのため,**TMD**(チューンドマスダンパー)と呼ばれる装置が最上階に設置され,制振構造となっている.TMD は,重り,ばね,ダンパーからなり,建物内に取り付けて適度に大きく振動させることにより,建物への振動エネルギーを TMD の運動エネルギーとして吸収し,さらに TMD のダンパーの減衰力によって,その振動エネルギーを消費させるものである.

参 考 文 献

［１］　日本建築学会:鋼構造許容応力度設計規準(2019)
［２］　日本建築学会:鋼管構造設計施工指針同解説(1990)
［３］　日本建築学会:コンクリート充填鋼管構造設計施工指針(1997)
［４］　日本建築学会:鉄骨鉄筋コンクリート構造計算規準・同解説(2001)
［５］　日本建築学会:鉄筋コンクリート柱・鉄骨梁混合構造の設計と施工(2001)
［６］　日本建築学会:鋼構造建築物における構造設計の考え方と枠組(1999)
［７］　(社)日本鉄鋼連盟建築構造教材作成委員会:基礎からわかる建築構造物の設計,オーム社(2004)
［８］　国土交通省住宅局建築指導課ほか監修:2007 年版建築物の構造関係技術基準解説書(2008)

引 用 文 献

1)　若林実(編):鉄骨構造学詳論,丸善(1985)第 15 章
2)　秋山宏:建築物の耐震極限設計,東京大学出版会(1980)第 10 章
3)　梅村魁他:新しい耐震設計—建築基準法新耐震設計規準—,日本建築センター(1981)第 3 編
4)　鹿島都市防災研究会:制振・免震技術,鹿島出版会(1996)第 4 章

第 13 章
ラーメンの設計

▼福岡市天神交差点に建設中の柱角形鋼管・梁 H 形鋼の骨組（2023.7）
（地上 19 階・地下 4 階，CFT 柱，オイルダンパーによる制震構造）

---［学 習 目 標］---

　1 章から 12 章で学んだことを，2 層 1 スパンの純ラーメンの構造計算で理解を深める．柱は角形鋼管，梁は H 形鋼で，わが国で最も一般的な骨組構造である．許容応力度設計と保有水平耐力の確認を行う．地震力を受ける骨組の荷重・変形関係によって，保有水平耐力に至る骨組の弾塑性挙動を学ぶ．

13・1 建築物概要

　対象とする骨組は，鉄骨構造2階建事務所ビル（床面積108 m²）とした．本書の各章の内容を理解してもらうことを目的として簡単な2階建てモデルにしている．通常では2層骨組は1次設計のみで2次設計の保有水平耐力を計算することはないと思われるが，保有水平耐力の計算法についても理解してもらう目的で算定している．

　図 13·1 に各階の平面図を，**図 13·2** に断面図を示す．柱には角形鋼管を，梁にはH形鋼を使用し，X，Y両方向とも純ラーメン構造とする．

13・2 設計方針

　本設計例では固定荷重と積載荷重および地震力に対して骨組を設計する．ここではⒷ通り構面の設計を行う．建設地の地震地域係数Zを1.0とし，地盤は第1種地盤を想定している．構造計算は建築基準法・同施行令および日本建築学会・鋼構造許容応力度設計規準[1]に従い，許容応力度設計と保有水平耐力の検討を行う．設計法および設計式の詳細については本書の該当箇所を参照されたい．

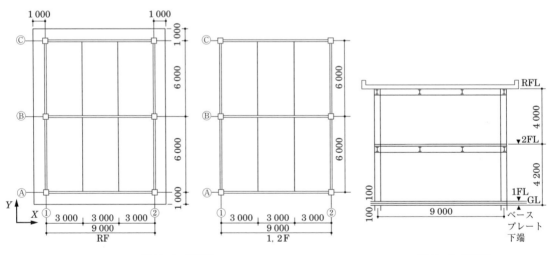

図 13·1 平面図　　　　　　　　　　　　　　**図 13·2** 断面図

13・3 使用材料

　柱には BCP235（基準強度 $F=235\,\mathrm{N/mm^2}$）の角形鋼管を，梁には SN400B（$F=235\,\mathrm{N/mm^2}$）のH形鋼を，ダイアフラムには SN400C を使用する．コンクリートは普通コンクリートを用い，設計基準強度 $F_c=24\,\mathrm{N/mm^2}$ を使用する．　　⇨第3章3·2節参照

13・4　荷重および外力

　固定荷重，積載荷重を**表 13・1**に示す．スラブはデッキプレートを用いているので，小梁の受け持つ床荷重が集中力 P として⑧通りの梁に作用するとして算定し，小梁および①，②通りの梁は等分布荷重が作用するものとして計算している．鉄骨フレーム（耐火被覆も含む）の床面に対する換算分布荷重を小梁に対して $150\,\text{N/m}^2$，大梁に対して $300\,\text{N/m}^2$ と仮定する．大梁の固定端モーメント C，単純梁の最大モーメント M_0，およびせん断力 Q を**表 13・2**に示す．**表 13・3**に⑧柱の長期軸力を示す．柱および壁の固定荷重は各階ごとに階高の中央で二分割し，上下の床位置に集中させて求めている．

⇨第 2 章 2・2 節参照

　地震力算定用の建築物重量を**表 13・4**に示す．この値を用いて下式により，1次設計用地震層せん断力を求めた．

⇨式(13・1)，(13・2)はそれぞれ式(2・3)，(2・4)である．

$$Q_i = C_i \cdot \sum_{j=i}^{N} W_j \tag{13・1}$$

$$C_i = Z \cdot R_t \cdot A_i \cdot C_0 \tag{13・2}$$

　ただし，C_i：地震層せん断力係数，W_j：床位置に集中させた j 番目の階の重量，N：骨組の地上階数（本設計例では $N=2$），Z：地震地域係数（本設計例では $Z=1.0$ として設計），R_t：振動特性係数，A_i：地震層せん断力の高さ方向の分

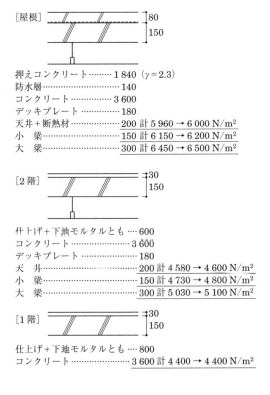

[屋根]　80／150

押えコンクリート ········· 1 840（$\gamma=2.3$）
防水層 ···················· 140
コンクリート ·············· 3 600
デッキプレート ············· 180
天井＋断熱材 ··········· 200 計 5 960 → 6 000 N/m²
小　梁 ·················· 150 計 6 150 → 6 200 N/m²
大　梁 ·················· 300 計 6 450 → 6 500 N/m²

[2 階]　30／150

仕上げ＋下地モルタルとも ···· 600
コンクリート ·············· 3 600
デッキプレート ············· 180
天　井 ·················· 200 計 4 580 → 4 600 N/m²
小　梁 ·················· 150 計 4 730 → 4 800 N/m²
大　梁 ·················· 300 計 5 030 → 5 100 N/m²

[1 階]　30／150

仕上げ＋下地モルタルとも ···· 800
コンクリート ·············· 3 600 計 4 400 → 4 400 N/m²

表 13・1　固定荷重・積載荷重

鉛直荷重		荷重〔N/m²〕		DL＋LL〔N/m²〕
		固定 DL	積載 LL	
屋根	床用	6 000	1 800	7 800
	小梁用	6 200	1 800	8 000
	フレーム用	6 500	1 300	7 800
	地震用	6 500	600	7 100
2 階	床用	4 600	2 900	7 500
	小梁用	4 800	2 900	7 700
	フレーム用	5 100	1 800	6 900
	地震用	5 100	800	5 900
1 階	床用	4 400	2 900	7 300
	小梁用	4 400	2 900	7 300
	フレーム用	4 400	1 800	6 200
	地震用	4 400	800	5 200
外壁	ALC 版	1 000 N/m²		
柱		2 000 N/m		
地中梁	BD＝40×100	9 600 N/m		
	BD＝35×60	5 100 N/m		
パラペット		3 700 N/m		

217

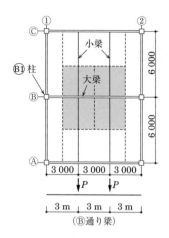

（Ⓑ通り梁）

表13・2 大梁の C, M_0, Q

階	大梁の C, M_0, Q（Ⓑ通り）	
RG	$P = 7.8\,\text{kN/m}^2 \times (3 \times 6)\,[\text{m}^2]$	$= 140.4\,\text{kN}$
	$C = 2/9\,Pl = 2/9 \times 140.4 \times 9$	$= 280.8\,\text{kNm}$
	$M_0 = Pl/3 = 140.4 \times \dfrac{9}{3}$	$= 421.2\,\text{kNm}$
	$Q = P$	$= 140.4\,\text{kN}$
2G	$P = 6.9\,\text{kN/m}^2 \times (3 \times 6)\,[\text{m}^2]$	$= 124.2\,\text{kN}$
	$C = 2/9\,Pl = 2/9 \times 124.2 \times 9$	$= 248.4\,\text{kNm}$
	$M_0 = Pl/3 = 124.2 \times 9/3$	$= 372.6\,\text{kNm}$
	$Q = P$	$= 124.2\,\text{kN}$
FG	$P = 6.2\,\text{kN/m}^2 \times (3 \times 6)\,[\text{m}^2]$	$= 111.6\,\text{kN}$
	$C = 2/9\,Pl = 2/9 \times 111.6 \times 9$	$= 223.2\,\text{kNm}$
	$M_0 = Pl/3 = 111.6 \times 9/3$	$= 334.8\,\text{kNm}$
	$Q = P$	$= 11.6\,\text{kN}$

表13・3 長期注軸力（Ⓑ①柱）

階	注軸力（Ⓑ①柱）			計
2階柱	スラブ	$7\,800\,\text{N/m}^2 \times 6.0\,\text{m} \times (1+4.5)\,\text{m}$	$= 257.4\,\text{kN}$	295.6 kN
	パラペット	$3\,700\,\text{N/m} \times 6.0\,\text{m}$	$= 22.2\,\text{kN}$	
	柱	$2\,000\,\text{N/m} \times (4/2)\,\text{m}$	$= 4.0\,\text{kN}$	
	壁	$1\,000\,\text{N/m}^2 \times 6.0\,\text{m} \times (4/2)\,\text{m}$	$= 12.0\,\text{kN}$	
1階柱	スラブ	$6\,900\,\text{N/m}^2 \times 6.0\,\text{m} \times 4.5\,\text{m}$	$= 186.3\,\text{kN}$	219.1 kN
	柱	$2\,000\,\text{N/m} \times (4/2+4.2/2)\,\text{m}$	$= 8.2\,\text{kN}$	
	壁	$1\,000\,\text{N/m}^2 \times 6.0\,\text{m} \times (4/2+4.2/2)\,\text{m}$	$= 24.6\,\text{kN}$	
基礎用	柱	$2\,000\,\text{N/m} \times (4.2/2)\,\text{m}$	$= 4.2\,\text{kN}$	311.5 kN
	壁	$1\,000\,\text{N/m}^2 \times 6.0\,\text{m} \times (4.2/2)\,\text{m}$	$= 12.6\,\text{kN}$	
	スラブ	$6\,200\,\text{N/m}^2 \times 6.0\,\text{m} \times (4.5+0.3)\,\text{m}$	$= 178.6\,\text{kN}$	
	FG	$9\,600\,\text{N/m} \times (6.0+4.5)\,\text{m}$	$= 100.8\,\text{kN}$	
	Fb	$5\,100\,\text{N/m} \times 6\,\text{m}/2$	$= 15.3\,\text{kN}$	

表13・4 地震力算定用骨組重量

階	地震力算定用骨組重量の計算			重量 W_i
2階	スラブ	$7\,100\,\text{N/m}^2 \times (9+2)\,\text{m} \times (12+2)\,\text{m}$	$= 1093.4\,\text{kN}$	1 386.4kN
	パラペット	$3\,700\,\text{N/m}^2 \times (11+14)\,\text{m} \times 2$	$= 185.0\,\text{kN}$	
	柱	$2\,000\,\text{N/m} \times 2.0\,\text{m} \times 6\,\text{本}$	$= 24.0\,\text{kN}$	
	壁	$1\,000\,\text{N/m}^2 \times 2.0\,\text{m} \times (9+12)\,\text{m} \times 2$	$= 84.0\,\text{kN}$	
1階	スラブ	$5\,900\,\text{N/m}^2 \times 9\,\text{m} \times 12\,\text{m}$	$= 637.2\,\text{kN}$	858.6 kN
	柱	$2\,000\,\text{N/m} \times 4.1\,\text{m} \times 6\,\text{本}$	$= 49.2\,\text{kN}$	
	壁	$1\,000\,\text{N/m}^2 \times 4.1\,\text{m} \times (9+12)\,\text{m} \times 2$	$= 172.2\,\text{kN}$	

布係数，C_0：標準せん断力係数（1次設計用として $C_0 = 0.2$ を採用）である．

R_t および A_i を求める際に設計用1次固有周期 T を算定しておく必要があるので，骨組高さ H（$= 4.2 + 4.0 = 8.2$）〔m〕を用いて，次の簡略式により算定す

R_t と A_i はそれぞれ，第2章の図2・3と図2・4を参照

る．ただし，全層鉄骨造の場合 $\alpha=1$ である．

$$T=H(0.02+0.01\alpha)=8.2\times0.03=0.246\simeq0.25\text{ 秒} \qquad (13\cdot3)$$

骨組の固有周期が 0.25 秒の場合，第 1 種地盤では $R_t=1.0$ となる（第 2 章の図 2・3 参照）．A_i は下式により求める．

$$A_i=1+\left(\frac{1}{\sqrt{\alpha_i}}-\alpha_i\right)\frac{2T}{1+3T} \qquad (13\cdot4)$$

$$\alpha_i=\frac{\displaystyle\sum_{j=i}^{N}W_j}{\displaystyle\sum_{j=1}^{N}W_j} \qquad (13\cdot5)$$

上の式により算定した骨組各層の地震時の層せん断力 Q_i を**表 13・5** に示す．

表 13・5　地震による各層の層せん断力

階	重量 W_i〔kN〕	ΣW_i〔kN〕	α	A_i	C_i	Q_i〔kN〕	Q_i（Ⓑ通り）〔kN〕
2 階	1 386.4	1 386.4	0.62	1.19	0.24	328.9	109.6
1 階	858.6	2 245.0	1.00	1.00	0.20	449.0	149.7

〔注〕　Q_i（Ⓑ通り）は Q_i をⒶ，Ⓑ，Ⓒの各構面で均等に分担するものとして $Q_i/3$ としている．

13・5　柱・梁断面の仮定

⇨露出型柱脚

　1 階の柱脚を露出型とした場合，一般に固定端とはみなせない場合が多い．そのような場合，露出型柱脚の回転剛性を適切に評価して応力を求める．

　骨組の応力を算定するためには，部材の剛性が必要であるため，部材断面を仮定する．**図 13・3** に示す長期および地震時の応力の略算によって各部の応力を求め，この応力に対して安全となるように断面を仮定する．1 階柱脚を露出型柱脚とした場合には柱脚を固定端とみなせないが，本設計例では設計法を理解しやすくするため固定端として扱う．骨組の応力は梁の断面中央点高さで算定しており，1 階の柱高さを 3.8 m として計算している（**図 13・17** 参照）．

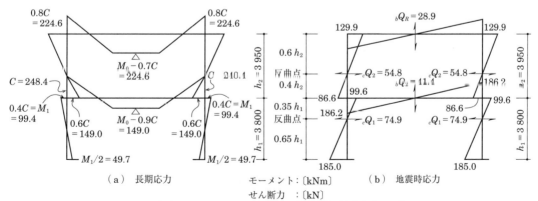

（a）　長期応力　　　　モーメント：〔kNm〕　　（b）　地震時応力
せん断力　：〔kN〕

h_1：柱脚のベースプレート下端から 2 階梁の断面中央点までの高さ

図 13・3　断面仮定のための応力の略算法とその結果

1 梁断面の仮定

表 13·6 に略算法による梁の1次設計用応力を示す．下式に示す梁の設計式を満足するように梁の断面を仮定する．

$$\frac{\sigma_b}{f_b} = \frac{M/Z}{f_b} \leqq 1.0 \tag{13·6}$$

ただし，σ_b：曲げ応力度，M：設計用曲げモーメント，Z：断面係数，f_b：許容曲げ応力度である．

梁の許容応力度は横座屈による影響を考慮して求める必要があるが，断面を仮定する段階では，許容応力度 f_b として $F = 235\,\text{N/mm}^2$（短期）あるいは $F/1.5 = 157\,\text{N/mm}^2$（長期）を用いる．

2 G と R G の梁を同一断面とする．2 階梁の梁端部の短期設計用応力が最も大きいので，この応力に対して，断面仮定を行う．梁断面に必要な断面係数 Z_d は式(13·6)を変形した下式により求められる（f_b は短期許容応力度）．

$$Z_d \geqq \frac{M_s}{f_b} = \frac{434.6 \times 10^6\,[\text{Nmm}]}{235\,[\text{N/mm}^2]} = 1\,849 \times 10^3\,\text{mm}^3$$

上式の条件を満たす梁断面として，H$-488 \times 300 \times 11 \times 18$（断面係数 $Z = 2\,820 \times 10^3\,\text{mm}^3$，断面2次モーメント $I = 689 \times 10^6\,\text{mm}^4$）を仮定する．

表 13·6 梁断面仮定用の設計応力（略算法による）

階	長　期			地　震　時			短　期		
	モーメント〔kNm〕		せん断力〔kN〕	モーメント〔kNm〕		せん断力〔kN〕	モーメント〔kNm〕		せん断力〔kN〕
	梁端部	梁中央		梁端部	梁中央		梁端部	梁中央	
RG	224.6	224.6	149.7	129.9	0.0	28.9	354.5	224.6	178.6
2G	248.4	149.0	132.5	186.2	0.0	41.4	434.6	149.0	173.9

2 柱断面の仮定

表 13·7 に略算法による柱の1次設計用応力を示す．下式に示す柱の計算式を満足するように柱の断面を仮定する．

$$\frac{\sigma_c}{f_c} + \frac{\sigma_b}{f_b} \leqq 1.0 \tag{13·7}$$

ただし，σ_c，σ_b：柱の垂直応力度と曲げ応力度，f_c，f_b：柱の許容圧縮応力度と許容曲げ応力度である．

1，2 階の柱を同一断面とする．短期の2階柱頭の設計用曲げモーメントが最も大きいので，この応力に対して断面仮定を行う．軸力による効果で σ_c を $0.2f_c$ と仮定し，式(13·6)を変形して，必要な断面係数 Z_d を下式で求める．

$$Z_d \geqq 1.25 \cdot \frac{M_s}{f_b} = 1.25 \times \frac{354.5 \times 10^6\,[\text{Nmm}]}{235\,[\text{N/mm}^2]} = 1\,886 \times 10^3\,\text{mm}^3$$

上式を満たす柱断面として，□$-400 \times 400 \times 12$（$A = 17\,880\,\text{mm}^2$，$I = 438 \times$

⇨**断面が長期応力と短期応力のどちらで決まるか**

鉄骨構造では曲げ，せん断ともに，短期許容応力度が長期許容応力度の 1.5 倍である．そのことから，設計用短期応力が設計用長期応力の 1.5 倍より大きければ，短期応力に対して断面を設計すればよい．逆に小さければ長期応力に対して設計すればよいことになる．

⇨**柱の設計**

柱軸力が断面圧縮耐力に比べ小さい場合は曲げモーメントの大きさで断面算定してもよい．

⇨式(13·7)は式(10·5)と同じ式

⇨**柱脚に露出型柱脚の回転剛性を考慮した場合の1階柱脚のモーメント**

長期：17.8 kNm
地震時：145.3 kNm
となる．柱脚の回転剛性を考慮すると柱脚のモーメントは小さくなっている．

表13・7　㉛柱断面仮定用の設計応力（略算法による）

柱		長　　　期				地　震　時				短　　　期			
		軸力	モーメント		せん断力	軸力	モーメント		せん断力	軸力	モーメント		せん断力
		N_L	M_L 柱頭	M_L 柱脚	Q_L	N_E	M_E 柱頭	M_E 柱脚	Q_E	N_S	M_S 柱頭	M_S 柱脚	Q_S
₂C	X方向	295.6	224.6	149.0	94.6	28.9	129.9	86.6	54.8	324.5	354.5	235.6	149.4
₁C	X方向	514.7	99.4	49.7	39.2	70.3	99.6	185.0	74.9	585.0	199.0	234.7	114.1

〔注〕　N_L, N_E, N_S, Q_L, Q_E, Q_S〔kN〕
　　　　M_L, M_E, M_S〔kNm〕

$10^6\,\text{mm}^4$, $Z = 2\,190 \times 10^3\,\text{mm}^3$, 断面2次半径 $i = 157\,\text{mm}$）を仮定する．

13・6　柱・梁断面の応力検定

　柱，梁断面が仮定できたので，これらの断面を用いて，骨組各部の応力が算定できる．骨組の応力をマトリクス法で計算した結果を**図13・4**および**表13・8**，**表13・9**に示す．本設計では，この応力に対して部材の検定を行う．

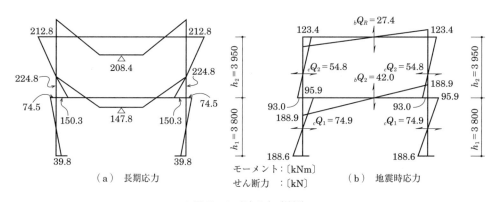

図13・4　応力分布（精解）

表13・8　梁断面の設計応力（精解による）

階	長　　　期			地　震　時			短　　　期		
	モーメント〔kNm〕		せん断力〔kN〕	モーメント〔kNm〕		せん断力〔kN〕	モーメント〔kNm〕		せん断力〔kN〕
	梁端部	梁中央		梁端部	梁中央		梁端部	梁中央	
RG	212.8	208.4	140.4	123.4	0.0	27.4	336.2	208.4	167.8
2G	224.8	147.8	124.2	100.9	0.0	42.0	413.7	147.8	166.2

表13・9　㉛柱断面の設計応力（精解による）

柱		長　　　期				地　震　時				短　　　期			
		軸力	モーメント		せん断力	軸力	モーメント		せん断力	軸力	モーメント		せん断力
		N_L	M_L 柱頭	M_L 柱脚	Q_L	N_E	M_E 柱頭	M_E 柱脚	Q_E	N_S	M_S 柱頭	M_S 柱脚	Q_S
₂C	X方向	295.6	212.8	150.3	91.9	27.4	123.4	93.0	54.8	323.0	336.2	243.3	146.7
₁C	X方向	514.4	74.5	39.8	30.1	69.4	95.9	188.6	74.9	584.1	170.4	228.4	104.9

〔注〕　N_L, N_E, N_S, Q_L, Q_E, Q_S〔kN〕
　　　　M_L, M_E, M_S〔kNm〕

⇨梁の設計
第 9 章 9・4 節参照

1 梁

（a） 許容応力度設計

梁の設計式(13・6)中の許容曲げ応力度 f_b は横座屈を考慮する必要がある．ここでは，表 13・8 より，RG よりも 2G の梁端部の短期応力が大きいので，2 階梁を対象に，第 9 章 9・4 節の「1 梁材の許容曲げ応力度」に従い f_b を算定する．なお，2 階梁の短期応力が長期の 1.5 倍よりも大きいので，この断面は短期応力で決まる．

まず，式(9・15)により塑性限界細長比 $_p\lambda_b$ を算定する．材端から小梁までの距離を圧縮フランジ支点間距離 $I_b = 3\,000$ mm にとる．M_1 は短期荷重時の梁材端モーメントなので，$M_1 = 413.7$ kNm，M_2 は小梁位置でのモーメントなので，長期と地震時のモーメントの和で下式のように求められる．

$$M_2 = -147.8 + (188.9 - 42.0 \times 3) = -84.9 \text{ kNm}$$

$$M_2/M_1 = 84.9/413.7 = 0.21 \text{ （複曲率なので，} M_2/M_1 \text{ は正）}$$

この場合，補剛区間内で曲げモーメントが単調に変化し，モーメント分布が複曲率なので，式(9・15)と式(9・16)により塑性限界細長比 $_p\lambda_b$ と許容曲げ応力度の補正係数 C を算定する．

⇨式(9・15)参照

$$_p\lambda_b = 0.6 + 0.3(M_2/M_1) = 0.6 + 0.3 \times 0.21 = 0.663$$

⇨式(9・16)参照

$$C = 1.75 + 1.05 \times (M_2/M_1) + 0.3 \times (M_2/M_1)^2$$
$$= 1.75 + 1.05 \times 0.21 + 0.3 \times 0.21^2 = 1.98$$

梁の細長比 λ_b は降伏モーメント M_y と弾性横座屈モーメント M_e を用いて，式(9・11)〜(9・13)で求められる．

⇨式(9・11)参照

$$\lambda_b = \sqrt{\frac{M_y}{M_e}} = \sqrt{\frac{663}{8\,930}} = 0.272$$

なお，上式中の M_y と M_e は下記のように算定される．

⇨式(9・12)参照

$$M_y = F \cdot Z = 235 \times (2\,820 \times 10^3) = 663 \times 10^6 \text{ Nmm} = 663 \text{ (kNm)}$$

⇨式(9・13)参照

$$M_e = C\sqrt{\frac{\pi^4 \cdot EI_y \cdot EI_w}{l_b^4} + \frac{\pi^2 \cdot EI_y \cdot GJ}{l_b^2}}$$

$$= 1.98\sqrt{\frac{\pi^4 \times (1.66 \times 10^{13}) \times (9.18 \times 10^{17})}{3\,000^4} + \frac{\pi^2 \times (1.66 \times 10^{13}) \times (1.08 \times 10^{11})}{3\,000^2}}$$

$$= 1.98\sqrt{1.84 \times 10^{19} + 1.97 \times 10^{18}} = 8.93 \times 10^9 \text{ (Nmm)} = 8\,930 \text{ (kNm)}$$

なお，式(9・13)中の各項は以下のように算定される．

$$EI_y = (2.05 \times 10^5) \times (811 \times 10^5) = 1.66 \times 10^{13} \text{ (Nmm}^2)$$

$$EI_w = (2.05 \times 10^5) \times (448 \times 10^{10}) = 9.18 \times 10^{17} \text{ (Nmm}^4)$$

（I_w は付録 3(5)H 形鋼参照）

$$J = \frac{2}{3}B \cdot t_f^3 + \frac{1}{3}(H - 2t_f)t_w^3 = \frac{2}{3}300 \times 18^3 + \frac{1}{3}(488 - 2 \times 18) \times 11^3$$

$$= 1.37 \times 10^6 \text{ (mm}^4)$$

$$G \cdot J = (7.90 \times 10^4) \times 1.37 \times 10^6 = 1.08 \times 10^{11} \text{ (Nmm}^2)$$

$\lambda_b <{}_p\lambda_b$ なので，式(9・8)により許容曲げモーメントが決まる．

$$f_b = \frac{F}{v} = \frac{235}{1.64} = 143\,(\text{N/mm}^2)$$

⇨式(9・8)参照

なお，安全率 v は式(9・14)の弾性限界細長比 ${}_e\lambda_b$ を用いて，式(9・19)により求められる．

$$_e\lambda_b = \frac{1}{\sqrt{0.6}} = 1.29$$

⇨式(9・14)参照

$$v = \frac{3}{2} + \frac{2}{3}\left(\frac{\lambda_b}{{}_e\lambda_b}\right)^2 = \frac{3}{2} + \frac{2}{3}\left(\frac{0.272}{1.29}\right)^2 = 1.64$$

⇨式(9・19)参照

以上のことより，短期許容曲げ応力度 ${}_s f_b$ は $1.5\,f_b$ なので，$214\,(\text{N/mm}^2)$ となる．

梁の設計式(13・6)で検討すると，

$$\frac{\sigma_b}{{}_s f_b} = \frac{M_s/Z}{{}_s f_b} = \frac{(413.7 \times 10^6 / 2\,820 \times 10^3)}{214} = 0.69$$

となり安全であることが確かめられる．

（b）　梁の横補剛による変形能力確保の確認（保有耐力横補剛）

梁材に十分な変形能力を期待するためには横座屈を拘束する横補剛が有効である．第9章9・4節「4　補剛材の設計」の「①梁全長にわたって均等間隔に横補剛を設ける場合」の通り，梁材の弱軸まわりの細長比 λ_y と横補剛の箇所数 n の関係が次式を満足しなければならない（保有耐力横補剛）．

　　400 N 級鋼材：$\lambda_y \leq 170 + 20n$

⇨式(9・27)参照

　　490 N 級鋼材：$\lambda_y \leq 130 + 20n$

⇨式(9・28)参照

本設計の場合には，梁長さ 9 000 mm，H 形鋼（H−488×300×11×18）の弱軸まわりの断面 2 次半径 i_y が 71.4 mm であり，梁を小梁で 2 か所横補剛しているため，

　　　$\lambda_y = 9\,000/71.4 = 126 < 170 + 20 \times 2 = 210$　→ OK

となり，保有耐力横補剛の条件を満たしている．

2　柱

（a）　許容応力度設計

⇨柱の設計
　第 10 章 10・4 節参照

表 13・4 より 2 階柱の設計応力が 1 階の設計応力よりも大きいので，2 階柱に対して検討する．柱の設計式(13・7)中の許容圧縮応力度 f_c は曲げ座屈を考慮して決まる値であり，この許容応力度は断面性能のほかに柱の座屈長さに応じて値が決まる．許容圧縮応力度 f_c は以下のようにして算定される．

柱の座屈長さ l_k については，ここでは鋼構造許容応力度設計規準[1]および鋼構造座屈設計指針[2]に示されている略算法で，水平移動が拘束されていない均等ラーメン柱の座屈長さ係数 K を求めて算定する．

$$l_k = K \cdot l_c \tag{13・8}$$

$$\frac{G_A \cdot G_B (\pi/K)^2 - 36}{6(G_A + G_B)} = \frac{\pi/K}{\tan(\pi/K)} \tag{13・9}$$

$$G_A = \frac{(I_c/l_c) + (_AI_c/_Al_c)}{(_AI_{g1}/_Al_{g1}) + (_AI_{g2}/_Al_{g2})} \tag{13・10}$$

$$G_B = \frac{(I_c/l_c) + (_BI_c/_Bl_c)}{(_BI_{g1}/_Bl_{g1}) + (_BI_{g2}/_Bl_{g2})} \tag{13・11}$$

ただし，I は断面二次モーメント，l は材長で，節点 A，B における G ファクターを計算するための各記号を**図 13・5** に示す．

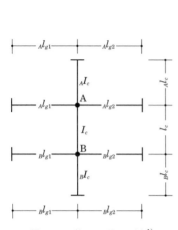

図 13・5 柱および梁の剛度[1]

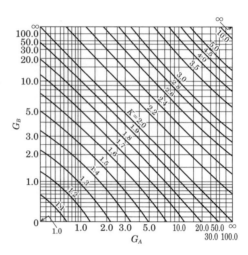

図 13・6 柱の座屈長さ係数の計算図表[2]

一般に柱の座屈長さ係数 K は X，Y の 2 方向それぞれの座屈に対して算定して，座屈長さ係数 K の大きい値を採用する．Ⓑ通り 2 階柱の K を計算すると，

$$G_A = \frac{(4.38 \times 10^8/3\,950) + (0)}{(0) + (6.89 \times 10^8/9\,000)} = 1.45,$$

$$G_B = \frac{(4.38 \times 10^8/3\,950) + (4.38 \times 10^8/3\,800)}{(0) + (6.89 \times 10^8/9\,000)} = 2.95$$

図 13・6 を用いて柱の K を読み取ることができるが，エクセルの表計算を用いて収れん計算で求めることもでき，上記の G_A と G_B を (13・9) 式に代入し $K=1.6187$ とすると，

$$左辺 = \frac{1.45 \cdot 2.95(\pi/1.6187)^2 - 36}{6(1.45 + 2.95)} = -0.75272,$$

$$右辺 = \frac{\pi/1.6187}{\tan(\pi/1.6187)} = -0.7528$$

と，ほぼ同値となるので，$K=1.62$ と求められる．

Ⓑ通り 1 階も同様に計算すると $K=1.55$ となった（なお，露出柱脚である 1 階の G_B は参考文献 [1] に従い，1 としている）．同様に，①通りの 2 階柱および 1 階柱の K を算定したところ，それぞれ，1.24 と 1.32 であった．

Ⓑ通り 2 階柱の許容圧縮応力度 f_c を算定し，柱を検定する．

座屈長さ：$l_k = 1.62 \times 3\,950 = 6\,399$ (mm)

細長比：$\lambda = l_k/i = 6\,399/157 = 40.8$ となり，第 8 章の表 8・1 より長期

許容圧縮応力度 f_c は 141（N/mm²）となる.

柱は鋼管なので長期許容曲げ応力度 f_b は 156（N/mm²）として，式（13·7）で Ⓑ通り 2 階の柱を検定する.

長期：$\dfrac{\sigma_c}{f_c}+\dfrac{{}_c\sigma_b}{f_b}=\dfrac{N_L/A}{f_c}+\dfrac{M_L/Z}{f_b}=\dfrac{295.6\times10^3/17\,880}{141}+\dfrac{212.8\times10^6/2\,190\,000}{156}$　⇨式（10·5）参照

$\qquad\qquad =0.12+0.62=0.74<1.0\quad\rightarrow OK$

短期：$\dfrac{\sigma_c}{f_c}+\dfrac{{}_c\sigma_b}{f_b}=\dfrac{N_S/A}{f_c}+\dfrac{M_S/Z}{f_b}=\dfrac{323.0\times10^3/17\,880}{141\times1.5}+\dfrac{336.2\times10^6/2\,190\,000}{235}$

$\qquad\qquad =0.09+0.65=0.74<1.0\quad\rightarrow OK$

Ⓑ通り 1 階柱も同様にして検討すると，$\lambda=\dfrac{l_k}{i}=\dfrac{(1.55\times3\,800)}{157}=37.5$ となり，

f_c は 143（N/mm²）となるので，短期を検定すると，

短期：$\dfrac{\sigma_c}{f_c}+\dfrac{{}_c\sigma_b}{f_b}=\dfrac{N_S/A}{f_c}+\dfrac{M_S/Z}{f_b}=\dfrac{584.1\times10^3/17\,880}{143\times1.5}+\dfrac{228.4\times10^6/2\,190\,000}{235}$

$\qquad\qquad =0.15+0.44=0.59<1.0\quad\rightarrow OK$

となり，安全が確かめられる.

13・7　柱・梁部材の変形の検定

1　梁　部　材

梁部材の長期荷重に対する梁中央のたわみ δ の変形制限式は下式で表される.

$\dfrac{\delta}{l}\leqq1/300$　ただし，l は梁長さ

⇨梁のたわみ式

側注の「**梁のたわみ式**」を用いて RG 階の梁部材の変形のチェックをすると，

$\delta=\dfrac{23P\cdot l^3}{648EI}-\dfrac{M\cdot l^2}{8EI}$

$\quad=\dfrac{23\times140.4\times10^3\times9\,000^3}{648\times205\times10^3\times689\times10^6}-\dfrac{212.8\times10^6\times9\,000^2}{8\times205\times10^3\times689\times10^6}$

$\quad=25.7-15.3=10.4\ \mathrm{mm}\quad\rightarrow\dfrac{\delta}{l}=\dfrac{10.4}{9\,000}=\dfrac{1}{865}<\dfrac{1}{300}\quad\rightarrow OK$

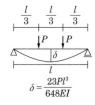

$\delta=\dfrac{23Pl^3}{648EI}$

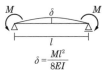

$\delta=\dfrac{Ml^2}{8EI}$

となり，RG 階の梁断面は仮定断面でよいことが確認された．RG 階と同様に検討して 2 階梁断面の安全が確認される（2G：$\delta/l\leqq6.6/9\,000=1/1\,360<1/300$）.

2　柱　部　材

柱部材の短期荷重に対する層間変位 δ の制限式は下式である.

$\dfrac{\delta}{h}\leqq\dfrac{1}{200}$　ただし，h は柱長さ

設備などに著しい損傷の生じるおそれのないことが確認されれば，この制限値は 1/120 まで緩和できる.

柱脚固定で梁剛体の理想的な骨組の水平層間変位は側注「**両端固定端 1 層 1 ス**

⇨マトリクス法による梁のたわみの計算結果

　マトリクス法による RG 階および 2 階梁の梁中央点のたわみの算定結果はそれぞれ 10.0 mm と 6.62 mm となる.

　上記のたわみ式による計算結果とほぼ同じ結果となっている.

パン骨組の水平変位」に示した公式を用いて求められる．柱と梁の剛比により異なるが一般的なラーメンの層間変位は，この値を2～3倍することで概略算定できるようである．層に作用する水平力を Q とすると，下式で層間水平変位が算出できる．

● 2階：$\delta = 3\dfrac{Q \cdot h^3}{24EI} = 3 \times \dfrac{109.6 \times 10^3 \times (3\,950)^3}{24 \times (205 \times 10^3 \times 43\,800 \times 10^4)} = 9.4 \text{ mm}$

$\dfrac{\delta}{h} = \dfrac{9.4}{3\,950} = \dfrac{1}{420} < \dfrac{1}{200}$ → OK

● 1階：$\delta = 2\dfrac{Q \cdot h^3}{24EI} = 2 \times \dfrac{149.7 \times 10^3 \times (3\,800)^3}{24 \times (205 \times 10^3 \times 43\,800 \times 10^4)} = 7.6 \text{ mm}$

$\dfrac{\delta}{h} = \dfrac{7.6}{3\,800} = \dfrac{1}{500} < \dfrac{1}{200}$ → OK

柱断面は仮定断面でよいことが確認された．

13・8 接合部の設計

1 柱梁接合部

（a） 許容応力度設計

（1） 通しダイアフラムの板厚

本設計例では通しダイアフラム形式の柱梁接合部を採用する（**図13・7**）．この接合部は柱部材を切断し，水平ダイアフラムと柱および梁を完全溶込み溶接する

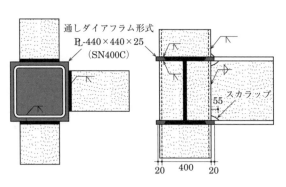

通しダイアフラム形式
PL-440×440×25
（SN400C）

スカラップ

55

20 400 20

図13・7 柱梁接合部

ことにより組み立てられ，このダイアフラムを介して梁フランジの曲げ応力を接合部へ伝達させるものである．ダイアフラムの板厚は梁フランジの板厚よりも厚い鋼板を用いる．本設計では梁フランジ厚が18 mmなので，25 mm 厚のダイアフラム（SN400C）とする．

（2） 接合部パネルの検討

接合部パネルの設計式を次に示す．

$${}_pM \leq {}_pM_y \tag{13・12}$$

ただし，${}_pM$：梁および柱から接合部パネルに伝達される接合部パネルモーメント，${}_pM_y$：接合部パネルの降伏せん断耐力である．

接合部パネルモーメント ${}_pM$ は下式で算定できる．

⇨**両端固定端1層1スパン骨組の水平変位**

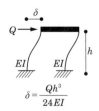

Q δ

EI EI h

$\delta = \dfrac{Qh^3}{24EI}$

⇨**マトリクス法によるたわみの計算結果**

　マトリクス法による水平力を加えたときの層間水平変位は，2階および1階に対して，それぞれ 9.6 mm，7.5 mm である．上記のたわみ公式による2階と1階の計算結果をそれぞれ3倍と2倍することで，マトリクス法の計算結果とほぼ同じ結果となる．

⇨**柱梁接合部の設計**
　第11章11・3節参照

⇨**柱梁接合部の形式**
　柱梁接合部には通しダイアフラム形式のほかに外ダイアフラム形式，内ダイアフラム形式の接合部がある．わが国では通しダイアフラム形式が最も多く使われている．

内ダイアフラム

内ダイアフラム形式

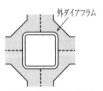

外ダイアフラム

外ダイアフラム形式

$$_PM =_bM_R+_bM_L-\frac{_cQ_U+_cQ_L}{2}d_b \tag{13・13}$$

ただし，$_bM_R$，$_bM_L$：接合部パネルの右および左の梁端部に作用する曲げモーメント，$_cQ_U$，$_cQ_L$：接合部パネルの上および下の柱端部に作用するせん断力，d_b：梁フランジの板厚中心間距離である．

接合部パネルの降伏せん断耐力 $_pM_y$ を下式で算定する．

$$_pM_y =_sV\frac{F}{\sqrt{3}} \tag{13・14}$$

ここで，$_sV$：柱梁接合部の有効体積で，柱が角形鋼管の場合，接合部パネルのうちモーメントの作用面に平行な二つのウェブの体積の和であり，正方形等厚断面では $_sV=d_b\cdot A_c/2$ である（A_c：鋼管断面積）．

Ⓑ通りの2階梁の柱梁接合部について検討する．梁端モーメントは長期の1.5倍より短期モーメントが大きいので，短期荷重時に対して設計を行う．

Ⓑ通りの2階梁の接合部パネルの降伏耐力 $_pM_y$ は以下のように求められる．

$$_pM_y =_sV\frac{F}{\sqrt{3}}=d_b\frac{A_c}{2}\frac{F}{\sqrt{3}}=(488-18)\times\frac{17\,880}{2}\times\frac{235}{\sqrt{3}}$$

$$=570.0\times10^6\,\mathrm{Nmm}=570.0\,\mathrm{kNm}$$

接合部のパネルモーメントは式(13・13)で求められる．Ⓑ通りの2階梁に取り付く接合部の短期荷重時の応力分布より，$_bM_R=413.7\,\mathrm{kNm}$，$_bM_L=0$，$_cQ_U=146.7\,\mathrm{kN}$，$_cQ_L=104.9\,\mathrm{kN}$ なので，

$$_pM =_bM_R+_bM_L-(_cQ_U+_cQ_L)\frac{d_b}{2}$$

$$=413.7+0-(146.7+104.9)\times\frac{(488-18)/1\,000}{2}$$

$$=354.5\,\mathrm{kNm}<_pM_y=570.0\,\mathrm{kNm}$$

となり，梁の応力を接合部に伝えることができる．

（b） 梁端接合部の強度確保（保有耐力接合）の確認

柱梁接合部は，骨組が保有水平耐力を発揮するときにこれらの部材に作用する応力を安全に伝達し，部材に塑性化が想定される場合には必要に応じた塑性変形が生じるまで破断しないように設計しなければならない．柱梁接合部の保有耐力接合の条件は次式で与えられる．

$$_jM_u\geq\alpha\cdot_bM_p \tag{13・15}$$

ただし，$_jM_u$：柱梁接合部の最大曲げ強さ，$_bM_p$：接合部に取り付く梁の全塑性モーメント，α：安全率（400N級鋼材で1.3，490N級鋼材で1.2）である．梁の $_bM_p$ は塑性断面係数 $_bZ_p$ と降伏強度 σ_y を用いて次式で算定する．

$$_bM_p =_bZ_p\cdot\sigma_y \tag{13・16}$$

$$=3\,130\times10^3\times235=735.6\times10^6\,\mathrm{Nmm}=735.6\,\mathrm{kNm}$$

$_jM_u$ は梁フランジ接合部の最大曲げ耐力 $_jM_{fu}$ と梁ウェブ接合部の最大耐力 $_jM_{mu}$ の和で与えられる．梁フランジの接合部の最大曲げ耐力は梁フランジがダイアフラムに完全溶込み溶接接合されているので，梁フランジ母材の最大耐力と

⇨**接合部のパネルモーメント**

　柱梁接合部パネルに作用するせん断力 $_pQ$ は下式で与えられる．パネルモーメント $_pM$ は，このせん断力 $_pQ$ に梁の応力中心間距離を掛けたものである．

$$_pQ=\frac{(_bM_R+_bM_L)}{d_b}$$
$$-\frac{_cQ_U+_cQ_L}{2}$$
$$_pM =_pQ\cdot d_b$$

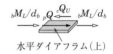

水平ダイアフラム（上）

⇨**保有耐力接合**

第11章11・6節参照

同等とすることができる．梁ウェブ接合部の最大曲げ耐力は柱フランジの面外変形の影響を考え，耐力を無視する．よって，$_jM_u$ はフランジの引張強度 $\sigma_{fu}=400\,\mathrm{N/mm^2}$ を用いて，式(13·17)で表すことができる．

$$_jM_u=_jM_{fu}=A_f\cdot d_b\cdot\sigma_{fu} \tag{13·17}$$
$$=(300\times18)\times(488-18)\times400=1\,015\times10^6\,\mathrm{Nmm}$$
$$=1\,015\,\mathrm{kNm}>1.3_bM_p=956.3\,\mathrm{kNm}$$

以上より，　式(13·15)を満足できる．

2 梁継手の許容応力度設計

梁の継手を柱心から 1m 離れたところに設けているので，2次設計で保有水平耐力を算定するときのメカニズム形式時でも降伏することはないので，短期荷重時の存在応力に対して設計する(**図 13·8**)．2階継手位置での設計応力は図 13·4で得られたモーメントを用いて以下のように表される．モーメントは長期応力の1.5倍より短期応力が大きいので短期で検討する．

⇨継手の設計
　第11章 11·2節参照

⇨継手部の保有耐力接合

　骨組が保有水平耐力を発揮するとき梁継手部が塑性化する可能性がある場合には，梁が塑性変形を生じるまで継手で破断しないように設計する必要がある．保有耐力接合の条件は，

　$_jM_u\geqq\alpha\cdot M_p$

を満足させることである．$_jM_u$：梁継手の最大曲げ耐力，M_p：梁の全塑性モーメント，α：継手の接合部係数で，400N 級鋼材で1.3，490N 級鋼材で1.2.

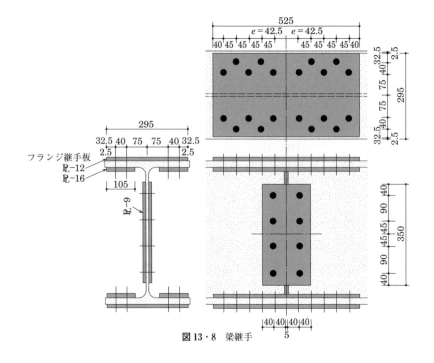

図 13·8　梁継手

長期：モーメント　$M_L=224.8-124.2\times1=100.6\,\mathrm{kNm}$

短期：モーメント　$M_S=M_L+M_E=100.6+188.9\times\dfrac{3.5}{4.5}=247.5\,\mathrm{kNm}$

せん断力　$Q_S=Q_L+Q_E=124.2+42.0=166.2\,\mathrm{kN}$

継手板（スプライスプレート）の断面積がフランジおよびウェブの断面積以上になるように設計する．梁断面が H−488×300×11×18 なので，フランジ断面積 $A_f=300\times18=5\,400\,\mathrm{mm^2}$，ウェブ断面積 $A_w=11\times(488-2\times18)=4\,972\,\mathrm{mm^2}$

である.

　フランジ継手板を外側 SPL-12（幅 295 mm），内側 SPL-16（幅 105 mm）とすると，継手板の断面積 $=(12\times295+2\times16\times105)=6\,900\,\mathrm{mm^2}>A_f\,(=5\,400\,\mathrm{mm^2})$ となる.

　ウェブの継手板を SPL-9（幅 350 mm）とすると，継手板の断面積 $=(9\times350\times2)=6\,300\,\mathrm{mm^2}>A_w\,(=4\,972\,\mathrm{mm^2})$ となる.

　高力ボルトは F10T の M20（ボルト直径 20 mm，孔径 22 mm）を使用する.本設計ではフランジの継手はフランジ断面積からボルト孔による断面欠損を除いた有効断面積 $A_{fe}=(300-22\times2)\times18=4\,608\,\mathrm{mm^2}$ に短期許容引張力 f_t を乗じた値に対して，高力ボルト本数を設計する.F10T の M20 の高力ボルトの短期許容せん断力 R_s は 2 面摩擦の場合で 141 kN である（第 4 章表 4・8 参照，ただし，表の数値は長期なので 1.5 倍している）.

$$\text{ボルト本数}:\frac{A_{fe}\cdot f_t}{R_s}=\frac{4\,608\times235}{141\times10^3}=7.7\text{本}\quad\to 10\text{本}$$

　梁のウェブの継手位置は，ウェブのモーメント負担分 M_w および梁のせん断力 Q が作用する.M_w は全断面に対するウェブ部分の断面 2 次モーメントの比率分を負担するものとして下式で算定する.

$$M_w=\frac{I_w}{I}M=\frac{t_w\cdot(D-2t_f)^3/12}{I}M$$
$$=\frac{11\times(488-2\times18)^3/12}{71\,000\times10^4}\times247.5=0.12\times247.5=29.7\,\mathrm{kNm}$$

　ただし，$D,\ t_w,\ t_f$：梁のせい，ウェブ厚さ，フランジ厚さ

　　　　$I,\ I_w$：梁の全断面およびウェブ部分の断面 2 次モーメント

　梁のせん断力に対して，各高力ボルトが均等な力で抵抗するものとする.ウェブに図 13・8 に示すように 4 本のボルトを配置すると，1 本のせん断力に対する抵抗力 R_q は，

$$R_q=\frac{Q}{n}=\frac{166.2}{4}=41.6\,\mathrm{kN}$$

となる.曲げモーメントに関しては，ボルト群の中心に作用するモーメントに対して，ボルト群の中心から距離 r_i に比例し，その方向は円周方向になる.各ボルトが曲げモーメントに対して抵抗する力は，極断面 2 次モーメント I_p を使って，下式で表される.

$$R_i=\frac{M_w+Q\cdot e}{I_p}r_i\cdot a_i \tag{13・18}$$
$$I_p=\sum r_i{}^2\cdot a_i \tag{13・19}$$

　ただし，a_i：高力ボルトの断面積，e：継手位置からボルト群重心までの距離である.ボルト群の中心から最も遠い位置にあるボルトに最も大きな抵抗力 $R_{m(\max)}$ が作用するので，この抵抗力と R_q のベクトル和を高力ボルトの許容せん断力以下にしておけばよいことになる.$R_{m(\max)}$ は以下のようになる.

$$R_{m(\max)}=\max(R_i)=\frac{29.7\times10^3+166.2\times42.5}{2(135^2+45^2)a_i}\sqrt{135^2}\times a_i=122.5\,\mathrm{kN}$$

⇨ウェブ部分の高力ボルトの応力負担

　せん断力はすべてのボルトに均等に負担させる.モーメントはボルト群の中心まわりのモーメントに対して中心からの距離に比例して負担させる.

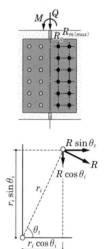

この抵抗力と R_q の和 $R_{\max}$ は以下のようになり，安全であることが示される．

$$R_{\max}=\sqrt{(R_q+R_{m(\max)}\cdot\cos\theta)^2+(R_{m(\max)}\cdot\sin\theta)^2}$$
$$=\sqrt{41.5^2+122.5^2}=129.3\,\mathrm{kN}<R_s=141\,\mathrm{kN}\quad\rightarrow\mathrm{OK}$$

ただし，θ はボルト群の中心から最も遠い位置にあるボルトを結ぶ直線と梁材長方向のなす角度であるが，本設計例のボルト配置の場合には $\theta=\pi/2$ である．

3 柱脚の許容応力度設計

柱脚は**図 13·9** に示す露出型柱脚として設計する．柱脚における設計応力を**表13·10** に示す．長期のモーメントの 1.5 倍が短期のモーメントより小さいので短期に対して検討する．

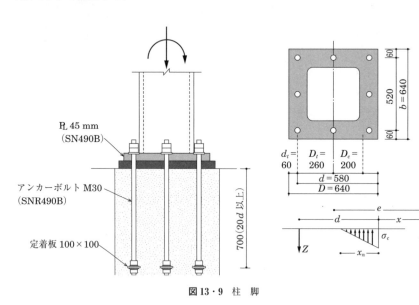

図13·9 柱 脚

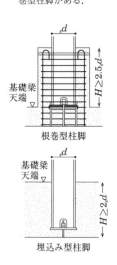

◇柱脚の設計
　第 11 章 11·5 節参照
◇鋼構造の柱脚の形式
　鋼構造骨組の柱脚の形式には露出型柱脚のほかに，下図に示すように埋込み型柱脚と根巻型柱脚がある．

根巻型柱脚

埋込み型柱脚

表13·10 柱脚の設計応力

長　　期			地　　震			短　　期		
軸力	モーメント	せん断力	軸力	モーメント	せん断力	軸力	モーメント	せん断力
N_L	M_L	Q_L	N_E	M_E	Q_E	N_S	M_S	Q_S
514.7	39.8	30.1	69.4	188.6	74.9	584.1 445.3	228.4 148.8	105.0 44.8

〔注〕　N_L, N_E, N_S, Q_L, Q_E, Q_S〔kN〕
　　　M_L, M_E, M_S〔kNm〕

（a）　アンカーボルトの設計

柱断面が □－400×400×12 であるので，ベースプレート PL－45×640×640（板厚を薄くしたいので SN490B 鋼材を用いる）．アンカーボルト 8-30ϕ（SNR490B を用いる．断面積 707 mm²）とすると，引張り側アンカーボルト面積のベースプレート面積に対する面積比 p は以下のようになる．

$$p = \frac{n_t \cdot {}_b a_t}{b \cdot d} = \frac{n_t \cdot {}_b a_t}{b \cdot (D - d_t)} = \frac{3 \times 707}{640 \times (640 - 60)} = 0.0057$$

ここで，n_t, ${}_b a_t$：それぞれ引張り側アンカーボルトの本数と断面積，b, D：ベースプレートの幅とせい，d_t：柱断面縁からアンカーボルト位置までの距離（図 13・9 参照）である．

図 13・10 に示すベースプレートの中立軸位置の計算図表（参考文献 [1] の図 17.2.3，17.2.4 参照）を利用してアンカーボルトおよびコンクリート圧縮縁の応力検定をする．

表 13・10 の長期荷重 + 地震力に対して検討する．柱脚に作用している軸力 N とモーメント M を偏心距離 e の偏心圧縮力に置き換えて，アンカーボルトおよび柱脚のベースプレート底板のコンクリートの応力を算定する．

$$e = \frac{M}{N} = \frac{228.4}{584.1} = 0.39 \text{ m} = 390 \text{ mm} > \frac{D}{6} + \frac{d_t}{3} = \frac{640}{6} + \frac{60}{3} = 127 \text{ mm}$$

$$x = e - \frac{D}{2} = 390 - \frac{640}{2} = 70 \text{ mm}$$

$$\frac{x}{d} = \frac{70}{(640 - 60)} = 0.12 \quad \rightarrow \frac{x_n}{d} = 0.54 \text{（図 13・8 より）}$$

$$\rightarrow x_n = 0.54 \times 580 = 313 \text{ mm}$$

よって，引張側アンカーボルト群に生じる引張力 Z は，次式(13・20)より

$$Z = \frac{N(e - D/2 + x_n/3)}{D - d_t - x_n/3} \tag{13・20}$$

$$= \frac{584.1(390 - 640/2 + 313/3)}{640 - 60 - 313/3} = 214.1 \text{ kN}$$

となり，ボルト 1 本の引張力は $T = Z/3 = 214.6/3 = 71.4$ kN となる．よって，

$$\sigma_t / f_t = (T / {}_b a_{te}) / f_t = (71.4 \times 10^3/(707 \times 0.75))/325 = 0.41 < 1.0$$

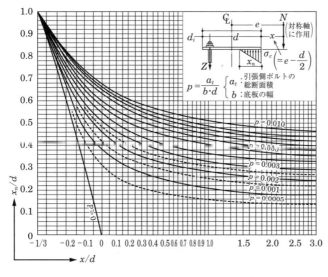

図 13・10 ベースプレート底板中立軸位置の計算図表

となるので，アンカーボルトは許容応力度以内の応力になる．ただし，$_b a_{te}$ はねじ部による断面欠損を考慮したボルト軸部の有効断面積である．

（b）　コンクリートの検討

コンクリートの最大圧縮応力度 σ_c は下式で算定できる．検討した結果，圧縮縁の圧縮応力度は許容応力度以内に納まることがわかる．

$$\sigma_c = \frac{2N(e+D/2-d_t)}{b \cdot x_n(D-d_t-x_n/3)} \tag{13・21}$$

$$= \frac{2 \times 584.1 \times 10^3 \times (390+640/2-60)}{640 \times 314(640-60-313/3)}$$

$$= 7.9\,\text{N/mm}^2 < {_c f_c} = 2/3 \cdot F_c = 2/3 \times 24 = 16\,\text{N/mm}^2$$

（c）　アンカーボルトの埋込み長さ

引張側の3本のアンカーボルトによる，コンクリートのコーン状破壊面の有効水平投影面積 A_c を**図 13・11** に示す面積とすると，

$$A_c = 800 \times 800 - 100 \times 100 \times 3 + 400 \times 388 \times 2 = 920\,000\,\text{mm}^2$$

⇨ コンクリートのコーン状破壊
アンカーボルトの埋込み長さが不十分な場合，コンクリートに埋め込まれた定着板の周辺から約45°の面に沿って生じるコンクリートの破壊．

となる．コンクリートのコーン状破壊によって決まる場合の引張側アンカーボルトの許容引張力 T_p は次式により求めることができる．

$$T_p = \phi_1 \sqrt{\frac{9.80665 \cdot F_c}{100}} \cdot A_c = 0.31\phi_1 \sqrt{F_c} \cdot A_c \,〔\text{N}〕 \tag{13・22}$$

$$= 0.31 \times 0.6 \times \sqrt{24} \times 920\,000 = 838.3 \times 10^3\,\text{N} = 838.3\,\text{kN}$$

ただし，ϕ_1：低減係数で，短期荷重時は 0.6，F_c：コンクリート設計基準強度である．

引張側アンカーボルト軸部の降伏引張耐力を T_y とすると，

$$T_y = \sum a_t \cdot \sigma_y = 3 \times 707 \times 325 = 689.3 \times 10^3\,\text{N} = 689.3\,\text{kN} < T_p$$

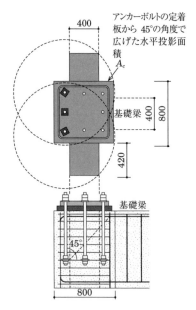

図 13・11　コンクリートのコーン状破壊面
の有効水平投影面積

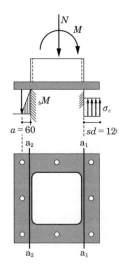

図 13・12　ベースプレート板厚の検討

となるので，アンカーボルトが引張降伏耐力を発揮するまでコンクリートのコーン状破壊は生じない．

（d） ベースプレートの検討

柱フランジから外に突き出したベースプレートの圧縮側部分を片持梁と見なして検討する（**図13・12**のベースプレート参照）．ベースプレート端から柱鋼管フランジまでの区間長さ $_sd=120$ mm 間のコンクリートの圧縮応力度分布を図のように均等に $w=\sigma_c=7.9$ N/mm^2 が作用すると考えると，柱表面位置でのモーメント $_bM$ は，

$$_bM=b\cdot w\cdot {_sd}^2/2=640\times7.9\times120^2/2=36.4\times10^6\ \mathrm{Nmm}=36.4\ \mathrm{kNm}$$

となる．図13・12に示すベースプレートの a_1-a_1 断面の降伏モーメント $_bM_y$ は以下のようになり，$_bM$ よりも大きくなり，安全である．

$$_bM_y=Z_y\cdot {_bF_y}=\frac{640\times45^2}{6}\times375$$
$$=81.0\times10^6\ \mathrm{Nmm}=81.0\ \mathrm{kNm}>{_bM}=36.4\ \mathrm{kNm}\quad\rightarrow\mathrm{OK}$$

次に，引張側部分においては，ベースプレートの面外曲げ剛性を十分確保するために，アンカーボルト軸部が降伏するまでベースプレートは降伏しないようにする．アンカーボルト位置から柱鋼管表面間の距離 a が 60 mm なので，ボルト軸部の降伏軸力による柱鋼管表面位置でのベースプレートのモーメント $_bM$ は，

$$_bM=\sum{_ba_t}\cdot f_t\cdot a=3\times707\times325\times60=41.4\ \mathrm{kNm}$$

となる．ベースプレートの降伏モーメントが $_bM_y=81.0$ kNm なので，安全であることが確認できる．

（e） せん断力の検討

柱のせん断力をベースプレート底面と基礎上面の間の摩擦力で基礎に伝えるものと考え，そのときの摩擦係数を 0.4 とする．（L＋E）の場合のベースプレート底面に作用する圧縮応力の合力は，$C=N+Z=584.1+214.1=798.2$ kN なので，摩擦力で伝達できるせん断力は以下に示すように柱の設計用せん断力を上回る．

$$Q_f=0.4C=0.4\times798.2=319.3\ \mathrm{kN}>Q=105.0\ \mathrm{kN}\quad\rightarrow\mathrm{OK}$$

（L－E）の場合には $C=N+Z=445.3+121.6=566.9$ kN なので，この場合も摩擦力で伝達できるせん断力は柱の設計用せん断力を上回る．

$$Q_f=0.4C=0.4\times566.9=226.8\ \mathrm{kN}>Q=44.8\ \mathrm{kN}\quad\rightarrow\mathrm{OK}$$

（f） 露出型柱脚の回転剛性

1階柱脚の回転剛性を考慮して，骨組の応力計算を行う場合の回転剛性 K_{BS} は式（13・23）で算定される[3]．

$$K_{BS}=\frac{E\cdot n_t\cdot {_ba_t}\cdot(D_t+D_c)^2}{2L_b}\tag{13・23}$$

$$=\frac{205\times10^3\times(3\times707)\times(260+200)^2}{2\times700}$$

$$=6.57\times10^{10}\ \mathrm{Nmm/rad}=65\,700\ \mathrm{kNm/rad}$$

⇨**柱脚に引張力が作用する際の柱のせん断力の伝達法**

柱脚に引張軸力が作用する場合には全せん断力をアンカーボルトに負担させ，引張力とせん断力の組合せについても考慮する．もし，せん断力をアンカーボルトだけでは処理できない場合にはベースプレート底面にシアーキーをつけるなどの補強を行う．

⇨**柱脚の剛性**

露出型柱脚を用いる場合には柱脚を固定と見なすことができないことが多く，この柱脚の回転剛性を考慮に入れて設計を行う．

根巻型柱脚を用いた場合の鋼柱の剛性はベースプレート下面（基礎梁上端）位置を固定として算定することが多い．埋込み型柱脚を用いた場合の鋼柱の剛性は基礎梁上端から鉄骨せいの1.5倍下がった位置を固定として算定することが多い．

1階柱脚を固定と考えたときと，1階柱脚に式(13·23)を用いたときの K_{BS} の回転ばね剛性を考えたときの骨組の増分解析結果を図13·18に示している．露出形柱脚を用いた場合には骨組の水平剛性は固定端とみなすことはできず，柱脚を固定端とした場合に比べ，1階の水平剛性が62%程度に下がる結果となっている．

13·9 基礎の設計

地耐力 f_c＝150 kN/m²（長期），f_c＝300 kN/m²（短期）とする独立基礎で設計する．柱脚の曲げモーメントは基礎梁で負担するものとし，基礎には軸圧縮力のみ作用するものとする．柱軸力は，長期に対して514.7 kN，短期に対して584.1 kN（445.3 kN）である．長期軸力の1.5倍より短期軸力が小さいので，長期荷重に対して設計する．

図13·13に示すようにフーチング幅を2.4 m，根入れ深さを1.65 m として鉄筋コンクリート構造計算[4]（以下，RC規準）に従い設計する．基礎自重 + 基礎上重量は土とコンクリートの平均比重を20 kN/m³ とすると，W_p＝2.4²×1.65×20＝190.1 kN となる．接地圧を等分布に作用すると考えると，接地圧 σ は下式で求められ，長期の地耐力以下に収まっている．

$$\sigma = \frac{N + W_p}{A} = \frac{514.7 + 190.1}{2.4^2} = 122.4 \text{ kN/m}^2 < 150 \text{ kN/m}^2 \quad \rightarrow \text{OK}$$

ただし，A：フーチング底面積である．接地圧によって独立フーチング基礎の柱型面に作用するモーメント M_F，せん断力 Q_F は以下のようになる．

$$M_F = 122.4 \times 2.4 \times 0.8^2 / 2 = 94.0 \text{ kNm}$$

$$Q_F = 122.4 \times 2.4 \times 0.8 = 235.0 \text{ kN}$$

RC規準第20条1により，独立フーチング基礎を設計する．フーチングのせい D を500 mm，幅 l を2 400 mm とすると，d＝420 mm，j＝7/8d＝368 mm となる．

コンクリートの長期せん断力度 f_s および長期許容付着応力度 f_a は，

$$f_s = \min\left\{\frac{F_c}{30}, \left(0.49 + \frac{F_c}{100}\right)\right\} = \min\left\{\frac{24}{30}, \left(0.49 + \frac{24}{100}\right)\right\} = 0.73 \text{ N/mm}^2$$

$$(13 \cdot 24)$$

⟡ **フーチングに作用する設計用応力**

フーチング断面，配筋を決める設計用応力は下図のモーメント M_F と Q_F である．

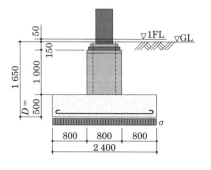

図13·13 基礎

$$_Lf_a = \min\left\{\frac{F_c}{10},\ \left(1.35+\frac{F_c}{25}\right)\right\} = \min\left\{\frac{24}{10},\ \left(1.35+\frac{24}{25}\right)\right\} = 2.31\ \mathrm{N/mm^2}$$

$$(13 \cdot 25)$$

である．せん断力 Q_F に対して検討すると，

$$\tau = \frac{Q_F}{l \cdot j} = \frac{235.0 \times 10^3}{2\,400 \times 368} = 0.27 < f_s = 0.73 \quad \rightarrow \mathrm{OK}$$

必要な主筋量（主筋には SD295 を用いる）は下式から求められ，付着強度により主筋量が決まる．

$$\text{断面積}: a_t = \frac{M_F}{f_t \cdot j} = \frac{94.0 \times 10^6}{195 \times 368} = 1\,309\ \mathrm{mm^2}$$

$$\text{周　長}: \phi = \frac{Q_F}{f_a \cdot j} = \frac{235.0 \times 10^3}{2.31 \times 368} = 276\ \mathrm{mm}$$

$$\rightarrow 10\text{-}16\mathrm{D}\ (\text{断面積}\ 1\,986\ \mathrm{mm^2}, \text{周長}\ 500\ \mathrm{mm})$$

使用鉄筋を D16 とした場合の長期荷重時の引張鉄筋の平均付着応力度 τ_{a2} を以下の式(13・26)（RC 規準 16 条 1.(3)の(16・2)式）により求める．なお，鉄筋端には 180° の標準フックをつける．RC 規準 16 条 1.(4)の構造規定より最小付着長さを 300 mm 以上とする．設計かぶりを 70 mm とすれば，フーチング側面から 180° フックの折曲げ開始点までは $70+3.5d_b = 70+3.5 \times 16 = 126$ mm となるので 130 mm となる．よって，$l_d = 1\,000-130 = 870$ mm > 300 mm となる．長期荷重時の付着応力度の検討を行うが，設計せん断応力度がコンクリートの許容せん断応力度を大きく下回り，せん断ひび割れに対して十分な余裕があることから，RC 規準 16 条の(3)の解説に従い RC 規準(16・2)式の (l_d-d) を l_d としている．

$$\tau_{a2} = \frac{_L\sigma_t \cdot d_b}{4 \cdot l_d} \leq 0.8\,_Lf_a \tag{13 \cdot 26}$$

$$\tau_{a2} = \frac{_L\sigma_t \cdot d_b}{4 \cdot l_d} = \frac{(195 \times 2/3) \times 16}{4 \times 670} = 0.78$$

$$0.8 \cdot _Lf_a = 0.8 \times 2.31 = 1.85$$

$$\tau_{a2} < 0.8 \cdot _Lf_a \quad \rightarrow \mathrm{OK}$$

次に，RC 規準第 20 条 1(4)により，パンチングシャーの検討を行う．パンチングシャー算定断面は，柱型の表面から基礎スラブ有効せいの 1/2 の点を重ねた曲線を通る鉛直下断面とし，その外側に作用するすべての外力について算定する．パンチングシャーに対する設計用せん断力算定断面の延べ幅 b_0 およびこれに囲まれた面積 A_0 は以下のようになる．

$$b_0 = 4a + \pi d = 4 \times 800 + 2\pi \times \frac{420}{2} = 4\,519.5\ \mathrm{mm}$$

$$A_0 = 0.8^2 + 0.8 \times \frac{0.42}{2} \cdot 4 + \pi\left(\frac{0.42}{2}\right)^2 = 1.45\ \mathrm{m^2}$$

パンチングシャーに対する設計用せん断力 Q_{PD} は短期柱荷重が長期の 1.5 倍未満であるので長期で決定する．

⇨柱型直下のパンチングシャー算定断面

算定断面として下図の A_0 をとる．

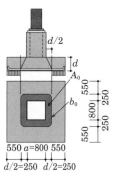

235

$$Q_{PD}=514.7\times\frac{2.4^2-1.45}{2.4^2}=385.1\text{ kN}$$

パンチングに対する許容せん断力 Q_{PA} は，RC 規準第 20 条(4)に従い，下式で算定する．

$$Q_{PA}=\alpha\cdot b_0\cdot j\cdot f_s=1.5\times4\,519.5\times368\times0.73$$
$$=1\,821\times10^3\text{ N}=1\,821\text{ kN}>Q_{PD}\quad\rightarrow\text{OK}$$

13・10 基礎梁の設計

長期の応力を無視し，地震荷重時応力について設計する（図 13・14）．㉛柱の柱脚モーメント $_cM_b$ が 228.4 kNm（148.8 kNm），せん断力 $_cQ$ が 104.9 kN（44.8 kN）なので，基礎梁断面を BD−400×1 000 とすると，この構面の基礎梁端部に作用するモーメント M_f（基礎梁断面せいの中心位置で算定）は，$M_{f1}=228.4+104.9\times0.5=280.9$ kNm，$M_{f2}=148.8+44.8\times0.5=171.2$ kNm となる．基礎梁に作用するせん断力は，$Q_f=(280.9+171.2)/9=50.2$ kN となる．この応力に対して断面設計を行う．

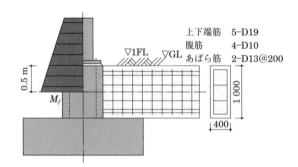

上下端筋 5-D19
腹筋 4-D10
あばら筋 2-D13@200

図 13・14 基礎梁

$d=930$ mm，$j=813$ mm とすると，必要主筋断面積 a_t は以下のように求められる．

なお，主筋には SD295B を用いる．

$$a_t=\frac{M}{f_t\cdot j}=\frac{280.9\times10^6}{295\times813}=1\,171\text{ mm}^2\quad\rightarrow\text{5-D19}\;(1\,435\text{ mm}^2)$$

せん断力に対して以下のようにして検定する．

$$\tau'=\frac{1.5Q_f}{b\cdot j}=\frac{1.5\times50.2\times10^3}{400\times813}=0.23\text{ N/mm}^2<{_c}f_s=\frac{24}{30}\times\frac{3}{2}$$
$$=1.2\text{ N/mm}^2\quad\rightarrow\text{OK}$$

したがって，あばら筋は最小鉄筋量（$p_w=0.2\%$）とする．

$$a_w=0.002b\cdot x=0.002\times400\times200=160\text{ mm}^2\quad\rightarrow\text{D13-@ 200}$$

13・11 保有水平耐力の検討

⇨保有水平耐力の検討
第 12 章 12・5 節参照

1 骨組の必要保有水平耐力

骨組の各階での必要保有水平耐力 Q_{un} を下式で算定する.

$$Q_{un} = D_s \cdot F_{es} \cdot Q_{ud} \qquad (13 \cdot 27)$$

ただし，D_s：各階の構造特性係数，F_{es}：各階の形状係数，Q_{ud}：2 次設計用地震層せん断力である.

構造特性係数 D_s は柱梁部材の幅厚比，筋違の耐力負担割合に応じて 0.25～0.50 までの値をとる. 本設計では筋違を使用しないラーメン構造なので，D_s 値は**表 13・11** に従う. 使用した鋼材の幅厚比は下記の値である.

表 13・11 柱・梁の構造ランクと構造特性 D_s（筋違なしの純ラーメン）

柱・梁の種別				FA	FB	FC	FD
部材	断 面	部 位	鋼 種	幅厚比	幅厚比	幅厚比	
柱	角形鋼管		400N 級鋼	33	37	48	左記以外
梁	H 形鋼	フランジ	400N 級鋼	9	11	15.5	
		ウェブ	400N 級鋼	60	65	71	
構造特性 D_s				0.25	0.3	0.35	0.4

表 13・12 F_e の値

R_e の範囲	F_e の値
$R_e \leq 0.15$	$F_e = 1.0$
$0.15 \leq R_e \leq 0.3$	$F_e = 10/3 R_e + 0.5$
$0.3 < R_e$	$F_e = 1.5$

表 13・13 F_s の値

R_s の範囲	F_s の値
$0.6 \leq R_s$	$F_s = 1.0$
$0.3 \leq R_s < 0.6$	$F_s = 2.0 - 5/3 R_s$
$R_s < 0.3$	$F_s = 1.5$

表 13・14 剛性率の計算

	δ 〔mm〕	r_s	R_s
2 階	11	364	1.16
1 階	15.8	266	0.84

r_s の平均：315

$$r_s = \frac{h}{\delta}, \quad \overline{r_s} = \frac{\sum\limits^{n} r_s}{n}, \quad R_s = \frac{r_s}{\overline{r_s}}$$

ここで，h：i 階の高さ，δ：i 階の層間変位
n：地上部分の階数

柱鋼管（□−400×400×12）の幅厚比 $= 400/12 = 33.3$
梁（H−488×300×11×18）のフランジの幅厚比 $= 300/2/18 = 8.3$
ウェブの幅厚比 $= (488 - 2 \cdot 18)/11 = 41.1$

以上から，梁の H 形鋼は FA ランクであるが，柱鋼管が FB ランクに入るので，この骨組は FB ランクになる. よって構造特性係数 D_s は 0.3 となる.

形状係数 F_{es} は，平面の偏心率 R_e の値に応じて決まる F_e と剛性率 R_s の値に応じて決まる F_s の値の積で求められる（**表 13・12**，**表 13・13** 参照）. 本設計は整形なラーメン構造なので，偏心率 R_e は 0 であり，剛性率は**表 13・14** に示す値と

なる．F_e，F_s ともに 1.0 であるため，F_{es} は 1.0 となる．

i 層の Q_{ud} は下式において，C_0 を 1.0 としたときの水平力である．

$$Q_{ud}=Z\cdot R_t\cdot A_i\cdot C_0\cdot\sum_{j=i}^{N}W_j \qquad (13\cdot28)$$

上式に従って求めた各階の必要保有水平耐力 Q_{un} を**表13・15**に示す．

表13・15 必要保有水平耐力 Q_{un}

階	重量 W_i〔kN〕	ΣW_i 〔kN〕	α	A_i	C_i	Q_{udi} 〔kN〕	D_s	F_{es}	必要保有水平耐力	
									Q_{uni}〔kN〕	Q_{uni}〔kN〕（Ⓑ通り）
2F	1 393.8	1 393.8	0.62	1.19	1.19	1 652.1	0.3	1.0	495.6	165.2
1F	858.6	2 252.4	1.00	1.00	1.00	2 252.4	0.3	1.0	675.7	225.2

2 部材断面の全塑性モーメント

⇨全塑性モーメント
第7章7・3節参照

柱および梁の全塑性モーメントを以下の式で算定する．

$$\frac{N}{N_y}\leq\frac{A_w}{2A} \quad \text{のとき} \quad M_{pc}=M_p \qquad (13\cdot29)$$

$$\frac{N}{N_y}>\frac{A_w}{2A} \quad \text{のとき} \quad M_{pc}=\frac{2A}{A+2A_f}\Big(1-\frac{N}{N_y}\Big)M_p \qquad (13\cdot30)$$

ただし，M_p：断面の全塑性モーメント，N_y：断面の降伏軸力（$=F\cdot A$），A：柱断面積，A_f：片側フランジの断面積，A_w：ウェブの断面積，F：鋼材の基準強度，N：柱の軸力である．

柱および梁の全塑性モーメントを**表13・16**に示す．JIS に適合する鋼材を用いるので鋼材の基準強度（F値）を 1.1 倍に割増して全塑性モーメントを算定している．なお，第9章の式(9・24)～(9・26)および第10章の式(10・9)で検討し，梁および柱は断面の全塑性モーメントを発揮できることを確認している．

表13・16 柱梁部材の全塑性モーメント

部材		軸力			断面降伏軸力 N_y〔kN〕	N_u/N_y	$A_w/2A$	塑性断面係数 Z_p〔cm³〕	降伏応力度 σ_y〔N/mm²〕（$F\times1.1$）	全塑性モーメント M_p〔kNm〕
		長期 N_L〔kN〕	梁材端で全塑性耐力発揮時の軸力 N_E〔kN〕	終局時 $N_u=N_L\pm N_E$〔kN〕						
柱	₂C	295.6	162.0	457.6（133.6）	4 201.8	0.11	0.25	2 560	259	662
	₁C	514.7	356.0	870.7（158.7）	4 201.8	0.21	0.25	2 560	259	662
梁	屋上	－	－	－	－	－	－	3 230	259	835
	2階	－	－	－	－	－	－	3 230	259	835

（ ）内の数値は N_L-N_E

③　柱脚の終局曲げ耐力

⇨柱脚の終局曲げ耐力
第11章11・5節参照

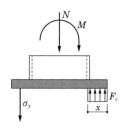

図13・15　柱脚の終局曲げ耐力を算定するときの応力分布

露出型柱脚の終局曲げ耐力（**図13・15**）を以下の式で算定する[4]．ただし，コンクリートはコンクリート強度 F_c の圧縮強度で一様に分布するものとして，アンカーボルトは降伏応力度を発揮しているとして求めている（**図13・15** 参照）．柱脚に生じる軸力 N は保有水平耐力時の軸力を用いる．

（ⅰ）　$N_u \geq N < N_u - T_u$ のとき

$$M_u = N \cdot D_t \left(\frac{N_u}{N} - 1 \right) \qquad (13・31)$$

（ⅱ）　$N_u - T_u \geq N - T_u$ のとき

$$M_u = T_u \cdot D_t + \frac{(N+T_u)D}{2}\left(1 - \frac{N+T_u}{N_u}\right) \qquad (13・32)$$

（ⅲ）　$-T_u \geq N - 2T_u$ のとき

$$M_u = (N + 2T_u)D_t \qquad (13・33)$$

ただし，N_u：基礎コンクリートの終局圧縮耐力（$N_u = 0.85 \cdot B \cdot D \cdot F_c$），$N$：柱軸力，$T_u$：引張り側アンカーボルトの終局引張耐力（$T_u = n_t \cdot {}_b a_t \cdot F$），$B$，$D$：それぞれベースプレートの幅と長さ，$F_c$：コンクリートの設計基準強度，$n_t$：引張り側アンカーボルトの本数，${}_b a_t$：アンカーボルト1本の軸断面積，$F$：アンカーボルトの F 値，D_t：柱断面図心より引張り側アンカーボルト位置までの距離である．

地震力のみを載荷するときの塑性崩壊メカニズムを**図13・16** に示す．2階柱頭と1階柱脚および2階梁端に塑性ヒンジが形成されて塑性崩壊メカニズムを形成し，各塑性ヒンジで全塑性モーメントを発揮するとして塑性崩壊耐力を算定する．塑性崩壊メカニズムを形成するときの各柱に作用する軸力を算定する．1階の軸力は各層の梁に生じるせん断力の和で求められるので，図に示すような地震力が作用するときの柱軸力は以下のようにして求められる．

⇨塑性崩壊メカニズムと塑性崩壊耐力
第7章7・4節および7・5節参照

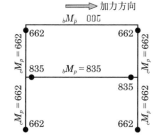

（a）　各部材の全塑性モーメント

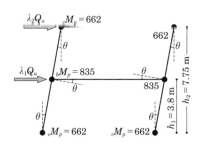

（b）　骨組の塑性崩壊メカニズム

図13・16　Ⓑ通り骨組の塑性崩壊メカニズム

$$N_E = {}_bQ_R + {}_bQ_2 = \frac{2_c M_p}{l} + \frac{2_b M_p}{l} = \frac{2 \times 662}{9} + \frac{2 \times 835}{9} = 332.7 \text{ kN}$$

ここで，${}_bQ_R$，${}_bQ_2$ は崩壊メカニズムを形成するときの R 階梁，2 階梁に生じるせん断力である．

よって，骨組がメカニズムを形成するときの 1 階柱脚に作用する軸力 N は，

$$N = N_l \pm N_E = 514.7 \pm 332.7 = 847.4, \ 182.0 \text{ kN}$$

となる．

上記の軸力が作用するときの露出柱脚の終局曲げ耐力を計算する．

・$N_L + N_E$ の場合

$$N = 847.4 \text{ kN}$$

$$N_u = 0.85 \times 640 \times 640 \times 24 = 8\,355.8 \times 10^3 \text{ N} = 8\,355.8 \text{ kN}$$

$$T_u = 3 \times 707 \times 325 = 689.3 \times 10^3 \text{ N} = 689.3 \text{ kN}$$

$$\rightarrow N + T_u = 847.4 + 689.3 = 1\,536.7 \text{ kN}$$

なので，（ⅱ）の条件により式（13・32）で終局曲げ耐力を算定する．

$$_{bs}M_{u1} = 689.3 \times 260 + \frac{1\,536.7 \times 640}{2}\left(1 - \frac{1\,536.7}{8\,355.8}\right)$$

$$= 580.5 \times 10^3 \text{ kNmm} = 580.5 \text{ kNm}$$

・$N_L - N_E$ の場合

$$N = 182.0 \text{ kN} \quad \rightarrow N + T_u = 182.0 + 689.3 = 871.3 \text{ kN}$$

なので，（ⅱ）の条件により式（13・32）で終局曲げ耐力を算定する．

$$M_u = 689.3 \times 260 + \frac{871.3 \times 640}{2}\left(1 - \frac{871.3}{8\,355.8}\right)$$

$$= 428.9 \times 10^3 \text{ kNmm} = 428.9 \text{ kNm}$$

次に，ベースプレート底面とコンクリートとの摩擦力で伝達できるせん断力 Q_u は，$N_L + N_E$ の場合，$C_u = N + T_u = 1\,536.7 \text{ kN}$ なので，$Q_u = 0.5C_u = 768.4 \text{ kN}$ となる．$N_L - N_E$ の場合，$C_u = N + T_u = 848.0 \text{ kN}$ なので，Q_u は 424.0 kN となる．両水平力の和は表 13・15 に示すⒷ通り 1 階の必要保有水平耐力を上回っているので，ベースプレート底面で保有水平耐力を基礎に伝えられることが確かめられた．骨組が塑性崩壊メカニズムを形成するときの 1 階の保有水平耐力も上回っている結果となっている（**表 13・17** 参照）．

表 13・17 Ⓑ通りの保有水平耐力

階	必要保有水平耐力	保有水平耐力	$\dfrac{Q_{ui}}{Q_{uni}}$	判定	
	Q_{uni}〔kN〕（Ⓑ通り）	Q_{ui}〔kN〕（Ⓑ通り）			
2 階	165.2	473.1	2.86	$Q_{ui} > Q_{uni}$	OK
1 階	225.2	644.5	2.86	$Q_{ui} > Q_{uni}$	OK

次にベースプレートの板厚について検討する．$N_L + N_E$ の場合，ベースプレート端部からコンクリートの中立軸までの距離 x は，

$$x = \frac{C_u}{b \cdot F_c} = \frac{1\,536.7 \times 10^3}{(640 \times 24)} = 100.0 \text{ mm}$$

となるので，柱脚の終局曲げ耐力発揮時のコンクリートからの反力によるベー

スプレートの a_1-a_1 位置（図13・12参照）における面外曲げモーメント M_c は以下のように求められる.

$$M_c = C_u({}_sd - x/2) = 1\,536.7 \times 10^3 \times (120 - 100.0/2)$$

$$= 107.6 \times 10^6 \text{ Nmm} = 107.6 \text{ kNm}$$

ベースプレートの全塑性モーメント ${}_{bs}M_p$ は以下のようになり，ベースプレート板厚は45mm でよいことが確認される.

$$_{bs}M_p = \frac{b \cdot t^2}{4} \cdot F \cdot 1.1 = \frac{640 \times 45^2}{4} \times 325 \times 1.1 = 115.8 \times 10^6 \text{ Nmm}$$

$$= 115.8 \text{ kNm} > M_c = 107.6 \text{ kNm} \quad \rightarrow \text{OK}$$

4 骨組の保有水平耐力

Ⓑ通り骨組の保有水平耐力を算定する．図13・16（a）に全塑性モーメントと塑性ヒンジ形成位置を示す．同図（b）に塑性崩壊メカニズムを示している．このメカニズムに対する塑性崩壊荷重を保有水平耐力として算定する．1階柱脚は固定端として塑性ヒンジ部は柱の全塑性モーメントで算定する．各層に作用する水平力を A_i 分布に従う水平力分布とし，1階の保有水平耐力を Q_u とすると，図13・16（b）に示す各層の水平耐力係数 λ_1 と λ_2 はそれぞれ，0.266，0.734となる.

各塑性ヒンジが θ だけ回転したとすると，水平外力がなす仮想外力仕事 W_0 は，

$$W_0 = \lambda_1 \cdot Q_u \cdot h_1 \cdot \theta + \lambda_2 \cdot Q_u \cdot h_2 \cdot \theta = (0.266 \times 3.8 + 0.734 \times 7.75)\theta = 6.70 \times Q_u \cdot \theta$$

となる．一方，各塑性ヒンジ部でなす仮想内力仕事 W_i は，

$$W_i = \sum M_p \theta = (4{}_cM_p + 2{}_bM_p) \times \theta$$

$$= (4 \times 662 + 2 \times 835) \times \theta = 4\,318 \times \theta$$

となる．仮想外力仕事と仮想内力仕事を等しく置くことにより，1階保有水平耐力 Q_u は以下のように求められる.

$$W_0 = W_i \quad \rightarrow 6.70 \times Q_u \cdot \theta = 4\,318 \times \theta \quad \rightarrow Q_u = 644.5 \text{ kN}$$

このときの2階の保有水平耐力は $0.734 \times 644.5 = 473.1$ となる．表13・17にⒷ通りの保有水平耐力と必要保有水平耐力を示しており，安全性を確認できる.

1階柱脚の塑性ヒンジの終局曲げ耐力として，式(13・31)〜(13・33)で算定した露出柱脚の終局曲げ耐力を用いることも考えられるが，この計算例では想定した全体崩壊形とはならず，1階の層崩壊で塑性メカニズムが決まることになった．参考程度にこのメカニズムで1階と2階の塑性崩壊耐力を計算すると，それぞれ614.2 kN，386.9 kN と算定される.

冷間成形角形鋼管を柱に使用する場合の保有水平耐力の算定法が2007年に告示化されている[6]．これによると，保有水平耐力の算定において，1階柱脚と最上階を除く各階において梁および接合部パネルの耐力に対する柱の耐力の比を算定し，この比が必要耐力比を満足しなければ柱の耐力を低減させることになるので注意が必要である.

図13・17にⒷ通りの鉄骨骨組を示す.

⟶塑性崩壊メカニズムと塑性崩壊荷重

1階柱脚の塑性ヒンジ部で露出型柱脚の終局曲げモーメントを用いて骨組の塑性崩壊耐力 Q_u を計算すると1階柱脚と1階柱頭（柱と梁の断面中心線位置）に塑性ヒンジができる1層崩壊となり，この耐力は614.2 kN と算定される．このとき1階柱頭（梁フェイス位置）での曲げモーメントは当然ながら柱の全塑性モーメント M_{pc} 以下である．1階柱頭位置（梁フェイス位置）で柱の M_{pc} を発揮するときの塑性崩壊耐力を計算すると656 kN となる．この耐力は，1階柱脚部で柱断面の M_{pc} を用いたときの骨組の全体崩壊型のメカニズムに対する塑性崩壊耐力611.5 kN よりも大きいので，644.5 kN を本骨組の保有水平耐力とした.

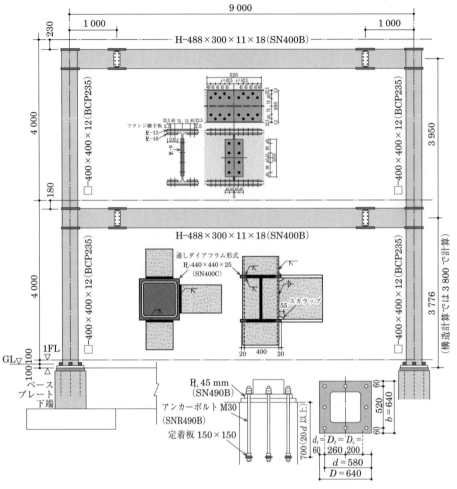

図 13・17　Ⓑ通り鉄骨骨組

⇨**冷間成形角形鋼管を柱に使用する場合の保有水平耐力の算定**

　冷間成形鋼管は製造過程で塑性加工を受けており角形鋼管の角部は特に素材に比べて変形能力が劣化してしまう．1995 年の兵庫県南部地震では冷間成形鋼管柱が破断するなどの被害が発生した．

　これを受け保有水平耐力の算定では，最上階の柱頭と最下層の柱脚を除く各階において，接合部の上下の柱材端の耐力の和が，接合部の左右に取り付く梁材端の耐力を 1.5 倍した耐力または 1.3 倍した各接合パネルの耐力の和と同等以上かを判定し，判定基準を満足しない階があれば局部崩壊メカニズムと判定され，その階の柱と最下層の柱脚および最上層の柱頭の耐力を 0.75 倍から 0.85 倍に低減して安全性を検討することになる．本設計例では 2 階において判定基準を満足しているので耐力の低減は行わなくてもよい．

13・12　設計のまとめ

　表 13・15 と表 13・17 の結果より，X 方向の必要保有水平耐力と保有水平耐力をまとめた結果を**表 13・18** に示す．この表はⒷ通りのそれぞれの耐力を 3 倍したものである．

表 13・18　X 方向の保有水平耐力

階	必要保有水平耐力（kN）	保有水平耐力（kN）
2 階	495.6	1 419
1 階	675.6	1 933

　市販の一貫構造ソフト[5]を用いて，X 方向の骨組の増分解析を行った結果を**図 13・18** に示している．

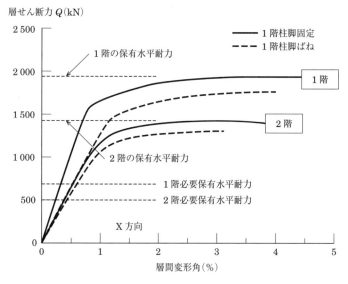

図 13・18 X 方向の骨組の弾塑性挙動（増分解析結果）

　この図では，1 階柱脚を固定端としたときの弾塑性挙動（増分解析結果）を実線で示している．1 階も 2 階も 2.5/100 rad 程度の層間変形角で保有水平耐力に達している．1 階の柱脚に式(13・23)に示す回転剛性ばねを持たせた場合の増分解析結果を点線で示している．このとき，1 階柱脚の終局曲げ耐力は式(13・31)〜(13・33)で求まる露出型柱脚の終局曲げ耐力としている．

　この図には必要保有水平耐力も示している．1 階，2 階ともに増分解析結果および保有水平耐力は必要保有水平耐力を大きく上回っている．これは，本計算例が 2 層であることで，断面寸法が許容応力度設計で決まったことによるものであろう．骨組を構造設計する場合には安全性の確認とともに使用性および耐損傷性の担保も必要である．使用性の性能確認では，長期間作用する荷重によって使用上の支障が生じない性能を担保できることを確認する．耐損傷性の性能確認では数十年に 1 回遭遇する程度の地震，台風，積雪を受けても建築物を大規模な補修をせずに継続使用できる性能を担保できることを確認する．使用性および耐損傷性は構造設計の一次設計と呼ばれる許容応力度計算に基づいて，長期と短期でそれぞれで検討することに対応している．数百年に 1 回遭遇する程度の大地震が生じて，建築物の転倒や崩壊によって人命を脅かすおそれがないように建築物の安全性を担保することも重要である．これが二次設計である．建築基準法で規定されている許容応力度計算では，規模が小さい骨組に対しては一次設計のみで，規模が大きくなると一次設計と二次設計の検討が必要になる．建築物の高さが 31m を超え 60m 未満の建築物に対しては保有水平耐力を検討することになっている（限界耐力計算またはエネルギー法に基づく構造計算でも可）．この設計例で示した 2 層骨組は一次設計のみでよく，二次設計の検討をしなくても安全性が確保できている．多層骨組になると，一次設計で部材断面が決まる場合もあるし，二次設計で断面が決まる場合もあるので両者を検討して，骨組の性能を確認することになる．

⇨一次設計，二次設計
　第 2 章 2・4 節および図 2・5 参照

謝辞

　増分解析は吉村威吹氏（福岡構造）に協力して頂いた．ここに記して感謝の意を表します．

参 考 文 献

［1］　日本建築学会：鋼構造許容応力度設計規準（2019）
［2］　日本建築学会：鋼構造座屈設計指針（2018）
［3］　秋山宏：鉄骨柱脚の耐震設計，技報道出版（1985）
［4］　日本建築学会：鉄筋コンクリート構造計算規準・同解説（2018）
［5］　ユニオン株式会社：Super Build/SS7,ver.1.1.1.18a
［6］　国土交通省住宅局建築指導課ほか監修：2020年版建築物の構造関係技術基準解説書（2020）

付　　録

付録1　鉄骨構造の地震と強風と積雪の被害

1　鉄骨構造の地震被害

（1）　はじめに

　建物の被害に関係するのは地震動の強さで，その値は地震の規模を表すマグニチュードMや断層からの距離や地形により異なる．地震動の強さは震度や最大地動加速度などで表す．震度は，1996年以降は地動加速度に基づいた算定式で決めているが，それ以前は地動の揺れや建物の被害から気象台で決めていた．過去の地震ではおおよそ震度5強以上あるいは最大地動加速度が2 m/s²以上になると建築物の被害が発生している．

　鉄骨構造の建物は1895年から建設されているが，1960年頃までは建物の数は少なく，被災した建物は1923年関東地震で旧国技館の鉄骨が座屈した例がある程度で限られている．鉄骨構造の単位床面積当りの質量は鉄筋コンクリート構造の半分程度と小さいことと変形能力が大きいために，倒壊などの顕著な被害は1995年兵庫県南部地震まではほとんどなかった．

（2）　兵庫県南部地震以前の地震被害

　1968年十勝沖地震はM7.9で，北海道から東北地方で震度5を記録し，八戸で最大地動加速度2.3 m/s²を記録した．震度5の区域では鉄筋コンクリート構造の校舎の約1割が被災するなど大きな被害が発生した．鉄骨構造の被害は体育館や倉庫や工場が主で，調査された137の建物の約4割には被害はなく，多くは軸組ブレース（筋かい）や屋根ブレースの座屈や軸部を溶接した部分での破断であった[1]．**写真1**は山形鋼の軸組ブレースの座屈である．

写真1　山形鋼の軸組ブレースの座屈[1]

　1978年宮城県沖地震はM7.4で，仙台市などで震度5を記録し，東北大学の1階では最大加速度2.6 m/s²を記録した．仙台市の被害が顕著で，鉄筋コンクリート構造には大きな被害があったが，鉄骨構造は軸組ブレースや屋根ブレースなどの被害が主であった．

（3）　兵庫県南部地震の地震被害

　1995年兵庫県南部地震はM7.3の都市直下の地震で，神戸市を中心に倒壊した建物が10万棟を超える大きな被害が発生した．震度7（木造の倒壊率が30％以上）の地域があり，神戸気象台では南北方向で8.2 m/s²の最大地動加速度を記録した．

　多くの建物が倒壊や大破した主な理由はその地域の地震動が設計で想定した地震動より4倍程度大きかったためである．また，1981年の建築基準法の改正で，

地震荷重が建物の変形性能により 1.25〜2.5 倍と大きくなっていたので，それ以前に設計震度 0.2（重量の 0.2 倍の水平力）で許容応力度設計された建物の被害が大きかった．しかし，建物全体で抵抗できるように適切に設計された多くの建物は耐震性能が大きいために軽微な被害にとどまっている．

　激震を含む区域で 3 階建て以上約 630 棟を調査した結果[2]は，大破/倒壊，中破，小破，無被害の比率が 1:1:2:2 で，1982 年以降の建物被害はそれ以前の建物被害の約半分になっている．

　被害を受けた鉄骨構造物 988 件（そのうち神戸市が 83％）を調査した結果[2]は，倒壊が 9％，大破が 34％，中破が 27％，小破が 30％である．代表的な被害例を以下に示す．

（a）　古い建物の被害

　建築年代の古い建物は柱や梁に溝形鋼などが用いられているため耐震性能が低く，倒壊した建物が多い．**写真 2** は 1 層が完全に倒壊した建物である．**写真 3** は大きな残留変形を生じた建物である．

 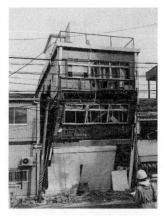

写真 2　1 層が倒壊した建物[2]　　　　**写真 3**　大きな残留変形を生じた建物[2]

（b）　柱の被害

　写真 4 は H 形鋼の柱が軸力と曲げを受けて弱軸曲げとなる方向に曲げ座屈している．**写真 5** は角形鋼管の柱脚が局部座屈している．**写真 6** は角形鋼管柱が大きな引張力を受けて破断している．

写真 4　柱の座屈[2]　　　　**写真 5**　柱の局部座屈[2]　　　　**写真 6**　柱の破断[2]

（c）　梁の被害

　写真7はH形鋼の梁の下フランジが塑性化して塗料がはがれている．**写真8**はH形鋼の梁の下フランジが局部座屈している．**写真9**はH形鋼の梁の下フランジが曲げによる引張力で延性破断している．

写真7　梁の塑性化[2]

写真8　梁の局部座屈[2]

写真9　梁の破断[2]

（d）　柱梁接合部の被害

　鉄骨構造は接合部で破壊しないように設計すれば耐震性能は大きくなる．しかし，この地震では柱梁接合部での溶接接合の破壊が多く発生した．**写真10**は梁端の溶接部のすみ肉溶接の破断である．**写真11**は柱の溶接部の破断である．**写真12**は梁の完全溶込み溶接のために設けたスカラップを起点にして破断している．

写真10　梁端溶接部の破断[2]

写真11　柱の溶接部の破断[2]

写真12　梁フランジの破断[2]

（e）　継手の被害

　継手は応力の小さい部分に設けるが，端部の接合部の耐力が大きくて破壊しなければ継手が破壊する場合がある．**写真13**は梁の継手の破壊で高力ボルトが破断している．

（f）　柱脚の被害

　柱脚をピン支点として設計してもピン支点でなければ曲げモーメントにより柱脚が破壊する場合がある．**写真14**は柱脚のアンカーボルトが曲げによる引張力で破断している．

写真13　継手の破損[2]

（g）　ブレースの被害

　軸組ブレースはラーメン架構よりも水平剛性が大きいため先に終局耐力に達して破壊する場合が多い．**写真15**はH形鋼の軸組ブレースが圧縮力で座屈してい

る.

（h）　外装材の被害

　鉄骨構造は変形性能が大きいので，外装材は接合部が変形に追随できなければ破壊して落下する危険がある．**写真 16** は ALC 版の外装材が落下している．

写真 14　柱脚の被害[2]

写真 15　ブレースの座屈[2]

写真 16　外装材の落下[2]

② 　強風による被害

（1）　強風と鉄骨構造の被害

　強風が建物に作用する力（風荷重）は風圧力と受圧面積の積で，風圧力は建物の形状で決まる風力係数と速度圧の積である．建築基準法施行令第 87 条で速度圧は $q=0.6 \cdot E \cdot V_0^2$ で，E は高さと建物周辺の地形による係数で，V_0 は高さ 10 m での基準風速である．V_0 の最大値は沖縄県の 46 m/s で，鹿児島市は 38 m/s，福岡市は 34 m/s，最低は 30 m/s である．

　建物の被害は 10 分間平均風速である最大風速よりも瞬間最大風速の影響が大きい．台風による瞬間最大風速は 1966 年に宮古島で 85.3 m/s，1961 年に室戸岬で 84.5 m/s を記録している．台風による強風は進路方向の西側より東側のほうが大きい．日本海を通過した 1991 年の台風 19 号は九州から東北の多くの気象台の瞬間最大風速を更新し，大きな被害をもたらした．

　台風は予報により防災が可能であるが，竜巻は予報が難しいため近年竜巻による被害が多くなっている．竜巻は障害物のない平らな場所で発生するので海岸や平野で発生しやすい．竜巻の被害はその通り道に建っている建物に限定されるので局所的であるが風速は 80 m/s を超えることもあるため大きな被害になる場合がある．

　風荷重は地震力と同じように主に水平方向の荷重が問題となる．そのため，質量が大きく大きな地震力で設計している鉄筋コンクリート構造は強風による被害は小さいが，鉄骨構造は地震力が小さいため強風による被害は大きくなる．特に，屋根の重量が小さくて受圧面積が大きい体育館や倉庫や工場の被害が大きい．また，屋根や風下側には外向きの力（負圧）も作用するのでそれによる被害も発生する．被害の内容は，屋根ふき材や外装材の破損や飛散がほとんどであるが，軽量の鉄骨構造では倒壊する場合もある．

（2）　鉄骨構造の被害

　台風と竜巻の被害の内容はほぼ同じであるが，竜巻の被害のほうが顕著な場合がある．2012年5月に北関東で発生した竜巻の被害を以下に示す．**写真17**は2階建て鉄骨造建物が崩壊した後吹き飛ばされて建物の形状はわからない．**写真18**は平屋の鉄骨造建物で軸組ブレースが破壊して大きく傾斜したが倒壊は免れている．**写真19**は外装材とガラスの破損である．**写真20**は軽量鉄骨住宅の外装材が飛散し，外壁は飛散した物体の衝突で破損している．**写真21**は屋根ふき材がはがれて飛散している．**写真22**はガソリンスタンドの折板屋根が脱落している．

写真17　倒壊した建物[3]

写真18　傾斜した建物[3]

写真19　外装材の破損[3]

写真20　外装材の被害[3]

写真21　屋根ふき材の飛散[3]

写真22　折板屋根の脱落[3]

3　積雪による被害

（1）　豪雪と鉄骨構造の被害

1945年以降に発生した主な豪雪とその被害を以下に示す．

（1）　昭和38年1月豪雪では，最大の積雪は6mを超え，北海道から中国地方の日本海側の広い範囲で被害が発生し，死者は228人，住家は6 005棟が被災した．

（2）　昭和56年豪雪では，最大の積雪は5mを超え，北海道から北陸地方の日本海側の範囲を中心に被害が発生し，死者行方不明者は103名，住家は5 819棟が被災した．

（3）　平成18年豪雪では，北海道から北陸地方を中心に気象庁の23観測点で年最大積雪深を更新し，死者152名，全壊8棟，半壊26棟，一部損壊4662棟の被害が発生した．

建築基準法施行令第86条では積雪の単位荷重は積雪1cmにつき20 N/m²以

上と規定しているので 1 m の積雪では 2 kN/m² 以上となる．豪雪では強風を伴うので屋根の積雪が偏荷重になる影響もある．積雪による被害は屋根の重量が大きい鉄筋コンクリート構造では少ないが，屋根の重量が小さい鉄骨構造は屋根が崩壊する危険性がある．特に，屋根が軽量で雪下ろしができない体育館や工場や倉庫などの被害が顕著である．

（2）　鉄骨構造の被害

昭和 56 年豪雪では多くの学校の体育館が倒壊している．**写真 23** は主架構のトラス梁と変断面のトラス柱からなる山形ラーメンの体育館が崩壊している．**写真 24** は梁の中央と柱脚の材のせいが小さい充腹材の変断面材からなる山形ラーメンの体育館が崩壊している．

写真 23　体育館の屋根の崩壊[4]　　　　**写真 24**　体育館の屋根の崩壊[4]

引　用　文　献

1)　1968 年十勝沖地震災害調査報告，日本建築学会（1968）
2)　阪神・淡路大震災調査報告　建築編-3，日本建築学会（1997）
3)　平成 24 年 5 月 6 日に北関東で発生した竜巻の発生メカニズムと被害実態の総合調査，平成 24 年度科学研究費研究成果報告書（研究代表者：前田潤滋）
4)　昭和 56 年豪雪被害調査報告，日本建築学会（1981）
　1)，2)，4) の写真については日本建築学会より転載許可を得ています．

付録2　建築鉄骨の製作技術と品質管理

1　建築鉄骨の構造安全性

　建築物は，地震・強風・豪雪などの自然現象によって，これまでに多くの被害を受けてきた．各種の建築物のなかで，鉄筋コンクリート構造や木構造は，特に地震による被害が顕著であるが，鉄骨構造も地震を中心に自然災害を受けており，付録1にその概要を述べた．鉄骨構造は過去の地震被害に学んで改良されてきた．丸鋼や形鋼のブレース材（筋かい）は，引張力による材端接合部の破断，圧縮力による軸部の座屈が多発してきた．これらの問題は，ブレース材端接合部の保有耐力接合法（p.130, 183参照）の採用や座屈拘束ブレース（p.131）の開発で改善されてきている．兵庫県南部地震（1995）では，角形鋼管柱とH形鋼梁の接合部で，梁ウェブに設けられたスカラップを起点にして引張側梁フランジ（下側）の破断が多発した．現在では，滑らかな形状の改良スカラップやスカラップを設けないノンスカラップ工法に替わってきている．また，梁端のフランジの幅を拡幅して溶接部を破断させない工法（p.137）も用いられるようになってきた．

　建築鉄骨の構造安全性は，建築基準法に定められている荷重・外力に抵抗できるように設計することによって確保されるが，設計で期待されている性能（設計品質）を鉄骨製作工場で，いかに満足するように品質管理して製作するかに大きくかかわっている．ここでは，設計から製作，建方までの過程の概要を述べる．

2　建築鉄骨の品質管理

　鉄骨による建物の企画から竣工までには，行政，設計，監理，施工，製作，検査，など多くの専門分野がかかわっている．建物の構造安全性を確保するために，各段階での品質管理の枠組を示したのが付図1[1)]である．この図を用いて，その概要を説明する．

　建築主の企画から建築は始まる．建物の用途・機能，規模，建設地，それに建物の安全性に対する要望などの設計条件が，建築主の選定した設計者に示される．建築主から依頼を受けた設計者は，それらの条件を満足するように意匠・構造・設備の設計を行う．構造設計は建物の規模に応じて1級あるいは2級建築士が行うが，ある一定規模以上（鉄骨造では，地上階数が4以上，3階以下でも高さ13mまたは軒の高さ9mを超える場合など）の建物は，構造設計1級建築士の設計または関与が義務づけられている．設計者が，設計条件と設定された目標性能を満足するように，各設計分野で調整しながら完成させた設計図や仕様書などの設計図書一式は建築主に納入される．

　この設計図書で表される内容を，品質管理において設計品質という．設計品質には，設計図・仕様書に示されている部材，接合部，骨組の形状・寸法や構造各

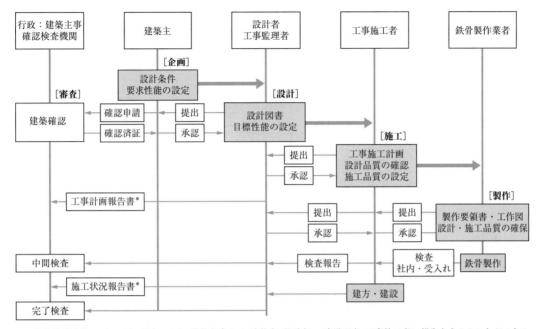

＊建築基準法第 12 条 5 項の規定により，建築主事らは，建築主，設計者，工事監理者，工事施工者に報告を求めることができる．

付図 1　建築鉄骨の構造安全性確保のための品質管理の枠組[1]

部に用いられている鋼材などの規格だけでなく，骨組全体に設定されている構造性能も含まれる．工事監理者は，設計図書のとおりに工事が行なわれているかを確認し，欠陥の発生を未然に防止する役割を担っており，建築士がこの業務を行う．工事監理者は設計者と同じ場合が多いが，建築主が別に選定する場合もある．

　建築主の承認を得て確定した設計図書は，建築主から特定行政庁の建築主事あるいは指定確認検査機関（以後，建築主事ら）に確認申請され，建築基準関係規定に適合しているかどうかの審査が行われる．建築確認審査において，構造設計 1 級建築士の設計または関与した建物については，指定構造計算適合性判定機関で専門家による審査を受け，問題のないことが確認されなければならない．高さが 60 m を超える建物については，指定性能評価機関の評価を受け，その構造安全性について国土交通大臣の認定を取得しておかなければならない．

　建築主は，確認済証を受領して，設計者・工事監理者が選定した工事施工者と，設計図書とおりの建物の工事について契約する．工事施工者は，設計図書の設計品質の内容を確認し，それを実現できる施工品質を設定して工事施工計画を立て，設計者・工事監理者の承認を得て，選定した鉄骨製作業者に鉄骨の発注を行う．鉄骨製作業者は，設計図書から設計品質，工事施工計画から施工品質の内容を理解して，それらを確保するために工場の保有する設備機器，技術力，品質管理能力の範囲で製作要領書，工作図などを作成し，設計者，工事監理者，施工者の承認を得て製作に入る．

　なお，建築主事らによる設計図書の確認に関する審査のほか，工事の中間検査，

253

完了検査が義務づけられている．そのほか図1の注にあるように，建築基準法によって，建築主事らは建築主，設計者，工事監理者，工事施工者に工事計画報告書，施工状況報告書を求めることができるように規定されている．

3 鉄骨の製作と検査

工場における建築鉄骨の製作工程と検査の概要を**付図2**に示す．各工事の製作要領書には，工事内容，品質管理体制，管理技術者・溶接技能者のリストと所有する資格，製作工程図，製作方法，溶接方法と溶接条件，検査の種類，検査項目と方法などが記載される．製作に用いられる工作図は，設計図書をもとに，梁伏図，軸組図，詳細図，溶接基準図などが作成される．**付図3**[2)]に工作図（細部は簡略化）の一例を示す．主要で複雑な構造部分は，実大寸法の原寸図により形状・寸法を確認して製作される．鉄骨の製作は，所定の鋼材・溶接材料などを発注し，受入検査で規格や品質を確認して始められる．付図2に示す製作に関する①から⑥の工程と検査について概説する．

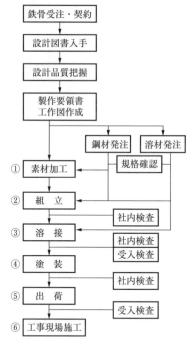

付図2 建築鉄骨の製作工程と検査

① 素材加工

鉄骨の素材としては，柱や梁に用いられるH形鋼，柱の角形鋼管や円形鋼管，ブレースに用いられる山形鋼などの形鋼類，柱梁接合部のダイアフラム，柱脚のベースプレート，部材のスチフナやリブなどに用いられる鋼板が主なものである．H形鋼は，一般に，ボルト用の孔あけ，切断，現場高力ボルト接合部の摩擦面処理（ショットブラストまたはグラインダーで黒皮を除去），溶接部の開先加工などの一次加工が行われる．柱や接合部に用いられる角形鋼管では，材端が開先加工された鋼材の発注が一般的になってきた（**写真1**[2)]）．直立ボール盤による孔あけ，鋸盤による切断工程を**写真2，3**に示す．

写真1 鋼材入荷

写真2 孔あけ（H形鋼梁）

写真3 切断（H形鋼梁）

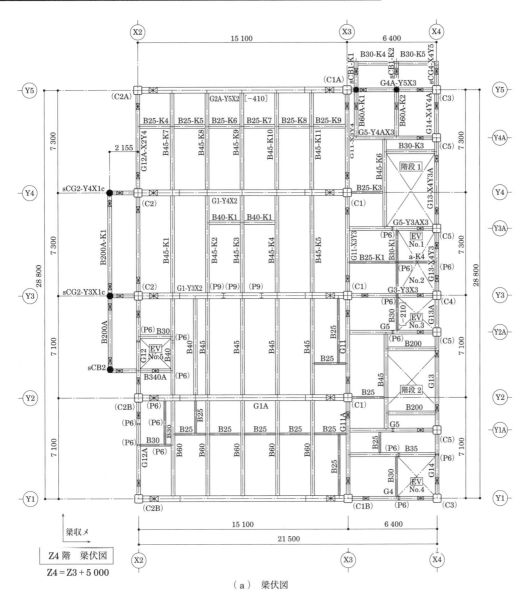

Z4 階　梁伏図
Z4 = Z3 + 5 000

梁収メ

（ａ）　梁伏図

付図 3　工作図の例〔mm〕

写真 4　組立（柱仕口）

写真 5　組立（柱梁接合部）

写真 6　組立（柱材）

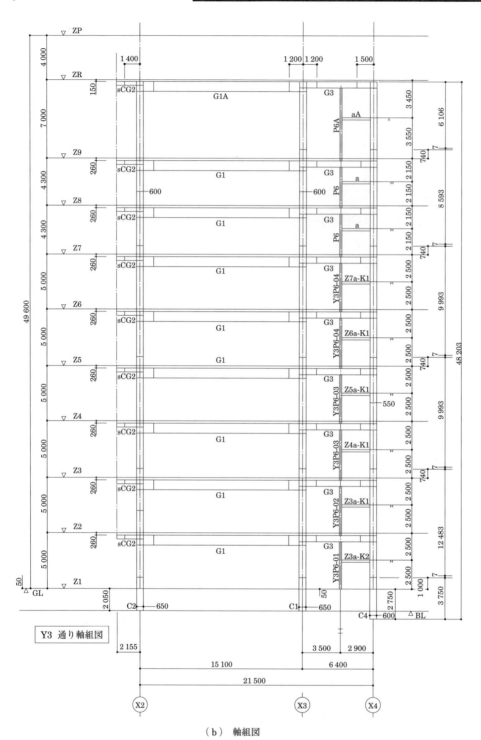

（b）　軸組図

付図3　つづき

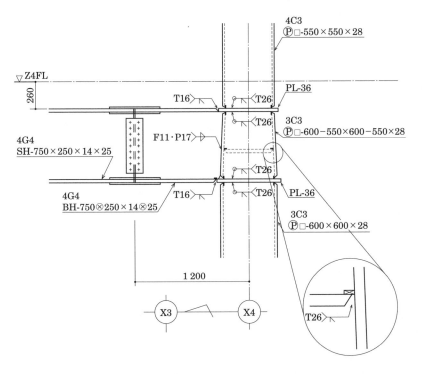

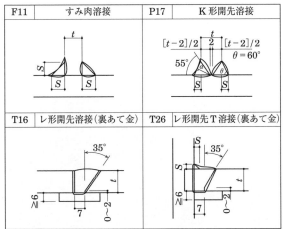

（c） 溶接基準図

付図 3 つづき

② 組　立

　一次加工された形鋼や鋼板の各要素は，工作図に従って所定の形状・寸法になるように構成し，本溶接の前に組立溶接される．組立溶接は，手溶接あるいは半自動溶接による．この段階で，組立部の寸法，角度，ずれ，食い違い，開先部の形状・寸法，組立溶接の位置・長さなどについて，品質管理上の許容差以内にあることを社内検査で確認される．組立溶接された柱仕口，柱梁接合部，柱材を**写真** 4，5，6 に示す．

③ 溶　接

　溶接は主に半自動溶接，ロボットによる自動溶接で行われる．溶接部の品質を確保するために，使用鋼材と溶接材料の適切な組合せが選ばれ，溶接の入熱量とパス間温度が管理される．半自動溶接による H 形鋼梁のリブの取付けを**写真** 7 に示す．ロボットによる柱梁接合部における梁端部の自動溶接を**写真** 8 に示す．**写真** 9 は回転治具を用いた柱大組の自動溶接である．

　溶接によって製作された部材の寸法精度と溶接部の品質について社内検査されたのち，発注側に依頼された検査会社などの第三者による受入検査が行われる．溶接部の検査には，外観検査と完全溶込み溶接部の内部検査がある．外観検査では，溶接の外観と表面欠陥の有無や程度を目視により検査する．内部検査では，超音波探傷器が用いられ，欠陥の有無，欠陥がある場合にはその位置と寸法が計測される．内部欠陥が許容値を超える場合は，アークエアガウジングで取り除き，再溶接される．**写真** 10 は寸法精度の検査，**写真** 11 は溶接部の超音波探傷検査である．

写真 7　半自動溶接（H 形鋼梁）

写真 8　ロボット溶接（柱梁接合部）

写真 9　ロボット溶接（柱大組）

写真 10　精度検査

写真 11　超音波探傷検査

写真 12　塗　装

④ 塗　装

　工場製作された鉄骨が出荷されて，建設現場で建物の外装が完了するまでは外気にさらされるので，防錆処理としてさび止め塗装が行われる．外気に長期にわたり接する鉄骨部分には，溶融亜鉛めっきによる防錆処理が行われる．**写真12**は，さび止め塗装された柱材である．高力ボルトの摩擦接合や現場で溶接される部分には塗装してはならない．

⑤ 出　荷

　塗装された鉄骨は，社内検査されたのち建設現場へ出荷，輸送される．**写真13** は工場からの出荷の状況である．

⑥ 工事現場施工

　現場に搬入された鉄骨製品は，受入検査された後，柱部分と梁部分が工事現場で高力ボルトと現場溶接で骨組に組み上げられる．現場の建方で重要なことは，鉄筋コンクリートの基礎に前もって定着されているアンカーボルトが，柱心に対して設計図どおりに正しく配置されていることである．アンカーボルトが柱脚のベースプレートの孔に入らない問題がよく起こる．無理に入れても上部骨組の精度に影響する．最近は，基礎に配置される一組の複数のアンカーボルトを鉄骨枠組に固定して，コンクリートを打設する工法が用いられている．**写真14** は現場建方の状況である．

写真13　工場からの出荷　　　　　　　　**写真14**　現場建方

引　用　文　献

1)　松井千秋：良質な鉄骨生産による社会的信頼の確立（ファブリケーターへの提言）：鉄構技術（2013.9），鋼構造出版
2)　工作図・写真：㈱共栄工業（福岡県）の資料提供による．

付録3　形鋼と鋼管の形状寸法と断面特性

　日本産業規格（JIS）の山形鋼，I形鋼，溝形鋼，H形鋼，円形鋼管，角形鋼管の形状寸法と断面特性を以下に示す*．なお，軽量形鋼は省略する．

　ここに示す一般構造用角形鋼管（STKR）のほか，大臣認定品の建築構造用冷間成形角形鋼管（BCR，BCP）があるが（p. 39 側注参照），これらについては独立行政法人建築研究所監修の「2008 年版冷間成形角形鋼管設計・施工マニュアル」に示されている．

*　日本建築学会「鋼構造設計規準（2005）」より転載（許可済）

（1）　等辺山形鋼

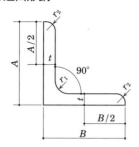

断面2次モーメント　　$I = ai^2$

断面2次半径　　　　　$i = \sqrt{I/a}$

断面係数　　　　　　　$Z = I/e$

（a＝断面積）

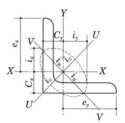

標準断面寸法〔mm〕				断面積	単位質量	参				考							
						重心の位置〔cm〕		断面2次モーメント〔cm⁴〕				断面2次半径〔cm〕				断面係数〔cm³〕	
$A \times B$	t	r_1	r_2	〔cm²〕	〔kg/m〕	C_x	C_y	I_x	I_y	最大 I_u	最小 I_v	i_x	i_y	最大 i_u	最小 i_v	Z_x	Z_y
25 × 25	3	4	2	1.427	1.12	0.719	0.719	0.797	0.797	1.26	0.332	0.747	0.747	0.940	0.483	0.448	0.448
30 × 30	3	4	2	1.727	1.36	0.844	0.844	1.42	1.42	2.26	0.590	0.908	0.908	1.14	0.585	0.661	0.661
40 × 40	3	4.5	2	2.336	1.83	1.09	1.09	3.53	3.53	5.60	1.46	1.23	1.23	1.55	0.79	1.21	1.21
40 × 40	5	4.5	3	3.755	2.95	1.17	1.17	5.42	5.42	8.59	2.25	1.20	1.20	1.51	0.774	1.91	1.91
45 × 45	4	6.5	3	3.492	2.74	1.24	1.24	6.50	6.50	10.3	2.70	1.36	1.36	1.72	0.880	2.00	2.00
45 × 45	5	6.5	3	4.302	3.38	1.28	1.28	7.91	7.91	12.5	3.29	1.36	1.36	1.71	0.874	2.46	2.46
50 × 50	4	6.5	3	3.892	3.06	1.37	1.37	9.06	9.06	14.4	3.76	1.53	1.53	1.92	0.983	2.49	2.49
50 × 50	5	6.5	3	4.802	3.77	1.41	1.41	11.1	11.1	17.5	4.58	1.52	1.52	1.91	0.976	3.08	3.08
50 × 50	6	6.5	4.5	5.644	4.43	1.44	1.44	12.6	12.6	20.0	5.23	1.50	1.50	1.88	0.963	3.55	3.55
60 × 60	4	6.5	3	4.692	3.68	1.61	1.61	16.0	16.0	25.4	6.62	1.85	1.85	2.33	1.19	3.66	3.66
60 × 60	5	6.5	3	5.802	4.55	1.66	1.66	19.6	19.6	31.2	8.09	1.84	1.84	2.32	1.18	4.52	4.52
65 × 65	5	8.5	3	6.367	5.00	1.77	1.77	25.3	25.3	40.1	10.5	1.99	1.99	2.51	1.28	5.35	5.35
65 × 65	6	8.5	4	7.527	5.91	1.81	1.81	29.4	29.4	46.6	12.2	1.98	1.98	2.49	1.27	6.26	6.26
65 × 65	8	8.5	6	9.761	7.66	1.88	1.88	36.8	36.8	58.3	15.3	1.94	1.94	2.44	1.25	7.96	7.96
70 × 70	6	8.5	4	8.127	6.38	1.93	1.93	37.1	37.1	58.9	15.3	2.14	2.14	2.69	1.37	7.33	7.33
75 × 75	6	8.5	4	8.727	6.85	2.06	2.06	46.1	46.1	73.2	19.0	2.30	2.30	2.90	1.48	8.47	8.47
75 × 75	9	8.5	6	12.69	9.96	2.17	2.17	64.4	64.4	102	26.7	2.25	2.25	2.84	1.45	12.1	12.1
75 × 75	12	8.5	6	16.56	13.0	2.29	2.29	81.9	81.9	129	34.5	2.22	2.22	2.79	1.44	15.7	15.7
80 × 80	6	8.5	4	9.327	7.32	2.18	2.18	56.4	56.4	89.6	23.2	2.46	2.46	3.10	1.58	9.70	9.70
90 × 90	6	10	5	10.55	8.28	2.42	2.42	80.7	80.7	128	33.4	2.77	2.77	3.48	1.78	12.3	12.3
90 × 90	7	10	5	12.22	9.59	2.46	2.46	93.0	93.0	148	38.3	2.76	2.76	3.48	1.77	14.2	14.2
90 × 90	10	10	7	17.00	13.3	2.57	2.57	125	125	199	51.7	2.71	2.71	3.42	1.74	19.5	19.5
90 × 90	13	10	7	21.71	17.0	2.69	2.69	156	156	248	65.3	2.68	2.68	3.38	1.73	24.8	24.8
100 × 100	7	10	5	13.62	10.7	2.71	2.71	129	129	205	53.2	3.08	3.08	3.88	1.98	17.7	17.7
100 × 100	10	10	7	19.00	14.9	2.82	2.82	175	175	278	72.0	3.04	3.04	3.83	1.95	24.4	24.4
100 × 100	13	10	7	24.31	19.1	2.94	2.94	220	220	348	91.1	3.00	3.00	3.78	1.94	31.1	31.1
120 × 120	8	12	5	18.76	14.7	3.24	3.24	258	258	410	106	3.71	3.71	4.67	2.38	29.5	29.5
130 × 130	9	12	6	22.74	17.9	3.53	3.53	366	366	583	150	4.01	4.01	5.06	2.57	38.7	38.7
130 × 130	12	12	8.5	29.76	23.4	3.64	3.64	467	467	743	192	3.96	3.96	5.00	2.54	49.9	49.9
130 × 130	15	12	8.5	36.75	28.8	3.76	3.76	568	568	902	234	3.93	3.93	4.95	2.53	61.5	61.5
150 × 150	12	14	7	34.77	27.3	4.14	4.14	740	740	1 180	304	4.61	4.61	5.82	2.96	68.1	68.1
150 × 150	15	14	10	42.74	33.6	4.24	4.24	888	888	1 410	365	4.56	4.56	5.75	2.92	82.6	82.6
150 × 150	19	14	10	53.38	41.9	4.40	4.40	1 090	1 090	1 730	451	4.52	4.52	5.69	2.91	103	103
175 × 175	12	15	11	40.52	31.8	4.73	4.73	1 170	1 170	1 860	480	5.38	5.38	6.78	3.44	91.8	91.8
175 × 175	15	15	11	50.21	39.4	4.85	4.85	1 440	1 440	2 290	589	5.35	5.35	6.75	3.42	114	114
200 × 200	15	17	12	57.75	45.3	5.46	5.46	2 180	2 180	3 470	891	6.14	6.14	7.75	3.93	150	150
200 × 200	20	17	12	76.00	59.7	5.67	5.67	2 820	2 820	4 490	1 160	6.09	6.09	7.68	7.68	3.90	197
200 × 200	25	17	12	93.75	73.6	5.86	5.86	3 420	3 420	5 420	1 410	6.04	6.04	7.61	3.88	242	242
250 × 250	25	24	12	119.4	93.7	7.10	7.10	6 950	6 950	11 000	2 860	7.63	7.63	9.62	4.90	388	388
250 × 250	35	24	18	162.6	128	7.45	7.45	9 110	9 110	14 400	3 790	7.49	7.49	9.42	4.83	519	519

（２）　不等辺山形鋼

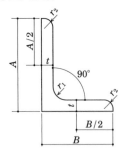

断面2次モーメント　　$I = ai^2$
断面2次半径　　　　　$I = \sqrt{I/a}$
断面係数　　　　　　　$Z = I/e$
　　　　　（$a =$ 断面積）

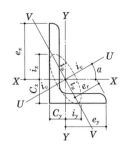

標準断面寸法 [mm]				断面積 [cm²]	単位質量 [kg/m]	重心の位置 [cm]		断面2次モーメント [cm⁴]				断面2次半径 [cm]				tan α	断面係数 [cm³]	
$A \times B$	t	r_1	r_2			C_x	C_y	I_x	I_y	最大 I_u	最小 I_v	i_x	i_y	最大 i_u	最小 i_v		Z_x	Z_y
90 × 75	9	8.5	6	14.04	11.0	2.75	2.00	109	68.1	143	34.1	2.78	2.20	3.19	1.56	0.676	17.4	12.4
100 × 75	7	10	5	11.87	9.32	3.06	1.83	118	56.9	144	30.8	3.15	2.19	3.49	1.61	0.548	17.0	10.0
100 × 75	10	10	7	16.50	13.0	3.17	1.94	159	76.1	194	41.3	3.11	2.15	3.43	1.58	0.543	23.3	13.7
125 × 75	7	10	5	13.62	10.7	4.10	1.64	219	60.4	243	36.4	4.01	2.11	4.23	1.64	0.362	26.1	10.3
125 × 75	10	10	7	19.00	14.9	4.22	1.75	299	80.8	330	49.0	3.96	2.06	4.17	1.61	0.357	36.1	14.1
125 × 75	13	10	7	24.31	19.1	4.35	1.87	376	101	415	61.9	3.93	2.04	4.13	1.60	0.352	46.1	17.9
125 × 90	10	10	7	20.50	16.1	3.95	2.22	318	138	380	76.2	3.94	2.59	4.30	1.93	0.505	37.2	20.3
125 × 90	13	10	7	26.26	20.6	4.07	2.34	401	173	477	96.3	3.91	2.57	4.26	1.91	0.501	47.5	25.9
150 × 90	9	12	6	20.94	16.4	4.95	1.99	485	133	537	80.4	4.81	2.52	5.06	1.96	0.361	48.2	19.0
150 × 90	12	12	8.5	27.36	21.5	5.07	2.10	619	167	685	102	4.76	2.47	5.00	1.93	0.357	62.3	24.3
150 × 100	9	12	6	21.84	17.1	4.76	2.30	502	181	579	104	4.79	2.88	5.15	2.18	0.439	49.1	23.5
150 × 100	12	12	8.5	28.56	22.4	4.88	2.41	642	228	738	132	4.74	2.83	5.09	2.15	0.435	63.4	30.1
150 × 100	15	12	8.5	35.25	27.7	5.00	2.53	782	276	897	161	4.71	2.80	5.04	2.14	0.431	78.2	37.0

（3）　I形鋼

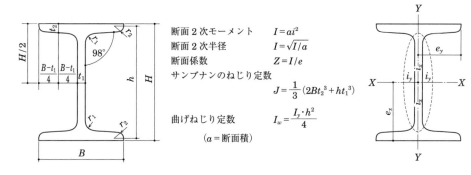

断面2次モーメント　　$I = ai^2$
断面2次半径　　　　　$I = \sqrt{I/a}$
断面係数　　　　　　　$Z = I/e$
サンブナンのねじり定数
$$J = \frac{1}{3}(2Bt_2{}^3 + ht_1{}^3)$$
曲げねじり定数　　　　$I_w = \frac{I_y \cdot h^2}{4}$

（a = 断面積）

標準断面寸法〔mm〕				断面積〔cm²〕	単位質量〔kg/m〕	参 考								
						断面2次モーメント〔cm⁴〕		断面2次半径〔cm〕		断面係数〔cm³〕		曲げ応力のための断面性能	
$H \times B$	h	t_1	t_2									〔cm⁴〕	〔cm⁶〕
						I_x	I_y	i_x	i_y	Z_x	Z_y	J	I_w
100 × 75	92	5	8	16.4	12.9	281	47.3	4.14	1.70	56.2	12.6	2.94	1 000
125 × 75	116	5.5	9.5	20.5	16.1	538	57.5	5.13	1.68	86.0	15.3	4.93	1 920
150 × 75	141	5.5	9.5	21.8	17.1	819	57.5	6.12	1.62	109	15.3	5.07	2 840
150 × 125	136	8.5	14	46.2	36.2	1 760	385	6.18	2.89	235	61.6	25.7	17 800
180 × 100	170	6	10	30.1	23.6	1 670	138	7.45	2.14	186	27.5	7.89	9 970
200 × 100	190	7	10	33.1	26.0	2 170	138	8.11	2.05	217	27.7	8.84	12 500
200 × 150	184	9	16	64.2	50.4	4 460	753	8.34	3.43	446	100	45.4	63 700
250 × 125	238	7.5	13	48.8	38.3	5 180	337	10.3	2.63	414	53.9	19.6	47 500
250 × 125	231	10	19	22.7	55.5	7 310	538	10.2	2.76	585	86.0	64.9	71 800
300 × 150	287	8	13	26.7	48.3	9 480	588	12.4	3.09	632	78.4	26.9	121 000
300 × 150	282	10	19	38.1	65.5	12 700	896	12.3	3.26	849	118	72.7	176 000
300 × 150	278	11.5	22	63.5	76.8	14 700	1 080	12.2	3.32	978	143	121	209 000
350 × 150	335	9	15	71.5	58.5	15 200	702	14.3	3.07	870	93.5	41.9	197 000
350 × 150	326	12	24	32.0	87.2	22 400	1 180	14.2	3.26	1 280	158	157	314 000
400 × 150	382	10	18	37.0	72.0	24 100	864	16.2	3.07	1 200	115	71.1	315 000
400 × 150	375	12.5	25	55.5	95.8	31 700	1 240	16.1	3.18	1 580	165	181	436 000
450 × 175	430	11	20	91.4	91.7	39 200	1 510	18.3	3.60	1 740	173	112	698 000
450 × 175	424	13	26	104	115	48 800	2 020	18.3	3.72	2 170	231	236	908 000
600 × 190	575	13	25	40.8	133	98 400	2 460	24.1	3.81	3 280	259	240	2 050 000
600 × 190	565	16	35	46.8	176	130 000	3 540	24.1	3.97	4 330	373	620	2 830 000

（4）　溝形鋼

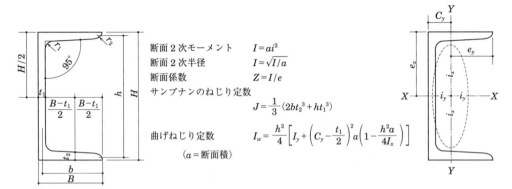

断面2次モーメント　　$I = ai^2$

断面2次半径　　　　　$I = \sqrt{I/a}$

断面係数　　　　　　　$Z = I/e$

サンブナンのねじり定数

$$J = \frac{1}{3}(2bt_2{}^3 + ht_1{}^3)$$

曲げねじり定数　　$I_w = \frac{h^2}{4}\left[I_y + \left(C_y - \frac{t_1}{2}\right)^2 a\left(1 - \frac{h^2 a}{4I_x}\right)\right]$

（a＝断面積）

標準断面寸法 〔mm〕					断面積	単位質量	参								考		
							重心の位置 〔cm〕		断面2次モーメント 〔cm⁴〕		断面2次半径 〔cm〕		断面係数 〔cm³〕		曲げ応力のための の断面性能	
$H \times B$	h	b	t_1	t_2	〔cm²〕	〔kg/m〕	C_x	C_y	I_x	I_y	i_x	i_y	Z_x	Z_y	〔cm⁴〕	〔cm⁶〕
															J	I_w
75 × 40	68.0	37.5	5	7	8.82	6.92	0	1.28	75.3	12.2	2.92	1.17	20.1	4.47	1.14	103
100 × 50	92.5	45.7	5	7.5	11.9	9.36	0	1.54	188	26.0	3.97	1.48	37.6	7.52	1.72	405
125 × 65	117	62.0	6	8	17.1	13.4	0	1.90	424	61.8	4.98	1.90	67.8	13.4	2.96	1 540
150 × 75	140	71.8	6.5	10	23.7	18.6	0	2.28	861	117	6.03	2.22	115	22.4	6.06	4 180
150 × 75	138	70.5	9	12.5	30.6	24.0	0	2.31	1 050	147	5.86	2.19	140	58.3	12.5	5 060
180 × 75	170	71.5	7	10.5	27.2	21.4	0	2.13	1 380	131	7.12	2.19	153	24.3	7.46	6 840
200 × 80	189	76.3	7.5	11	31.3	24.6	0	2.21	1 950	168	7.88	2.32	195	29.1	9.42	10 900
200 × 90	187	86.0	8	13.5	38.7	30.3	0	2.74	2 490	277	8.02	2.68	249	44.2	17.3	17 700
250 × 90	237	85.5	9	13	44.1	34.6	0	2.40	4 180	294	9.74	2.58	334	44.5	18.3	30 000
250 × 90	236	84.5	11	14.5	51.2	40.2	0	2.40	4 680	329	9.56	2.54	374	49.9	27.6	33 100
300 × 90	287	85.5	9	13	48.6	38.1	0	2.22	6 440	309	11.5	2.52	429	45.7	19.5	46 300
300 × 90	285	85.0	10	15.5	55.7	43.8	0	2.34	7 410	360	11.5	2.54	494	54.1	30.6	52 900
300 × 90	284	84.0	12	16	61.9	48.6	0	2.28	7 870	379	11.3	2.48	525	56.4	39.3	55 800
380 × 100	364	94.8	10.5	16	69.4	54.5	0	2.41	14 500	535	14.5	2.78	763	70.5	39.9	129 000
380 × 100	364	93.5	13	16.5	79.0	62.0	0	2.33	15 600	565	14.1	2.67	823	73.6	54.6	137 000
380 × 100	360	93.5	13	20	85.7	67.3	0	2.54	17 600	655	14.3	2.76	926	87.8	76.2	155 000

（5）　H形鋼

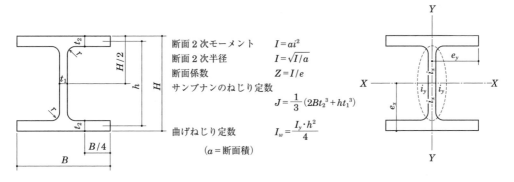

断面2次モーメント　$I = ai^2$

断面2次半径　$I = \sqrt{I/a}$

断面係数　$Z = I/e$

サンブナンのねじり定数

$$J = \frac{1}{3}(2Bt_2{}^3 + ht_1{}^3)$$

曲げねじり定数　$I_w = \dfrac{I_y \cdot h^2}{4}$

（a = 断面積）

呼称寸法 高さ×辺	標準断面寸法〔mm〕 $H \times B$	h	t_1	t_2	断面積〔cm²〕	単位質量〔kg/m〕	断面2次モーメント〔cm⁴〕 I_x	I_y	断面2次半径〔cm〕 i_x	i_y	断面係数〔cm³〕 Z_x	Z_y	曲げ応力のための断面性能〔cm⁴〕 J	〔cm⁶〕 I_w
100 × 50	100 × 50	93.0	5	7	11.9	9.30	187	14.8	3.98	1.12	37.5	5.91	1.53	320
100 × 100	100 × 100	92.0	6	8	21.6	16.9	378	134	4.18	2.49	75.6	26.7	4.08	2 840
125 × 60	125 × 60	117	6	8	16.7	13.1	409	29.1	4.95	1.32	65.5	9.71	2.89	996
125 × 125	125 × 125	116	6.5	9	30.0	23.6	839	293	5.29	3.13	134	46.9	7.14	9 860
150 × 75	150 × 75	143	5	7	17.9	14.0	666	49.5	6.11	1.66	88.8	13.2	2.31	2 530
150 × 100	150 × 100	139	6	9	26.4	20.7	1 000	150	6.17	2.39	135	30.1	5.86	7 250
150 × 150	150 × 150	140	7	10	39.7	31.1	1 620	563	6.40	3.77	216	75.1	11.6	27 600
175 × 90	175 × 90	167	5	8	22.9	18.0	1 210	97.5	7.26	2.06	138	21.7	3.77	6 800
175 × 175	175 × 175	162	11	13	51.4	40.4	2 900	1 161	7.50	4.37	331	112	32.8	76 200
200 × 100	198 × 99	191	4.5	7	22.7	17.8	1 540	113	8.25	2.24	156	22.9	2.84	10 300
	200 × 100	192	5.5	8	26.7	20.9	1 810	134	8.23	2.24	181	26.7	4.48	12 300
200 × 150	194 × 150	185	6	9	38.1	29.9	2 630	507	8.30	3.65	271	67.6	8.62	43 400
200 × 200	200 × 200	188	8	12	63.5	49.9	4 720	1 600	8.62	5.02	472	160	26.2	141 000
	200 × 204	188	12	12	71.5	56.2	4 980	1 700	8.35	4.88	498	167	34.3	150 000
250 × 125	248 × 124	240	5	8	32.0	25.1	3 450	255	10.4	2.82	278	41.1	5.23	36 700
	250 × 125	241	6	9	37.0	29.0	3 960	294	10.4	2.82	317	47.0	7.81	42 700
250 × 175	244 × 175	233	7	11	55.5	43.6	6 040	984	10.4	4.21	495	112	18.2	134 000
250 × 250	250 × 250	236	9	14	91.4	71.8	10 700	3 650	10.8	6.32	860	292	51.5	508 800
	250 × 255	236	14	14	104	81.6	11 400	3 880	10.5	6.11	912	304	68.2	540 000
300 × 150	298 × 149	290	5.5	8	40.8	32.0	6 320	442	12.4	3.29	424	59.3	6.69	91 900
	300 × 150	291	6.5	9	46.8	36.7	7 210	508	12.4	3.29	481	67.7	9.85	108 000
300 × 200	294 × 200	282	8	12	71.1	55.8	11 100	1 600	12.5	4.75	756	160	27.9	318 000
300 × 300	294 × 302	282	12	12	106	83.4	16 600	5 510	12.5	7.20	1 130	365	51.0	1 100 000
	300 × 300	285	10	15	118	93.0	20 200	6 750	13.1	7.55	1 350	450	77.0	1 370 000
	300 × 305	285	15	15	133	105	21 300	7 100	12.6	7.30	1 420	466	101	1 440 000
350 × 175	346 × 174	337	6	9	52.5	41.2	11 000	791	14.5	3.88	638	91.0	10.9	225 000
	350 × 175	339	7	11	62.9	49.4	13 500	984	14.6	3.96	771	112	19.4	283 000
350 × 250	340 × 250	326	9	14	99.5	78.1	21 200	3 650	14.6	6.05	1 250	292	53.7	970 000

付表（つづき）

標準断面寸法〔mm〕					断面積〔cm²〕	単位質量〔kg/m〕	参			考			
							断面2次モーメント〔cm⁴〕		断面2次半径〔cm〕		断面係数〔cm³〕		曲げ応力のための断面性能
呼称寸法高さ×辺	$H \times B$	h	t_1	t_2									〔cm⁴〕 〔cm⁶〕
							I_x	I_y	i_x	i_y	Z_x	Z_y	J I_w
350 × 350	344 × 348	328	10	16	144	113	32 800	11 200	15.1	8.84	1 910	646	106 3 010 000
	350 × 350	331	12	19	172	135	39 800	13 600	15.2	8.89	2 280	776	179 3 730 000
400 × 200	396 × 199	385	7	11	71.4	56.1	19 800	1 450	16.6	4.50	999	145	22.1 537 000
	400 × 200	387	8	13	83.4	65.4	23 500	1 740	16.8	4.56	1 170	174	35.9 651 000
400 × 300	390 × 300	374	10	16	133	105	37 900	7 200	16.9	7.35	1 940	480	94.4 2 520 000
400 × 400	338 × 402	373	15	15	179	140	49 000	16 300	16.6	9.55	2 520	809	132 5 670 000
	394 × 398	376	11	18	187	147	56 100	18 900	17.3	10.1	2 850	951	171 6 680 000
	400 × 400	379	13	21	219	172	66 600	22 400	17.5	10.1	3 330	1 120	275 8 040 000
	400 × 408	379	21	21	251	197	70 900	23 800	16.8	9.75	3 540	1 170	368 8 550 000
	414 × 405	386	18	28	295	232	92 800	31 100	17.7	10.2	4 480	1 530	668 11 500 000
	428 × 407	393	20	35	361	283	119 000	39 400	18.2	10.4	5 570	1 930	1 270 15 200 000
	458 × 417	408	30	50	529	415	187 000	60 500	18.8	10.7	8 170	2 900	3 840 25 200 000
	498 × 432	428	45	70	770	605	298 000	94 400	19.7	11.1	12 000	4 370	11 200 43 200 000
450 × 200	446 × 199	434	8	12	83.0	65.1	28 100	1 580	18.4	4.36	1 260	159	30.3 744 000
	450 × 200	436	9	14	95.4	74.9	32 900	1 870	18.6	4.43	1 460	187	47.2 889 000
450 × 300	440 × 300	422	11	18	154	121	54 700	8 110	18.9	7.26	2 490	540	135 3 610 000
500 × 200	496 × 199	482	9	14	99.3	77.9	40 800	1 840	20.3	4.31	1 650	185	48.1 1 070 000
	500 × 200	484	10	16	112	88.2	46 800	2 140	20.4	4.36	1 870	214	70.7 1 250 000
	506 × 201	487	11	19	129	102	55 500	2 580	20.7	4.46	2 190	256	114 1 530 000
500 × 300	482 × 300	467	11	15	141	111	58 300	6 760	20.3	6.92	2 420	450	88.2 3 690 000
	488 × 300	470	11	18	159	125	68 900	8 110	20.8	7.14	2 820	540	137 4 480 000
600 × 200	596 × 199	581	10	15	118	92.5	66 000	1 980	23.8	4.10	2 240	199	64.1 1 670 000
	600 × 200	583	11	17	132	103	75 600	2 270	24.0	4.16	2 520	227	91.4 1 930 000
	606 × 201	586	12	20	150	118	88 300	2 720	24.3	4.26	2 910	270	141 2 340 000
600 × 300	582 × 300	565	12	17	169	133	98 900	7 660	24.2	6.73	3 400	511	131 6 110 000
	588 × 300	568	12	20	187	147	114 000	9 010	24.7	6.94	3 890	601	193 7 270 000
	594 × 302	571	14	23	217	170	134 000	10 600	24.8	6.98	4 500	700	297 8 640 000
700 × 300	692 × 300	672	13	20	208	163	168 000	9 020	28.5	5.59	4 870	601	209 10 200 000
	700 × 300	676	13	24	232	182	197 000	10 800	29.2	6.83	5 640	721	326 12 300 000
800 × 300	792 × 300	770	14	22	240	188	248 000	9 920	32.2	6.44	6 270	661	283 14 700 000
	800 × 300	774	14	26	264	207	286 000	11 700	33.0	6.67	7 160	781	422 17 500 000
900 × 300	890 × 299	867	15	23	267	210	339 000	10 300	35.6	6.20	7 610	687	340 19 400 000
	900 × 300	872	16	28	306	240	404 000	12 600	36.4	6.43	8 990	842	558 24 000 000
	912 × 302	878	18	34	360	283	491 000	15 700	36.9	6.59	10 800	1 040	962 30 300 000

（6）　一般構造用炭素鋼鋼管（STK）

外　径 〔mm〕	厚　さ 〔mm〕	単位質量 〔kg/m〕	参考			
			断面積 〔cm²〕	断面２次モー メント〔cm⁴〕	断面係数 〔cm³〕	断面２次半径 〔cm〕
21.7	2.0	0.972	1.238	0.607	0.560	0.700
27.2	2.0 2.3	1.24 1.41	1.583 1.799	1.26 1.41	0.930 1.03	0.890 0.880
34.0	2.3	1.80	2.291	2.89	1.70	1.12
42.7	2.3 2.6	2.29 2.48	2.919 3.157	5.97 6.40	2.80 3.00	1.43 1.42
48.6	2.3 2.5 2.8 3.2	2.63 2.84 3.16 3.58	3.345 3.621 4.029 4.564	8.99 9.65 10.6 11.8	3.70 3.97 4.36 4.86	1.64 1.63 1.62 1.61
60.5	2.3 3.2 4.0	3.30 4.52 5.57	4.205 5.760 7.100	17.8 23.7 28.5	5.90 7.84 9.41	2.06 2.03 2.00
76.3	2.8 3.2 4.0	5.08 5.77 7.13	6.465 7.349 9.085	43.7 49.2 59.5	11.5 12.9 15.6	2.60 2.59 2.58
89.1	2.8 3.2	5.96 6.78	7.591 8.636	70.7 79.8	15.9 17.9	3.05 3.04
101.6	3.2 4.0 5.0	7.76 9.63 11.9	9.892 12.26 15.17	120 146 177	23.6 28.8 34.9	3.48 3.45 3.42
114.3	3.2 3.5 4.5	8.77 9.58 12.2	11.17 12.18 15.52	172 187 234	30.2 32.7 41.0	3.93 3.92 3.89
139.8	3.6 4.0 4.5 6.0	12.1 13.4 15.0 19.8	15.40 17.07 19.13 25.22	357 394 438 566	51.1 56.3 62.7 80.9	4.82 4.80 4.79 4.74
165.2	4.5 5.0 6.0 7.1	17.8 19.8 23.6 27.7	22.72 25.16 30.01 35.26	734 808 952 110 × 10	88.9 97.8 115 134	5.68 5.67 5.63 5.60
190.7	4.5 5.3 6.0 7.0 8.2	20.7 24.2 27.3 31.7 36.9	26.32 30.87 34.82 40.40 47.01	114 × 10 133 × 10 149 × 10 171 × 10 196 × 10	120 139 156 179 206	6.59 6.56 6.53 6.50 6.46
216.3	4.5 5.8 6.0 7.0 8.0 8.2	23.5 30 1 31.1 36.1 41.1 42.1	29.94 38.36 39.64 46.03 52.35 53.61	168 × 10 213 × 10 219 × 10 252 × 10 284 × 10 291 × 10	156 197 203 233 263 269	7.49 7.45 7 44 7.40 7.37 7.36
267.4	6.0 6.6 7.0 8.0 9.0 9.3	38.7 42.4 45.0 51.2 57.3 59.2	49.27 54.08 57.26 65.19 73.06 75.41	421 × 10 460 × 10 486 × 10 549 × 10 611 × 10 629 × 10	315 344 363 411 457 470	9.24 9.22 9.21 9.18 9.14 9.13
318.5	6.0 6.9 8.0 9.0 10.3	46.2 53.0 61.3 68.7 78.3	58.91 67.55 78.04 87.51 99.73	719 × 10 820 × 10 941 × 10 105 × 10² 119 × 10²	452 515 591 659 744	11.1 11.0 11.0 10.9 10.9
355.6	6.4 7.9 9.0 9.5 12.0 12.7	55.1 67.7 76.9 81.1 102 107	70.21 86.29 98.00 103.3 129.5 136.8	107 × 10² 130 × 10² 147 × 10² 155 × 10² 191 × 10² 201 × 10²	602 734 828 871 108 × 10 113 × 10	12.3 12.3 12.3 12.2 12.2 12.1

付表（つづき）

外　　径 〔mm〕	厚　　さ 〔mm〕	単位質量 〔kg/m〕	参　　　　　考			
			断　面　積 〔cm^2〕	断面2次モーメント 〔cm^4〕	断面係数 〔cm^3〕	断面2次半径 〔cm〕
406.4	7.9	77.6	98.90	196×10^2	967	14.1
	9.0	88.2	112.4	222×10^2	109×10	14.1
	9.5	93.0	118.5	233×10^2	115×10	14.0
	12.0	117	148.7	289×10^2	142×10	14.0
	12.7	123	157.1	305×10^2	150×10	13.9
	16.0	154	196.2	374×10^2	184×10	13.8
	19.0	182	231.2	435×10^2	214×10	13.7
457.2	9.0	99.5	126.7	318×10^3	140×10	15.8
	9.5	105	133.6	335×10^2	147×10	15.8
	12.0	132	167.8	416×10^2	182×10	15.7
	12.7	139.2	177.3	439×10^2	192×10	15.7
	16.0	174	221.8	540×10^2	236×10	15.6
	19.0	205	261.6	629×10^2	275×10	15.5
500	9.0	109	138.8	418×10^2	167×10	17.4
	12.0	144	184.0	548×10^2	219×10	17.3
	14.0	168	213.8	632×10^2	253×10	17.2
508.3	7.9	97.4	124.1	388×10^2	153×10	17.7
	9.0	111	141.1	439×10^2	173×10	17.6
	9.5	117	148.8	462×10^2	182×10	17.6
	12.0	147	187.0	575×10^2	227×10	17.5
	12.7	155	197.6	606×10^2	239×10	17.5
	14.0	171	217.3	663×10^2	261×10	17.5
	16.0	194	247.3	749×10^2	295×10	17.4
	19.0	229	291.9	874×10^2	344×10	17.3
	22.0	264	335.9	994×10^2	391×10	17.2
558.8	9.0	122	155.5	588×10^2	210×10	19.4
	12.0	162	206.1	771×10^2	276×10	19.3
	16.0	214	272.8	101×10^3	360×10	19.2
	19.0	253	322.2	118×10^3	421×10	19.1
	22.0	291	371.0	134×10^3	479×10	19.0
600	9.0	131	167.1	730×10^2	243×10	20.9
	12.0	174	221.7	958×10^2	320×10	20.8
	14.0	202	257.7	111×10^2	369×10	20.7
	16.0	230	293.6	125×10^3	418×10	20.7
609.6	9.0	133	169.8	766×10^2	251×10	21.2
	9.5	141	179.1	806×10^2	265×10	21.2
	12.0	177	225.3	101×10^3	330×10	21.1
	12.7	187	238.2	106×10^3	348×10	21.1
	14.0	206	262.0	116×10^3	381×10	21.1
	16.0	234	298.4	132×10^3	431×10	21.0
	19.0	277	352.5	154×10^3	505×10	20.9
	22.0	319	406.1	176×10^3	576×10	20.8
700	9.0	153	195.4	117×10^3	333×10	24.4
	12.0	204	259.4	154×10^3	439×10	24.3
	14.0	237	301.7	178×10^3	507×10	24.3
	16.0	270	343.8	201×10^3	575×10	24.2
711.2	9.0	156	198.5	122×10^3	344×10	24.8
	12.0	207	263.6	161×10^3	453×10	24.7
	14.0	241	306.6	186×10^3	524×10	24.7
	16.0	274	349.4	211×10^3	594×10	24.6
	19.0	324	413.2	248×10^3	696×10	24.5
	22.0	374	478.3	283×10^3	796×10	24.4
812.8	9.0	178	227.3	184×10^3	452×10	28.4
	12.0	237	301.9	242×10^3	596×10	28.3
	14.0	276	351.3	280×10^3	690×10	28.2
	16.0	314	400.5	318×10^3	782×10	28.2
	19.0	372	473.8	373×10^3	919×10	28.1
	22.0	429	546.6	428×10^3	105×10^2	28.0
914.4	12.0	267	340.2	348×10^3	758×10	31.9
	14.0	311	396.0	401×10^3	878×10	31.8
	16.0	354	451.6	456×10^3	997×10	31.8
	19.0	420	534.5	536×10^3	117×10^2	31.7
	22.0	484	616.5	614×10^3	134×10^2	31.5
1016.0	12.0	297	378.5	477×10^3	939×10	35.5
	14.0	346	440.7	553×10^3	109×10^2	35.4
	16.0	395	502.7	628×10^3	124×10^2	35.4
	19.0	467	595.1	740×10^3	146×10^2	35.2
	22.0	539	687.0	849×10^3	167×10^2	35.2

（7）　建築構造用炭素鋼鋼管（STKN）

外　径〔mm〕	厚　さ〔mm〕	単 位 質 量〔kg/m〕	参	考		
			断 面 積〔cm²〕	断面2次モーメント〔cm⁴〕	断面係数〔cm³〕	断面2次半径〔cm〕
60.5	3.2	4.52	5.760	23.7	7.84	2.03
	4.5	6.21	7.917	31.2	10.3	1.99
76.3	3.2	5.77	7.349	49.2	12.9	2.59
	4.5	7.97	10.15	65.7	17.2	2.54
89.1	3.2	6.78	8.639	79.8	17.9	3.04
	4.5	9.39	11.96	107	24.1	3.00
101.6	3.2	7.76	9.982	120	23.6	3.48
	4.5	10.8	13.73	162	31.9	3.44
114.3	3.2	8.77	11.17	172	30.2	3.93
	4.5	12.2	15.52	234	41.0	3.89
139.8	4.5	15.0	19.13	438	62.7	4.79
	6.0	19.8	25.22	566	80.9	4.74
165.2	4.5	17.8	22.72	734	88.9	5.68
	6.0	23.6	30.01	952	115	5.63
190.7	4.5	20.7	26.32	1 140	120	6.59
	6.0	27.3	34.82	1 490	156	6.53
	8.0	36.0	45.92	1 920	201	6.47
216.3	6.0	31.1	39.64	2 190	203	7.44
	8.0	41.1	52.35	2 840	263	7.37
267.4	6.0	38.7	49.27	4 210	315	9.24
	8.0	51.2	65.19	5 490	411	9.18
	9.0	57.3	73.06	6 110	457	9.14
318.5	6.0	46.2	58.90	7 190	452	11.1
	8.0	61.3	78.04	9 410	591	11.0
	9.0	68.7	87.51	10 500	659	10.9
355.6	6.0	51.7	65.90	10 100	566	12.4
	8.0	68.6	87.36	13 200	742	12.3
	9.0	76.9	98.00	14 700	828	12.3
	12.0	102	129.5	19 100	1 080	12.2
406.4	9.0	88.2	112.4	22 200	1 090	14.1
	12.0	117	148.7	28 900	1 420	14.0
	14.0	135	172.6	33 300	1 640	13.9
	16.0	154	196.2	37 400	1 840	13.8
	19.0	182	231.2	43 500	2 140	13.7
457.2	9.0	99.5	126.7	31 800	1 390	15.8
	12.0	132	167.8	41 600	1 820	15.7
	14.0	153	194.9	47 900	2 100	15.7
	16.0	174	221.8	54 000	2 360	15.6
	19.0	205	261.6	62 900	2 750	15.5
500.0	9.0	169	138.8	41 800	1 670	17.4
	12.0	144	184.0	54 800	2 190	17.3
	14.0	168	213.8	63 200	2 530	17.2
	16.0	191	243.3	71 300	2 850	17.1
	19.0	225	287.1	83 200	3 330	17.0
508.0	9.0	111	141.1	43 900	1 730	17.6
	12.0	147	187.0	57 500	2 270	17.5
	14.0	171	217.3	66 300	2 610	17.5
	16.0	194	247.3	74 900	2 950	17.4
	19.0	229	291.9	87 400	3 440	17.3
	22.0	264	335.9	99 400	3 910	17.2
558.8	9.0	122	155.5	50 000	2 100	19.4
	12.0	162	206.1	77 100	2 760	19.3
	14.0	188	239.6	89 000	3 180	19.3
	16.0	214	272.8	101 000	3 600	19.2
	19.0	253	322.2	118 000	4 210	19.1
	22.0	291	371.0	134 000	4 790	19.0
	25.0	329	419.2	150 000	5 360	18.9
600.0	9.0	131	167.1	73 000	2 430	20.9
	12.0	174	221.7	95 800	3 190	20.8
	14.0	202	257.7	111 000	3 690	20.7
	16.0	230	293.6	125 000	4 170	20.7
	19.0	272	346.8	146 000	4 880	20.6
	22.0	314	399.5	167 000	5 570	20.5
609.6	9.0	133	169.8	76 600	2 510	21.2
	12.0	177	225.3	101 000	3 300	21.1

付表（つづき）

外　　径〔mm〕	厚　さ〔mm〕	単位質量〔kg/m〕	参　　　　考			
			断　面　積〔cm²〕	断面2次モーメント〔cm⁴〕	断面係数〔cm³〕	断面2次半径〔cm〕
609.6	14.0	206	262.0	116 000	3 810	21.1
	16.0	234	298.4	132 000	4 310	21.0
	19.0	277	352.5	154 000	5 050	20.9
	22.0	319	406.1	176 000	5 760	20.8
660.4	12.0	192	244.4	129 000	3 890	22.9
	14.0	223	284.3	149 000	4 500	22.9
	16.0	254	323.9	168 000	5 090	22.8
	19.0	301	382.9	197 000	5 970	22.7
	22.0	346	441.2	225 000	6 820	22.6
700.0	12.0	204	259.4	154 000	4 390	24.3
	14.0	237	301.7	178 000	5 070	24.3
	16.0	270	343.8	201 000	5 750	24.2
	19.0	319	406.5	236 000	6 740	24.1
	22.0	368	468.6	270 000	7 700	24.0
711.2	12.0	207	263.6	161 000	4 530	24.7
	14.0	241	306.6	186 000	5 240	24.7
	16.0	274	349.4	211 000	5 940	24.6
	19.0	324	413.2	248 000	6 960	24.5
	22.0	374	476.3	283 000	7 960	24.4
812.8	12.0	237	301.9	242 000	5 960	28.3
	14.0	276	351.3	280 000	6 900	28.2
	16.0	314	400.5	318 000	7 820	28.2
	19.0	372	473.8	373 000	9 190	28.1
	22.0	429	546.6	428 000	10 500	28.0
914.4	14.0	311	396.0	401 000	8 780	31.8
	16.0	354	451.6	456 000	9 970	31.8
	19.0	420	534.5	536 000	11 700	31.7
	22.0	484	606.8	614 000	13 400	31.6
	25.0	548	698.5	691 000	15 100	31.5
1 016.0	16.0	395	502.7	628 000	12 400	35.4
	19.0	467	595.1	740 000	14 600	35.3
	22.0	539	687.0	849 000	16 700	35.2
	25.0	611	778.3	956 000	18 800	35.0
	28.0	682	869.1	1 060 000	20 900	34.9
1 066.8	16.0	415	528.2	729 000	13 700	37.2
	19.0	491	625.4	859 000	16 100	37.1
	22.0	567	722.1	986 000	18 500	36.9
	25.0	642	818.2	1 110 000	20 800	36.8
	28.0	717	913.8	1 230 000	23 100	36.7
1 117.6	16.0	435	553.7	840 000	15 000	39.0
	19.0	515	655.8	990 000	17 700	38.8
	22.0	594	757.2	1 140 000	20 300	38.7
	25.0	674	858.1	1 280 000	22 900	38.6
	28.0	752	958.5	1 420 000	25 500	38.5
1 168.4	19.0	539	686.1	1 130 000	19 400	40.6
	22.0	622	792.3	1 300 000	22 300	40.5
	25.0	705	898.0	1 470 000	25 100	40.4
	28.0	787	1 003	1 630 000	27 900	40.3
	30.0	842	1 073	1 740 000	29 800	40.3
	32.0	897	1 142	1 850 000	31 600	40.2
1 219.2	19.0	562	716.4	1 290 000	21 200	42.4
	22.0	650	827.4	1 480 000	24 300	42.3
	25.0	736	937.9	1 670 000	27 400	42.2
	28.0	822	1 048	1 860 000	30 500	42.1
	30.0	880	1 121	1 980 000	32 500	42.1
	32.0	937	1 194	2 100 000	34 500	42.0
1 270.0	19.0	586	746.7	1 460 000	23 000	44.2
	22.0	677	862.6	1 680 000	26 500	44.1
	25.0	768	977.8	1 900 000	29 800	44.0
	28.0	858	1 093	2 110 000	33 200	43.9
	30.0	917	1 169	2 250 000	35 400	43.9
	32.0	977	1 245	2 390 000	37 600	43.8
1 320.8	19.0	610	777.0	1 650 000	24 900	46.0
	22.0	705	897.7	1 890 000	28 700	45.9
	25.0	799	1 018	2 140 000	32 400	45.8
	28.0	893	1 137	2 380 000	36 000	45.7
	30.0	955	1 217	2 540 000	38 400	45.6
	32.0	1 017	1 296	2 690 000	40 800	45.6

付表（つづき）

外　　径 〔mm〕	厚　　さ 〔mm〕	単位質量 〔kg/m〕	参 考			
			断面積 〔cm²〕	断面2次モーメント 〔cm⁴〕	断面係数 〔cm³〕	断面2次半径 〔cm〕
1 371.6	22.0	732	932.8	2 120 000	31 000	47.7
	25.0	830	1 058	2 400 000	35 000	47.6
	28.0	928	1 182	2 670 000	38 900	47.5
	30.0	933	1 264	2 850 000	41 500	47.4
	32.0	1 057	1 347	3 020 000	44 100	47.4
	36.0	1 185	1 511	3 370 000	49 100	47.2
1 422.4	22.0	760	967.9	2 370 000	33 400	49.5
	25.0	861	1 098	2 680 000	37 700	49.4
	28.0	963	1 227	2 980 000	41 900	49.3
	30.0	1 030	1 312	3 180 000	44 700	49.2
	32.0	1 097	1 398	3 380 000	47 500	49.2
	36.0	1 231	1 568	3 770 000	53 000	49.0
	40.0	1 364	1 737	4 150 000	58 400	48.9
1 524.0	22.0	815	1 038	2 930 000	38 400	53.1
	25.0	924	1 177	3 310 000	43 400	53.0
	28.0	1 033	1 316	3 680 000	48 300	52.9
	30.0	1 105	1 408	3 930 000	51 600	52.8
	32.0	1 177	1 500	4 180 000	54 800	52.8
	36.0	1 321	1 683	4 660 000	61 200	52.6
1 574.8	25.0	955	1 217	3 660 000	46 400	54.8
	28.0	1 068	1 361	4 070 000	51 700	54.7
	30.0	1 143	1 456	4 340 000	55 200	54.6
	32.0	1 217	1 551	4 620 000	58 600	54.6
	36.0	1 366	1 740	5 150 000	65 500	54.4
	40.0	1 514	1 929	5 680 000	72 200	54.3

（備考）　質量の数値は 1 cm³ の鋼を 7.85g とし，次の式により計算し，JIS Z 8401 により有効数字 3 桁に丸める．

$$W = 0.02466\, t\, (D-t)$$

ここに，W：管の単位質量〔kg/m〕，t：管の厚さ〔mm〕，D：管の外径〔mm〕

（8）　一般構造用角形鋼管（STKR）

辺の長さ $A \times B$ 〔mm〕	厚　さ t 〔mm〕	単位質量 〔kg/m〕	参	考		
			断　面　積 〔cm²〕	断面2次モーメント 〔cm⁴〕 $I_X,\ I_Y$	断面係数 〔cm³〕 $Z_X,\ Z_Y$	断面2次半　　径 〔cm〕 $i_X,\ i_Y$
40×40	1.6	1.88	2.392	5.79	2.90	1.56
40×40	2.3	2.62	3.332	7.73	3.86	1.52
50×50	1.6	2.38	3.032	11.7	4.68	1.96
50×50	2.3	3.34	4.252	15.9	6.34	1.93
50×50	3.2	4.50	5.727	20.4	8.16	1.89
60×60	1.6	2.88	3.672	20.7	6.89	2.37
60×60	2.3	4.06	5.172	28.3	9.44	2.34
60×60	3.2	5.50	7.007	36.9	12.3	2.30
75×75	1.6	3.64	4.632	41.3	11.0	2.99
75×75	2.3	5.14	6.552	57.1	15.2	2.95
75×75	3.2	7.01	8.927	75.5	20.1	2.91
75×75	4.5	9.55	12.17	98.6	26.3	2.85
80×80	2.3	5.50	7.012	69.9	17.5	3.16
80×80	3.2	7.51	9.567	92.7	23.2	3.11
80×80	4.5	10.3	13.07	122	30.4	3.05
90×90	2.3	6.23	7.932	101	22.4	3.56
90×90	3.2	8.51	10.85	135	29.9	3.52
100×100	2.3	6.95	8.852	140	27.9	3.97
100×100	3.2	9.52	12.13	187	37.5	3.93
100×100	4.0	11.7	14.95	226	45.3	3.89
100×100	4.5	13.1	16.67	249	49.9	3.87
100×100	6.0	17.0	21.63	311	62.3	3.79
100×100	9.0	24.1	30.67	408	81.6	3.65
100×100	12.0	30.2	38.53	471	94.3	3.50
125×125	3.2	12.0	15.33	376	60.1	4.95
125×125	4.5	16.8	21.17	506	80.9	4.89
125×125	5.0	18.3	23.36	553	88.4	4.86
125×125	6.0	21.7	27.63	641	103	4.82
125×125	9.0	31.1	39.67	865	138	4.67
125×125	12.0	39.7	50.53	103×10	165	4.52
150×150	4.5	20.1	25.67	896	120	5.91
150×150	5.0	22.3	28.36	982	131	5.89
150×150	6.0	26.4	33.63	115×10	153	5.84
150×150	9.0	38.2	48.67	158×10	210	5.69
175×175	4.5	23.7	30.17	145×10	166	6.93
175×175	5.0	26.2	33.36	159×10	182	6.91
175×175	6.0	31.1	39.63	186×10	213	6.86

付表（つづき）

辺の長さ $A \times B$ 〔mm〕	厚さ t 〔mm〕	単位質量 〔kg/m〕	参考 断面積 〔cm²〕	断面 2 次モーメント 〔cm⁴〕 $I_X,\ I_Y$	断面係数 〔cm³〕 $Z_X,\ Z_Y$	断面 2 次半径 〔cm〕 $i_X,\ i_Y$
200×200	4.5	27.2	34.67	219×10	219	7.95
200×200	6.0	35.8	45.63	283×10	283	7.88
200×200	8.0	46.9	59.79	362×10	362	7.78
200×200	9.0	52.3	66.67	399×10	399	7.73
200×200	12.0	67.9	86.53	498×10	498	7.59
250×250	5.0	38.0	48.36	481×10	384	9.97
250×250	6.0	45.2	57.63	567×10	454	9.92
250×250	8.0	59.5	75.79	732×10	585	9.82
250×250	9.0	66.5	84.67	809×10	647	9.78
250×250	12.0	86.8	110.5	103×10^2	820	9.63
300×300	4.5	41.3	52.67	763×10	508	12.0
300×300	6.0	54.7	69.63	996×10	664	12.0
300×300	9.0	80.6	102.7	143×10^2	956	11.8
300×300	12.0	106	134.5	183×10^2	122×10	11.7
350×350	9.0	94.7	120.7	232×10^2	132×10	13.9
350×350	12.0	124	158.5	298×10^2	170×10	13.7

付表（つづき）

辺の長さ $A \times B$ 〔mm〕	厚さ t 〔mm〕	単位質量 〔kg/m〕	参 考							
			断面積 〔cm²〕	断面2次モーメント 〔cm⁴〕		断面係数 〔cm³〕		断面2次半径 〔cm〕		
				I_X	I_Y	Z_X	Z_Y	i_X	i_Y	
50 × 20	1.6	1.63	2.072	6.08	1.42	2.43	1.42	1.71	0.829	
50 × 20	2.3	2.25	2.872	8.00	1.83	3.20	1.83	1.67	0.798	
50 × 30	1.6	1.88	2.392	7.96	3.60	3.18	2.40	1.82	1.23	
50 × 30	2.3	2.62	3.332	10.6	4.76	4.25	3.17	1.79	1.20	
60 × 30	1.6	2.13	2.712	12.5	4.25	4.16	2.83	2.15	1.25	
60 × 30	2.3	2.98	3.792	16.8	5.65	5.61	3.76	2.11	1.22	
60 × 30	3.2	3.99	5.087	21.4	7.08	7.15	4.72	2.05	1.18	
75 × 20	1.6	2.25	2.872	17.6	2.10	4.69	2.10	2.47	0.855	
75 × 20	2.3	3.16	4.022	23.7	2.73	6.31	2.73	2.43	0.824	
75 × 45	1.6	2.88	3.672	28.4	12.9	7.56	5.75	2.78	1.88	
75 × 45	2.3	4.06	5.172	38.9	17.6	10.4	7.82	2.74	1.84	
75 × 45	3.2	5.50	7.007	50.8	22.8	13.5	10.1	2.69	1.80	
80 × 40	1.6	2.88	3.672	30.7	10.5	7.68	5.26	2.89	1.69	
80 × 40	2.3	4.06	5.172	42.1	14.3	10.5	7.14	2.85	1.66	
80 × 40	3.2	5.50	7.007	54.9	18.4	13.7	9.21	2.80	1.62	
90 × 45	2.3	4.60	5.862	61.0	20.8	13.6	9.22	3.23	1.88	
90 × 45	3.2	6.25	7.967	80.2	27.0	17.8	12.0	3.17	1.84	
100 × 20	1.6	2.88	3.672	38.1	2.78	7.61	2.78	3.22	0.870	
100 × 20	2.3	4.06	5.172	51.9	3.64	10.4	3.64	3.17	0.839	
100 × 40	1.6	3.38	4.312	53.5	12.9	10.7	6.44	3.52	1.73	
100 × 40	2.3	4.78	6.092	73.9	17.5	14.8	8.77	3.48	1.70	
100 × 40	4.2	8.32	10.60	120	27.6	24.0	10.6	3.36	1.61	
100 × 50	1.6	3.64	4.632	61.3	21.1	12.3	8.43	3.64	2.13	
100 × 50	2.3	5.14	6.552	84.8	29.0	17.0	11.6	3.60	2.10	
100 × 50	3.2	7.01	8.927	112	38.0	22.5	15.2	3.55	2.06	
100 × 50	4.5	9.55	12.17	147	48.9	29.3	19.5	3.47	2.00	
125 × 40	1.6	4.01	5.112	94.4	15.8	15.1	7.91	4.30	1.76	
125 × 40	2.3	5.69	7.242	131	21.6	20.9	10.8	4.25	1.73	
125 × 75	2.3	6.95	8.852	192	87.5	30.6	23.3	4.65	3.14	
125 × 75	3.2	9.52	12.13	257	117	41.1	31.1	4.60	3.10	
125 × 75	4.0	11.7	14.95	311	141	49.7	37.5	4.56	3.07	
125 × 75	4.5	13.1	16.67	342	155	54.8	41.2	4.53	3.04	
125 × 75	6.0	17.0	21.63	428	192	68.5	51.1	4.45	2.98	
150 × 75	3.2	10.8	13.73	402	137	53.6	36.6	5.41	3.16	
150 × 80	4.5	15.2	19.37	563	211	75.0	52.9	5.39	3.30	
150 × 80	5.0	16.8	21.36	614	230	81.9	57.5	5.36	3.28	
150 × 80	6.0	19.8	25.23	710	264	94.7	66.1	5.31	3.24	

付表（つづき）

辺の長さ $A \times B$ 〔mm〕	厚さ t 〔mm〕	単位質量 〔kg/m〕	参 考						
			断面積 〔cm^2〕	断面2次モーメント 〔cm^4〕		断面係数 〔cm^3〕		断面2次半径 〔cm〕	
				I_X	I_Y	Z_X	Z_Y	i_X	i_Y
150×100	3.2	12.0	15.33	488	262	65.1	52.5	5.64	4.14
150×100	4.5	16.6	21.17	658	352	87.7	70.4	5.58	4.08
150×100	6.0	21.7	27.63	835	444	111	88.8	5.50	4.01
150×100	9.0	31.1	39.67	113×10	595	151	119	5.33	3.87
200×100	4.5	20.1	25.67	133×10	455	133	90.9	7.20	4.21
200×100	6.0	26.4	33.63	170×10	577	170	115	7.12	4.14
200×100	9.0	38.2	48.67	235×10	782	235	156	6.94	4.01
200×150	4.5	23.7	30.17	176×10	113×10	176	151	7.64	6.13
200×150	6.0	31.1	39.63	227×10	146×10	227	194	7.56	6.06
200×150	9.0	45.3	57.67	317×10	202×10	317	270	7.41	5.93
250×150	6.0	35.8	45.63	389×10	177×10	311	236	9.23	6.23
250×150	9.0	52.3	66.67	548×10	247×10	438	330	9.06	6.09
250×150	12.0	67.9	86.53	685×10	307×10	548	409	8.90	5.59
300×200	6.0	45.2	57.63	737×10	396×10	491	396	11.3	8.29
300×200	9.0	66.5	84.67	105×10^2	563×10	702	563	11.2	8.16
300×200	12.0	86.8	110.5	134×10^2	711×10	890	711	11.0	8.02
350×150	6.0	45.2	57.63	891×10	239×10	509	319	12.4	6.44
350×150	9.0	66.5	84.67	127×10^2	337×10	726	449	12.3	6.31
350×150	12.0	86.8	110.5	161×10^2	421×10	921	562	12.1	6.17
400×200	6.0	54.7	69.63	148×10^2	509×10	739	509	14.6	8.55
400×200	9.0	80.6	102.7	213×10^2	727×10	107×10	727	14.4	8.42
400×200	12.0	106	134.5	273×10^2	923×10	136×10	923	14.2	8.23

索　引

〈編著者略歴〉

松 井 千 秋（まつい　ちあき）

昭和 37 年　京都大学工学部卒業
昭和 39 年　京都大学工学部・防災研究所助手
昭和 43 年　九州大学工学部講師
昭和 55 年　九州大学工学部教授
平成 10 年　九州大学大学院人間環境学研究科教授
平成 13 年　九州大学名誉教授
平成 13 年　（財）建築技術教育普及センター理事
　〜 25 年　九州支部長
工学博士，構造設計一級建築士

建築学構造シリーズ
建築鉄骨構造（改訂 4 版）

2001 年 10 月 25 日　第 1 版第 1 刷発行
2007 年 9 月 20 日　改訂 2 版第 1 刷発行
2014 年 9 月 25 日　改訂 3 版第 1 刷発行
2024 年 1 月 25 日　改訂 4 版第 1 刷発行

編 著 者　松 井 千 秋
発 行 者　村 上 和 夫
発 行 所　株式会社 オーム社
　　　　　郵便番号　101-8460
　　　　　東京都千代田区神田錦町 3-1
　　　　　電話　03(3233)0641(代表)
　　　　　URL　https://www.ohmsha.co.jp/

© 松井千秋 2024

印刷・製本　三美印刷
ISBN978-4-274-23154-4　Printed in Japan

本書の感想募集　https://www.ohmsha.co.jp/kansou/
本書をお読みになった感想を上記サイトまでお寄せください．
お寄せいただいた方には，抽選でプレゼントを差し上げます．